SECRETOS
—de—
FAMILIA

Joseluis Canales

SECRETOS
—de—
FAMILIA

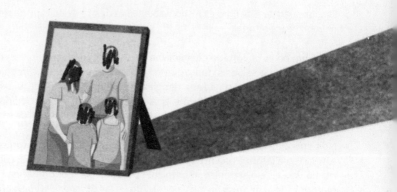

¿Por qué les mentimos
a quienes amamos?

Fotografía de portada: iStock by Getty Images
Fotografía del autor: cortesía del autor
Ilustraciones de interiores: Diego Enrique Martínez García
Diseño de interiores: Alejandra Ruiz Esparza

© 2019, Joseluis Canales

Derechos reservados

© 2019, Editorial Planeta Mexicana, S.A. de C.V.
Bajo el sello editorial DIANA M.R.
Avenida Presidente Masarik núm. 111, Piso 2
Colonia Polanco V Sección, Miguel Hidalgo
C.P. 11560, Ciudad de México
www.planetadelibros.com.mx

Primera edición en formato epub: octubre de 2019
ISBN: 978-607-07-6233-8

Primera edición impresa en México: octubre de 2019
ISBN: 978-607-07-6238-3

Impreso en los talleres de EDAMSA Impresiones, S.A. de C.V.
Av. Hidalgo núm. 111, Col. Fracc. San Nicolás Tolentino, Ciudad de México
Impreso en México –Printed in Mexico

A la memoria de mis abuelos: Pepe, Celia, Luis y Lola,
de quienes aprendí mis grandes secretos de familia.

ÍNDICE

PALABRAS INICIALES

A principios de 2017 comencé a atender a Martín, un chico de veinticuatro años que descubrió, aterrorizado, el cuerpo de su padre, sin vida; se había dado un balazo en la sien en la sala de su casa. Tenía cincuenta y tres años de edad. La escena fue escalofriante, como sin duda lo fueron las razones que lo orillaron al suicidio y que plasmó en la carta que dejó en la mesa de centro de la sala, junto a la copa casi vacía del whisky que bebió antes de jalar el gatillo: era homosexual, mantenía una relación extramarital desde hacía trece años con un chico veinte años menor que él y hacía algunos meses había descubierto que era portador del virus del sida. Ya no podía seguir cargando con todos estos secretos.

Ante dicha información, Martín sintió la gran obligación de mostrarle la carta a su madre, por miedo a que estuviera infectada del virus. Mientras el Ministerio Público realizaba la investigación del caso, Martín, su madre y sus hermanos se encerraron en el estudio y leyeron nuevamente la carta que había dejado su padre. Ninguno imaginó que el hombre estuviera en riesgo suicida, pues Martín me asegura que, hasta el último día de su vida, vivió haciendo bromas y con una sonrisa de oreja a oreja; sin embargo, detrás de la máscara de la eterna sonrisa, claramente se escondía un hombre solo y desesperado que se sintió acorralado y sin salida. Después de leer la carta en voz alta, la madre de Martín confesó que sabía sobre la homosexualidad de su marido, pero que había decidido no decir nada y guardar la verdad por miedo a que la imagen paterna de sus hijos se viera lastimada; no obstante, no podía estar infectada, pues llevaba más de quince años sin mantener relaciones sexuales con su marido. En esa misma plática, ella les confesó que desde hacía poco más de nueve años sostenía una relación de pareja —secreta— con uno de los mejores amigos del que fue su marido por treinta y dos años. Empezaron la relación cuando ambos estaban casados, pero él había decidido divorciarse hacía seis años y ella no quería seguir mintiendo a sus hijos: quería formalizar su situación. Después del entierro, que se llevó a cabo al día siguiente, el hermano mayor de Martín convocó a otra junta familiar en la que les confesó que él también era gay y que llevaba cuatro años con su pareja: un hombre casado y con dos hijas. Él solo buscaba la aceptación de su familia, pues se sentía culpable de engañarlos con su orientación sexual. Para rematar, la hermana de Martín, que llevaba casada dos años, aprovechó para avisarles que estaba considerando seriamente divorciarse de su marido, pues además de alcohólico y cocainómano, la había golpeado en varias ocasiones.

Mientras escuchaba lo que Martín me platicaba, yo no podía dejar de reflexionar sobre la capacidad que tenemos los seres humanos para esconder información y sentimientos tan intensos, al grado de volverlos invisibles hasta para los más cercanos. Durante las primeras sesiones con Martín, el tema principal no fue el duelo de su padre y el trauma de haberlo descubierto, sino los secretos con los que su familia cargaba y el dolor tan intenso que habían generado, sin que los demás se percataran de ello. Martín reflexionó sobre la forma en que los secretos con los que había vivido su familia se convirtieron en lastres tan difíciles de cargar que terminaron por vencer hasta la más sólida de las estructuras mentales que él había conocido: la de su padre. El proceso terapéutico de mi paciente no ha sido fácil, ya que todavía lamenta profundamente que su padre se haya quitado la vida. «Todo tenía solución, menos su muerte... ¿Por qué no lo vio?», expresó mientras lloraba, presa del dolor, en nuestra última sesión. Ciertamente, guardar un secreto nos puede llevar a tomar decisiones escabrosas.

La psicoterapia, comenzando por el diván de Sigmund Freud en 1896, hasta las corrientes humanistas y transpersonales de nuestros días, han promovido la revelación de los secretos en pro del bienestar del paciente y de una mejora en la calidad de su vida, a pesar de que, al hacerlo, este pueda llegar a sentirse incómodo o humillado. Los principios de la psicoterapia plantean que develar la información que hemos escondido siempre será sanador, a pesar de las incomodidades temporales que esto implique. De hecho, la apertura total es la regla cardinal de la teoría psicoterapéutica: si el paciente realmente quiere experimentar una mejora significativa, necesita expresar sus secretos más oscuros y mejor escondidos. A partir de comenzar la terapia con Martín, he tenido más conciencia de la conexión existente entre mantener un secreto, la necesidad de engañar y de mentir a los demás y los altos niveles de ansiedad que esto conlleva. Recordé entonces a un sinfín de pacientes que he atendido a lo largo de los años, quienes han tenido que aprender a vivir haciendo malabares, ocultándose entre mentiras y engaños, para evitar que se conozca la realidad que tanto han temido desenmascarar. Aunque todos mentimos, no todos llegamos al extremo de tener una vida secreta, una vida cuyo centro gira alrededor de aquella realidad que buscamos esconder.

Los secretos y las mentiras van de la mano. Son como gajos de una misma trenza. Los adultos constantemente les decimos a nuestros niños que nada es peor que una mentira, que solo genera decepción en los demás; así que, cuando mienten, los regañamos y les señalamos todas las consecuencias que tendrán que enfrentar si los descubrimos mintiendo otra vez; sin embargo, ellos observan y perciben cómo nosotros frecuentemente les mentimos a ellos, les mentimos a los demás y, lo que es más grave aún, nos mentimos a nosotros mismos. Irónicamente, les pedimos a nuestros menores que hablen con la verdad, pero los reprimimos cuando la dicen, cuando afirman que alguien es muy gordo, que huele mal, que se ve mal o que está muy borracho. Les exigimos que no encubran la verdad, pero les escondemos nuestros errores y todo lo que nos avergüenza. Les solicitamos que no nos engañen, pero escuchan cómo engañamos a los demás. Es una realidad: los adultos somos los mejores maestros que tienen los niños en el complicado arte de la mentira.

Como psicólogo clínico, es muy común recibir en terapia a pacientes que se sienten desesperados a causa de mantener una doble vida: relaciones extramaritales, homosexualidad no aceptada, fraudes o estafas en sus trabajos, una adopción que nunca han hablado con sus hijos, una enfermedad crónica o degenerativa que se vive en silencio, un deseo creciente de asesinar a un familiar cercano, o bien, lidiar con impulsos suicidas escondidos detrás de una sonrisa, como en el caso del padre de Martín. Por otro lado, me asombra la manera en que muchos de mis pacientes revelan información íntima y secreta a personas que apenas conocen y con quienes evidentemente no existe un verdadero código de confidencialidad.

Uno de los objetivos principales de este libro es examinar y entender tanto los impulsos irracionales como las razones lógicas que nos llevan a guardar secretos y a generar mentiras que deben mantenerse en la oscuridad. De igual manera, se busca comprender cómo nuestros secretos más profundos y nuestras mentiras más elaboradas son aquellos que se relacionan con nosotros mismos y que nos alejan de la verdad y, por lo tanto, de la libertad. Gran parte de la información que alejamos de nuestra conciencia se relaciona con los secretos de familia que hemos heredado de nuestros ancestros. ¿Qué ocurre que aprendemos a cuidar cierta información de manera inconsciente? ¿Tiene que ver con cierta lealtad a nuestro clan familiar, aunque estos secretos nos hagan daño? ¿Es posible repetir un patrón familiar, aunque desconozcamos conscientemente las vivencias de nuestros ancestros? ¿Es necesario descubrir los secretos que se han ocultado en todas las ramas de nuestro árbol genealógico para que evitemos repetir aquellas experiencias dolorosas que vivieron los que nos antecedieron?

Otro de los objetivos del libro es comprender la relación que existe entre una sociedad y las mentiras que esta acepta de manera benevolente. Del mismo modo, se explicará cuáles son aquellos temas o condiciones que generan rechazo social y que, en consecuencia, conducen a un ser humano a esconderse, a replegarse y a crear una imagen falsa para evitar ser estigmatizado por la comunidad a la que pertenece. La deshonestidad, los secretos, el engaño y la mentira trabajan en equipo. No pueden existir por sí mismos, y la existencia de uno fortalece la presencia de los demás.

Finalmente, esta obra pretende señalar el peso que los secretos tienen en nuestra vida cotidiana. Los secretos se convierten en una carga emocional tan agobiante que tarde o temprano nuestra vida entera termina por girar alrededor de ellos y, por supuesto, de las mentiras que necesitamos mantener para sostener esa máscara que nos protege de la mirada inquisitiva de los demás. Cuando un secreto se vuelve poderoso, empezamos a vivir en torno a él, le brindamos toda nuestra energía y nos sumergimos en una vida secreta, una vida que en realidad ya no nos pertenece: le pertenece a ese secreto.

Este libro no trata sobre la ética de la mentira. No se enfoca en el debate sobre si deberíamos o no hablar con la verdad. Más bien, se centra en la psicología de la deshonestidad, esencialmente de quien vive con la carga de una vida secreta, y en cuáles son las posibilidades reales que tiene esta persona, desesperada y ansiosa, de liberarse de este peso, sin vivir la desaprobación y el rechazo sociales. Este libro se trata de muchos pacientes que me han confiado sus secretos y que me permitieron compartirlos. En la gran mayoría de los casos, los nombres y los detalles fueron modificados para proteger su identidad; sin embargo, también hubo quien me solicitó que esta no fuera encubierta. Este libro se trata de mí y de mi proceso personal en el contacto con mi honestidad y con mi enorme deshonestidad. Tiene que ver con mis mentiras y con mis engaños, así como de mi proceso de responsabilidad para concientizarlos. Por último, este libro se trata de ti: de tus secretos y de la energía que consumen en tu vida cotidiana. Se trata también de tu propia psicología del engaño. Este libro es un viaje a través de lo conocido y lo desconocido de tu historia familiar, de lo que sabes y lo que desconoces de ti mismo y de la libertad y de las ataduras que rigen tu vida cotidiana.

Este libro trata acerca de aquello que guardas en el corazón y que tanto miedo tienes de descubrir.

Dado

I. SECRETOS:
LA HIEDRA QUE SE ADHIERE

Una mujer en la fila del súper se molesta por tener que esperar algunos minutos y empieza a quejarse en voz alta del mal servicio del supermercado. Los demás la miramos con asombro. Comienza a vociferar y abandona su carrito de compras para salir del establecimiento. Tal vez se trate de una mujer dura e intolerante, o tal vez acaba de recibir la noticia de que tiene cáncer de mama.

A la mitad del tránsito, un hombre se pega al claxon como si eso lograra que los coches se movieran. Tal vez está frustrado porque no llegará a su junta de las nueve de la mañana, o tal vez le acaban de llamar a su celular para avisarle que su hijo pequeño tuvo un accidente.

Tu esposo da vuelta en la cama y te mira fijamente a los ojos. Tal vez esté pensando únicamente en ti, o tal vez está pensando en la mujer que acaba de conocer.

Escoges este libro en la librería y comienzas a leer. Tal vez te gustó la portada y el título, tal vez guardes un secreto tan pesado que buscas, de alguna manera, aligerar la carga tan significativa que implica.

¿Realmente te conoces? ¿Conoces el origen de los hilos inconscientes que te llevan a actuar como lo haces? ¿Conoces los secretos que tu bisabuelo ocultó a tu abuelo, que tu abuelo ocultó a tu padre y que tu padre te ocultó a ti? ¿Conoces los estigmas con los que se relacionan los secretos que guarda tu familia? ¿Crees que has tomado decisiones trascendentales de vida conociendo los verdaderos motivos? Tal vez sí, o quizá tus decisiones solo sean el resultado de tu carga genética y de las necesidades inconscientes que no has llegado a satisfacer.

Todos tenemos tres tipos de vida: la pública, la privada y la secreta. En nuestra vida pública se encuentra toda la información que los demás conocen: nuestra profesión, nuestro estado civil, el nombre de nuestros hijos, nuestra edad y todo lo que publicamos en nuestras redes sociales. Nuestra vida privada tiene que ver con nuestras relaciones interpersonales más cercanas: lo que conocen de nosotros los más allegados; lo que compartimos con nuestra pareja, nuestra familia y nuestros amigos; aquellos defectos de carácter que solo conocen los más cercanos; nuestros gustos y nuestros disgustos, nuestras filias y nuestras fobias. Parte de nuestra sexualidad y los conflictos que expresamos a los demás conforman también la esfera privada. Es una esfera mucho más reducida e íntima que la pública.

La tercera esfera, la vida secreta de un individuo, representa su intimidad más profunda. Ahí están guardados sus deseos más oscuros, sus impulsos más animales, sus conductas más reprochables, sus preferencias sexuales más vehementes y toda la información que quisiera que nadie descubriera.

Todos tenemos secretos, nos acompañan en las tres esferas de nuestra vida, escondiéndose detrás de la máscara de nuestra personalidad. No sabemos con exactitud el contenido de los secretos de los demás, pero sabemos que existen, que están ahí, invisibles, como subtextos en el discurso y en el comportamiento. Gail Saltz, en su magnífico texto *Anatomy of a Secret Life* (2006), explica que las necesidades básicas del ser humano implican la comida, el agua, el sexo, el tener un techo, las relaciones sociales y, también, el refugio y la protección a sí mismo. Por ende, dado que el objetivo principal de mantener secretos es cuidar nuestra imagen y nuestra identidad, estos se incluyen también en las necesidades más esenciales del hombre. No podríamos convivir con los demás si no mantuviéramos información encriptada lejos de su conocimiento. Saltz afirma que los secretos nos permiten poseer un «pequeño cielo interno» en el que tenemos la libertad de explorar quiénes somos en realidad, establecer una identidad que solo nos pertenece a nosotros; además, son la divisa de intercambio en nuestras relaciones más íntimas, la moneda de la exclusividad, lo que nos permite elegir y ser los elegidos en el privilegiado mundo de la intimidad. En ciertas circunstancias, esta información, que tan cuidadosamente escondemos, nos causa vergüenza, culpa, ansiedad y desesperación. Un secreto puede llegar a tener tanto poder sobre nuestra vida que altera nuestra esencia, nuestra cotidianeidad y nuestro comportamiento. Se adhiere a nuestra existencia, como hiedra a la piedra; nos roba la paz y la estabilidad.

Hace apenas unos cuantos meses, llegó a mi consultorio Carmina: una ama de casa de treinta y ocho años, madre de tres niñas, que apenas se sentó en el sillón, comenzó a llorar desesperadamente, mientras se tapaba la cara con ambas manos. «Ya no puedo con esto, siento que me está asfixiando», me dijo entre sollozos. «No tengo salida», remató para después mirarme fijamente a los ojos. Carmina me confesó entonces su gran secreto. Hacía cuatro años había empezado una relación extramarital con uno de los mejores amigos de su marido, quien es un empresario reconocido en el mundo de la construcción. «Todo comenzó como una travesura, como un juego, pues sabía que siempre le había gustado a Javier y, como mi marido trabaja todo el tiempo y viaja mucho, fue fácil empezar con la aventura. Un año después quedé embarazada, y aunque creí que era de mi marido, resultó que mi tercera hija es de Javier. Ahí empezó el calvario... Javier conoció a la niña y me exigió una prueba de paternidad. Luego comenzó con la idea de que yo me divorciara para casarme con él. Por supuesto que yo no quería. Si mi marido se enterara de la verdad, me dejaría en la calle y me quitaría la custodia de mis hijas. Creo que nos mataría a los dos, tiene los medios y el dinero para hacerlo. Le supliqué a Javier que se diera cuenta de que era una locura, que si mi marido se enteraba de la verdad, la vida de ambos correría peligro. Han pasado tres años desde que mi niña nació y Javier está obsesionado con formar una familia. Ha llegado al punto de amenazarme con decirle a mi marido toda la verdad si termino con él. Me dio un plazo de dos meses para decidir: o le digo a mi marido que Camila es hija de Javier, o se lo dice él. No sé qué hacer, ya no puedo seguir mintiendo. Siento que me ahogo. Ahora Javier me tortura con eso. Me obliga a seguir teniendo sexo con él y a verlo cada vez que quiera, y, si no accedo, me amenaza con marcarle a mi marido. Entonces me pongo de tapete y hago lo que él quiere», concluyó Carmina, temblorosa. Me di cuenta de que, cuando mi nueva paciente terminó con su relato, yo sentía una gran tensión sobre los hombros; estaba siendo empático y validando que, en efecto, la vida de Carmina se había convertido en un infierno.

Algunas personas se comportan de manera totalmente irracional cuando hay una posibilidad de que su verdad salga a la luz. El secreto requiere de tanta vigilancia y atención que termina por dominar por completo la vida de una persona; de hecho, se puede convertir en la vida de una persona, tal y como le sucede a Carmina. Todo lo que no tiene relación directa con el secreto pasa a segundo plano y se torna irrelevante. Un miedo que puede llegar a convertirse en paranoia se instala ante la idea de que el secreto se conozca. El secreto se apodera del sentido de vida y la capacidad de disfrutar de la cotidianeidad desaparece por completo.

Todos aprendemos a vivir guardando nuestros secretos de la mejor manera posible. Mantenemos relaciones interpersonales que se sostienen en la ingenuidad y en la confianza mientras que nuestros actos lúgubres permanecen en total oscuridad. Quien evade impuestos aprende a vivir con ello, lo mismo sucede con quien tiene una relación extramarital. Esto se replica para el pederasta o para el asesino serial. Todos nos comportamos de igual manera ante nuestros secretos: los defendemos como si fueran nuestras crías, nuestros más grandes tesoros. El balance, el poder entre el secreto y quien lo mantiene está siendo constantemente negociado. Si logramos que nuestro secreto se mantenga oculto, donde deseamos que permanezca, nuestra vida parece ordenada y en control; pero cuando nuestro secreto amenaza con ser descubierto, ya sea por nuestra propia indiscreción o por algún factor externo, nos sentimos contrariados, desesperados, y el secreto empieza a dominar nuestra existencia. Y cuando esto sucede, en vez de que nosotros los controlemos a ellos, nuestra existencia normal se transforma radicalmente hasta convertirse en algo totalmente incómodo: una vida secreta. Es entonces cuando todo nuestro entorno se modifica y nos vemos inmersos en una dinámica en la que necesitamos eliminar cualquier vestigio de espontaneidad y transparencia, y nos comportamos con la rigidez y la exactitud de las reglas que la vida secreta demanda.

Es ampliamente conocido que la mente humana es muy compleja y, en consecuencia, todavía no hemos logrado comprenderla en su totalidad. Pese a ello, los investigadores están convencidos de que tuvieron que pasar millones de años para que la mente evolucionara hasta obtener las habilidades que tiene hoy en día. Nuestros antepasados tuvieron que desarrollar destrezas para cazar, para cubrirse del frío, para cuidar de sus crías, para establecerse en cuevas y en lugares seguros; crear herramientas para cocinar, sembrar, pescar y hasta decorar los lugares donde vivían. Con el paso del tiempo, fue necesario también perfeccionar otro tipo de aptitudes, como la expresión de las emociones y la comunicación con sus semejantes, hasta desembocar en el uso del lenguaje oral y, posteriormente, el de la escritura. Muchas otras cualidades se han incorporado a la mente humana, y entre ellas se encuentra la capacidad de mentir.

La psicología de la evolución nos enseña que nuestra capacidad de engañar a los demás se remonta hasta nuestro cerebro reptiliano. Todas las especies que han logrado sobrevivir hasta el día de hoy han aprendido a engañar a sus depredadores. En otras palabras, engañar a los demás forma parte del arte de la supervivencia. En *El origen de las especies* (1859), Charles Darwin predijo que su propuesta sobre la teoría de la evolución nos daría las herramientas que algún día permitirían entender cabalmente la mente humana. Han transcurrido más de ciento cincuenta años desde entonces y, para reforzar su argumento, llegó el estudio de la psicobiología: la explicación del comportamiento social de los seres humanos y otras especies a través de los conceptos básicos de la biología. Norbert Elías, en su obra *El proceso de la civilización: Investigaciones sociogenéticas y psicogenéticas* (2010), explica detalladamente la postura de algunos científicos, quienes creían que la fuerza de la genética determinaba todo el comportamiento de un ser humano. Esta teoría está sustentada en las propuestas de Francis Galton (1822-1875), quien planteó que las diferencias individuales entre los seres humanos solo se podían atribuir a fuerzas adaptativas y biológicas. Esta corriente de pensamiento tuvo tanto peso que a lo largo de la historia han existido esfuerzos y genocidios para «purificar» una determinada raza, asesinando o esterilizando a quienes no contaban con esos elogiados rasgos físicos. Hay terribles ejemplos de la influencia de esta teoría, como el maltrato a las personas de raza negra hasta el siglo XX, o el régimen nazi de Hitler durante la Segunda Guerra Mundial, cuyo objetivo era eliminar a todos aquellos que no pertenecieran a la raza aria o que tuvieran alguna malformación genética.

En oposición a Galton, surge entonces la sociobiología. En su obra *Sociobiology: The New Synthesis* (1975), Edward Osborne Wilson propone que el comportamiento del individuo está determinado por la cultura a la que pertenece. Desde este punto de vista, afirma que el peso de la cultura es tan enérgico que puede incluso conquistar las fuerzas primitivas de la naturaleza. Ullica Segerstrale, en el texto *Defenders of the Truth: The Battle for Science in the Sociobiology Debate and Beyond* (2000), detalla cómo durante las últimas tres décadas la sociobiología fue transformándose poco a poco hasta convertirse en la psicología de la evolución, ciencia que propone un acercamiento al comportamiento del ser humano a partir de su origen prehistórico. La psicología de la evolución no es solo una escuela más de psicología; su perspectiva implica partir de la premisa de ser mamíferos evolucionados y por ende nuestra mente, así como nuestro cuerpo, son producto de las fuerzas de la naturaleza que operan desde un marco de millones de años y que nos han llevado a reproducirnos y a sobrevivir. La psicología de la evolución afirma que la mente que poseemos actualmente es muy similar a la del hombre de las cavernas. Desde esta perspectiva, esta ciencia explica que, así como nuestros órganos han evolucionado para adaptarse al medio ambiente, nuestra mente ha corrido con la misma suerte. Es por eso que tenemos la capacidad de mentir y engañar a los demás, así como de engañarnos a nosotros mismos. Estas habilidades, heredadas por nuestros ancestros, nos ayudan a sobrevivir en el mundo actual, además de proporcionarnos numerosas ventajas. Segerstrale asegura que si tuviéramos plena conciencia, en todo momento, de que tarde o temprano moriremos, nuestra existencia perdería sentido y quizá todos nos quitaríamos la vida debido al sufrimiento causado por este pensamiento. Negar la realidad de la muerte, por ejemplo, nos sirve para realizar planes a mediano y largo plazo.

Socialmente, aceptamos que la «gente decente» mienta ocasionalmente y solo bajo ciertas situaciones que se justifican moralmente, a diferencia de los criminales, los mitómanos y los enfermos psiquiátricos, que mienten constantemente. El mito indica que existen, por un lado, los buenos mentirosos, quienes planean con precisión sus mentiras, y, por el otro, los mentirosos enfermos, que no pueden explicar detalladamente la razón por la cual mienten y son considerados poseedores de una patología. La psicología de la evolución se opone al mito de la decencia y el engaño. Mentir no es una conducta excepcional, al contrario: es algo cotidiano, normal y frecuentemente espontáneo e inconsciente, y no tanto una conducta premeditada, cínica y fríamente calculada. Nuestra mente y nuestro cuerpo están diseñados para engañar. Todos mentimos regularmente.

De vez en vez imparto talleres sobre sexualidad en colegios para los alumnos de segundo año de bachillerato. Al comienzo del taller les pido a todos los adolescentes que contesten una sencilla encuesta en la que les pregunto su edad, su género, si han tenido relaciones sexuales y, en caso de ser así, si han tenido más de dos experiencias sexuales, si han tenido algún contacto homosexual y, finalmente, el porcentaje de honestidad con el que contestaron la encuesta. Invariablemente, los resultados se repiten una y otra vez. En el caso de los varones, cerca del 80 % responde que ya ha tenido vida sexual activa y, en el 50 % de los casos, ha ocurrido en más de una ocasión; solo el 2 % reporta haber experimentado algún tipo de encuentro homosexual, y los hombres reportan haber sido honestos en sus respuestas en un 92 %. Los resultados femeninos son diametralmente diferentes: solo el 10 % de ellas informa tener una vida sexual activa, el 8 % acepta haber tenido relaciones sexuales en más de una ocasión, el 12 % ha experimentado algún tipo de contacto homosexual y las adolescentes reportan haber sido honestas en un 97 %. Los resultados son procesados por una de mis asistentes mientras doy el taller y son compartidos cerca del final. Cuando los tengo en las manos, me río y digo en tono de broma: «Los números no me cuadran. Si solo el 2 % de ustedes, caballeros, ha tenido un encuentro homosexual y el 80 % de ustedes ya tuvo relaciones sexuales, ¿cómo le hicieron si solo el 10 % de las damas ha tenido vida sexual activa? ¡Aquí hay un misterio a resolver!». Entonces el auditorio se llena siempre de una carcajada generalizada, y esto lo hago para comprobar cómo culturalmente estamos educados para engañar y mentir acerca de nuestra sexualidad. Mientras que en Latinoamérica está bien visto que los hombres tengamos vida sexual desde muy jóvenes, se reprueba que las mujeres hagan lo mismo. La virginidad solo es reconocida como valiosa en la mujer y es reprobada en el hombre. La homosexualidad femenina es menos estigmatizada que la masculina, y tanto los hombres como las mujeres tendemos a mentir sobre nuestra vida sexual. Los hombres mentimos y alardeamos acerca de la cantidad de nuestras parejas sexuales y escondemos si hemos tenido algún encuentro homosexual o si no hemos empezado nuestra vida sexual; mientras que las mujeres niegan o minimizan el contacto sexual que han experimentado, y suelen exagerar el romanticismo de sus encuentros íntimos. Los hombres nos regocijamos cuando dejamos de ser vírgenes, mientras que las mujeres se sienten moralmente obligadas a esconderlo. David Knox y Caroline Schacht, en su artículo «Sexual Lies Among University Students» (1993), realizaron un estudio en la universidad de Nueva Inglaterra con 128 parejas. En ese estudio descubrieron que el 92 % de los participantes había mentido a su actual pareja con respecto al número de parejas sexuales anteriores y la protección con el uso del condón que había tenido con ellas. Knox y Schacht encontraron que los hombres tendían a exagerar su desempeño sexual y mentían al elevar el número de parejas sexuales anteriores, mientras que las mujeres tendían a mentir reduciendo el número de compañeros previos y «romantizando» las experiencias sexuales; es decir, tendieron a exagerar el nivel de intimidad y de afectividad que tuvieron con sus parejas anteriores. Ambos géneros mintieron por igual en cuanto a la protección que habían tomado para evitar infectarse de alguna enfermedad de transmisión sexual. Así que mis adolescentes mexicanos y los universitarios estadounidenses no se comportan de manera tan diferente con respecto a la honestidad con la cual hablan de su vida sexual. Knox y Schacht descubrieron que, en general, los seres humanos mentimos cuando hablamos de nuestra sexualidad. La sexualidad del ser humano está llena de secretos, mitos y mentiras, como muchas de las otras áreas de vida

Estamos tan absortos en obtener la aceptación de los demás, buscando generar una buena impresión, que recurrimos constantemente a la deshonestidad para conseguirlo. No es cierto que todo lo que nos ofrecen de comer nuestros amigos está delicioso, no es cierto que todos nuestros sobrinos son preciosos, no es cierto que siempre ese nuevo corte de pelo se ve de maravilla, no es cierto que siempre estamos bien, no es cierto que no decimos mentiras. Robert Feldman, un reconocido psicólogo de la universidad de Massachussetts, ha dedicado gran parte de su investigación a comprender la deshonestidad del ser humano. En su libro *The Liar in Your Life: The Way To Truthful Relationships* (2010), describe los resultados de una investigación en la que grabó las conversaciones de varias parejas de sujetos (completos extraños entre sí), cuyo objetivo principal era conocerse. Al final le pidió a cada uno de los participantes que observara su propia entrevista y que contara el número de mentiras que había dicho. Feldman descubrió que, en promedio, los seres humanos mentimos tres veces por cada diez minutos de conversación y que, en la gran mayoría de las veces, ni siquiera es de forma consciente ni mucho menos maliciosa, simplemente lo hacemos para llenar un espacio en la conversación, para evitar un conflicto, para no parecer ignorantes, o para eludir un tema que nos incomoda.

Todos los rincones de la vida pública y la privada están llenos de secretos. Creemos que enseñamos a nuestros niños a no mentir cuando en realidad lo que hacemos es enseñarlos a mentir de una manera socialmente aceptable: aprenden a fingir respeto a sus mayores, agradecen piropos que no creen verdaderos, aprenden a engañar a la figura de autoridad, a copiar en los exámenes, a plagiar, a ofrecer disculpas que no sienten en realidad y a eliminar la espontaneidad y la honestidad en lo que dicen; si expresan que la comida que preparó mamá no está buena o que el aliento del abuelo «huele horrible», serán reprendidos con un: «Eso no se dice, ve y ofrece una disculpa». La vida en sociedad no solo permite, sino que promueve, un alto nivel de deshonestidad. El niño que no aprende a mentir pagará el precio de ser castigado por sus mayores, será desaprobado y no se integrará socialmente de manera exitosa. Esta es una de las razones por las cuales los niños con rasgos autistas no se ajustan a las normas sociales: tienen muy poca capacidad para mentir. Los padres enseñan a sus hijos a que nunca les deben mentir aunque, paradójicamente, ellos les mienten todos los días. «Si no te comes las verduras, te vas a quedar enano». «Si no me obedeces, Santa no te traerá lo que le pediste». «Si no te vas a dormir, el monstruo come niños te va a encontrar». «A los niños que lloran, nadie los quiere cuando son grandes». Poco a poco entrenamos a los niños para mentir, y aquellos que no lo hacen son catalogados como «raros» o «desadaptados». Conforme crecemos nuestra capacidad para mentir se perfecciona y se incorpora sólidamente a nuestra personalidad.

La profesora Jean Underwood, (1993), en su artículo «Truth, Lies and Resumes», demostró que por lo menos uno de cada tres candidatos que solicitan empleo en Reino Unido miente en la entrevista o en el contenido de su *curriculum vitae*. En su estudio también descubrió que una vez que una empresa contrata a ese candidato, será engañado y manipulado para fomentar su productividad, o bien le prometerán bonos que rara vez llegarán como se había acordado. Underwood enfatiza en la manera en que las corporaciones redundan en la importancia de la honestidad como valor principal en el clima laboral, aunque realmente no se ejerce ni de los directivos a los empleados ni de los empleados a los directivos.

En su obra *The Presentation of the Self in Everyday Life* (1969), Erving Goffman explica cómo aun la relación que supone el mayor nivel de intimidad y honestidad de todas, el matrimonio, está plagado de secretos y de mentiras cotidianas. No somos totalmente honestos con nuestro cónyuge con respecto al dinero, nuestra vida sexual pasada ni presente, las personas que nos atraen, nuestras aspiraciones y preocupaciones, y las crisis matrimoniales que enfrentamos. De hecho, Goffman expone que, en un número considerable de parejas, alguno de los cónyuges mantiene una relación extramarital aun cuando supuestamente está tratando de «salvar el matrimonio».

Gary Becker recibió el Premio Nobel de Economía en 1992 por ampliar el dominio del análisis microeconómico a un mayor rango de comportamientos humanos fuera del mercado económico; es decir, incluyó la psicología del consumidor a la economía, con lo cual se convirtió en un destacado representante del liberalismo económico. A partir de su «enfoque económico», Becker afirmó que los individuos no siempre actuamos de manera racional. Investigó este supuesto en cuatro áreas de análisis: capital humano en el mundo laboral, criminalidad, discriminaciones por sexo o raza y comportamiento de las familias. Fue el creador del Modelo Simple de Crimen Racional (SMORC, por sus siglas en inglés), en el cual las personas, al sopesar costos y beneficios ante un determinado crimen, plantean lo que es conveniente o inconveniente. La teoría se centra en que las decisiones sobre la honestidad se basan en un análisis costo-beneficio de los beneficios al mentir, engañar o robar a los demás, frente a las consecuencias de ser descubiertos. Concretamente, Becker explica que el ser deshonestos, como muchas otras decisiones en la vida, se basa en el análisis de costo-beneficio de cada situación. El modelo SMORC es una propuesta sencilla sobre la deshonestidad y quizá no describe todas las variables que convergen en el comportamiento deshonesto de un ser humano; sin embargo, señala con claridad dos puntos clave para lidiar con la psicología de la mentira: la probabilidad de ser descubiertos y el castigo ante la falta cometida. Becker es conocido como el precursor de la ciencia del engaño, y asegura que la sociedad tiene dos medios para enfrentar la deshonestidad: incrementar la posibilidad de sorprender al infractor y aumentar la magnitud del castigo. Aunque infringir normas y violar los derechos de los demás puede parecer totalmente equívoco e injusto, el ser humano sopesa qué es mejor: correr el riesgo del crimen, o bien enfrentar los castigos; en muchas ocasiones elegimos la segunda opción, aunque los resultados para nosotros y para los demás sean catastróficos. Creemos que tomamos decisiones de manera racional, cuando muchas veces son emociones sin lógica alguna las que nos llevan a actuar.

En su magnífico libro *The Honest Truth About Dishonesty* (2012), Dan Ariely explica a fondo las teorías sobre el engaño y la mentira, retomando lo propuesto por Becker en 1992. A lo largo de las páginas describe diferentes experimentos sobre conductas deshonestas como mentir, robar, ser infiel y evadir impuestos. No obstante, Ariely concluye que lo único que puede lograr que un individuo se comporte de manera más honesta es recordarle los principios éticos y morales en los que se fundamenta la «bondad» de un ser humano. Con sus descubrimientos, rompe con lo propuesto por el modelo SMORC de Becker. En todos los experimentos de Ariely, cuando se les recordaba a los participantes la importancia de los principios éticos para el buen funcionamiento de una sociedad, la tendencia hacia la deshonestidad disminuyó. Ariely afirma que, lejos de lograr disminuir la criminalidad aumentando la vigilancia policiaca o la dureza en los castigos, una sociedad se comportará de manera más honesta y ética si le recordamos la importancia de los principios morales y el bien común. Por lo mismo, él descubrió que la deshonestidad tiene mucho más que ver con la capacidad de un ser humano para justificarse que con las consecuencias que tendrán sus acciones. Cuando racionalizamos nuestros deseos egoístas, somos capaces de comportarnos de manera deshonesta y hasta criminal, siempre y cuando consigamos engañarnos a nosotros mismos y justificar nuestro comportamiento.

Tú mientes, yo miento, todos mentimos. Pero ¿hasta qué nivel somos capaces de mentir? Mentimos hasta el punto en el que nuestra moralidad lo permite. Aquí está la diferencia entre las mentiras de cada individuo: sus verdaderos principios morales. La mentira y el autoengaño permean todas las áreas del ser humano y sus relaciones interpersonales; sin embargo, hay quienes solo son capaces de mentir hasta alcanzar cierto límite, mientras que otros serán capaces incluso de matar para mantener el engaño. La magnitud de nuestros secretos y de las mentiras que decimos va de la mano con nuestros escrúpulos. Esto es lo que más confunde a nuestros niños y adolescentes. Los mensajes que emitimos a nivel social son frecuentemente contradictorios: enseñamos a nuestros niños a mentir de maneras socialmente aceptadas y de cierta manera motivamos a los demás a mentirnos, de manera elegante y respetuosa, aun cuando incluimos a la mentira dentro del terreno de la traición. Esta es la gran paradoja en la psicología de la mentira: castigamos la mentira en la misma magnitud en la que castigamos la honestidad.

No todas las mentiras y los engaños se llevan a cabo de la misma forma. Difieren en su complejidad y nivel de sofisticación. Sue Leekam, en su libro *Believing and Deceiving: Steps to Become a Good Liar* (1992), propone la existencia de tres niveles en el engaño hacia los demás. Ella describe el primer nivel como un comportamiento manipulador hacia otro individuo sin la intención de modificar sus creencias o principios morales. Leekam ejemplifica este primer nivel con las mentiras que dicen los niños pequeños para evitar ser castigados, o bien cuando inventan el haber hecho algo «excelente» para entonces ser premiados. Iñaki, mi sobrino, tiene cinco años, y la creatividad en las respuestas que le da a la Güera, mi hermana, para justificar sus travesuras, es digna de reconocimiento:

- «Yo no pinté la pared, vino el duende de la Navidad y tomó mis plumones y la rayó toda».
- «Mientras te estabas bañando, se apareció una bruja y se comió las galletas que estaban en la mesa».
- «Ya no me tengo que bañar, vino el mago Merlín y me echó polvos mágicos de limpieza».

¿Alguna vez te ha parado un policía de tránsito? Pues a mí sí, y las artimañas que he utilizado para evitar que me infraccione o que se lleve mi coche al corralón están en el mismo nivel de mentiras que utiliza Iñaki con su mamá.

- «Oficial, no me pasé el alto, crucé justamente en la preventiva».

- «No estaba hablando por el celular, seguramente se confundió».

- «Yo no sabía que esa vuelta en "U" estaba prohibida, no es justo que me infraccione».

- «No iba a exceso de velocidad, lo que pasa es que como mi coche es amarillo, es muy llamativo y parece que va volado, pero no es así».

En este nivel de mentira, generalmente utilizamos estrategias aprendidas que frecuentemente fallan, pues la otra parte tiene evidencia de la realidad. Quizás es por eso que nunca he logrado que me perdonen la infracción, como Iñaki no se ha salvado de meterse a la regadera.

En el segundo nivel de mentira, quien miente toma en cuenta las creencias de su interlocutor. En otras palabras, tiene en mente que la mentira intentará manipular las creencias y los principios éticos del engañado, y que este evaluará lo escuchado como confiable o como falso. Si quien escucha cree la mentira, todo lo que provenga de quien mintió será evaluado bajo la línea de que lo expuesto es cierto. Es decir, los argumentos posteriores a la mentira necesitan ser congruentes con ella para que el mentiroso no sea descubierto. Quienes logran mentir en este nivel han desarrollado habilidades para engañar mucho más evolucionadas que aquellos que mienten en el nivel anterior. Un ejemplo de personas que son altamente capaces de mentir en este nivel son los vendedores de coches. Maximizan los atributos positivos de los autos y minimizan o esconden sus defectos, evaluando si su interlocutor está creyendo lo que está escuchando:

- Es la unidad más resistente que tenemos, los servicios son muy baratos y ha tenido un solo dueño; no se preocupe por los 140 000 kilómetros, este coche aguanta el triple.

- Es un auto muy seguro y se deprecia muy poco cada año, le conviene llevárselo; si le cambia las llantas, le quedará como nuevo.

- No hay como un coche gris, está comprobado que son mucho más seguros.

La publicidad y la mercadotecnia buscan mentir en este nivel, haciéndonos creer que el producto anunciado cambiará nuestra calidad de vida. Por eso hoy en día comemos chía, compramos cápsulas de omega 3, tomamos leche deslactosada y los adolescentes siguen fumando: creen que el tabaco los hace lucir y sentir más maduros e interesantes.

Quien alcanza el tercer nivel de mentira no solo evalúa constantemente el efecto de sus palabras en las creencias de quien escucha, sino que sabe que este puede, a su vez, estar evaluando constantemente las creencias y los principios morales de quien está mintiendo. Lo que realmente está en juego es qué tan honesto parece el mentiroso. El éxito del engaño recae en la supuesta buena intención y la honestidad de quien miente, y no tanto en la información que arroja, por absurdo que parezca el contenido del argumento. El mentiroso está al tanto del lenguaje verbal y no verbal de la contraparte y ajusta lo que dice y cómo lo dice para mostrar la mayor credibilidad posible. En este nivel de mentira se necesita que quien miente haya desarrollado una amplia capacidad para manipular las creencias, los principios y el comportamiento de los demás. Leekam afirma que en este nivel de mentira se encuentra la sutileza del tacto, de la persuasión y la diplomacia. Ejemplo de ello son los políticos durante las entrevistas televisivas. Si descubren en el entrevistador algún asomo de duda o desconfianza, inmediatamente alterarán su discurso, su tono de voz y su lenguaje corporal para aparentar ser más honestos y confiables. La gran mayoría de las personas aprendemos a mentir en los primeros dos niveles, ya que el tercero requiere de habilidades «avanzadas» para engañar a los demás. Carmina, mi paciente, ha logrado hasta ahora esconderle a su marido el hecho de que su tercera hija no es de él y que ha mantenido una relación extramarital por más de cuatro años. «Me he convertido en una mentirosa profesional. Siempre estoy adelantándome a lo que mi marido puede estar pensando y lo manipulo o le cambio el hilo de la conversación», me ha confesado en varias ocasiones.

Existe otro escalón en el arte del engaño que supera el tercer nivel de Leekam. Ella lo llama «engaño avanzado» y, explica, muy pocas personas poseen las cualidades necesarias para acceder a él. Entre ellos se encuentran algunos políticos que han logrado implantar ideologías y generar movimientos sociales importantes, como Hitler y el nazismo, algunos líderes espirituales, como Osho y su escuela taoísta, jugadores de póker y ciertas figuras de la farándula, poseedoras de un carisma avasallador, como la conductora y empresaria Oprah Winfrey, quien a través de las décadas se ha ganado la confianza y el cariño del pueblo norteamericano. ¿Imaginas toda la producción que hay atrás de un espectáculo de magia? David Seth Kotkin, mejor conocido como David Copperfield, es un renombrado ilusionista estadounidense, considerado uno de los mejores en su género. Es famoso por la combinación de ilusiones espectaculares y una narrativa convincente. Sus ilusiones más famosas incluyen haber hecho desaparecer la estatua de la Libertad en Nueva York, levitar sobre el Gran Cañón y atravesar la Gran Muralla china. Con emoción presencié uno de sus espectáculos. Aunque sabía que se trataba de meras ilusiones, Copperfield logró transmitirme con la mirada y con su lenguaje corporal credibilidad, seguridad y hasta la superioridad de quien tiene poderes supernaturales. En varios momentos me descubrí dudando sobre si lo que observaba era solo un truco. Quedé maravillado. Copperfield comenzó su carrera profesional a la edad de doce años y ha sido la persona más joven admitida en la Sociedad Estadounidense de Magos. A los dieciséis años ya era profesor de magia en la Universidad de Nueva York. Su talento nato para el engaño ha sido digno de estudio; definitivamente, forma parte de ese grupo selecto de personas que presumen una evidente superioridad en su talento para mentir.

Esconder información de los demás y mantener secretos es un fenómeno que se da todo el tiempo y de manera recíproca en la vida de los seres humanos. Anita E. Kelly, en su obra *The Psychology of Secrets* (2002), explica que existen diferentes acercamientos a las mentiras y que el contenido personal más común en los engaños es de corte sexual, seguida de toda aquella información que genere una imagen de poco ajuste moral en la vida en sociedad.

> *Busca siempre la verdad.*
> SÓCRATES

> *La ignorancia es una bendición.*
> MILÁN KUNDERA

Las dos citas anteriores son claramente contradictorias. ¿Debemos hacerle caso a Sócrates, o bien, seguir el consejo de Kundera? La realidad es que algunos de nosotros vivimos de acuerdo al primero, otros vivimos de acuerdo al segundo, pero la gran mayoría de nosotros nos regimos por ambos, en temas diferentes, en momentos distintos, e intercambiamos nuestra postura filosófica de uno a otro según lo que mejor se ajusta a nuestras circunstancias. Según Kelly, la motivación fundamental para compartir un secreto o para mantenerlo en la parte más oscura de nuestra personalidad es la búsqueda de pertenencia a un determinado grupo social. Compartimos nuestros secretos para ser aceptados y generar apego y, al mismo tiempo, elegimos ocultar otros para evitar el rechazo de quienes consideramos significativos en nuestra existencia. Cuando revelamos información que parece ir en contra de nuestros principios y valores, lo hacemos mostrando remordimiento y culpa, para que el otro nos mire desde una óptica de compasión y empatía y nos considere solamente como «buenas personas que cometieron un error».

Secretos: vivimos con ellos y nos alteran la vida. Conviven con nosotros y se esconden aun entre nuestras relaciones interpersonales más íntimas. Nos generan miedo, nos generan problemas, nos generan adrenalina y nos llevan a cuidarnos hasta el grado extremo de la paranoia. Todos sabemos algo que los demás desconocen. Los demás saben algo de nosotros que nosotros desconocemos que ya saben. Los secretos son como una bocanada de aire que tomamos a la orilla del mar: aunque busquemos retener todo el aire que llena nuestros pulmones, tarde o temprano lo tendremos que exhalar. En mi trabajo he aprendido que los secretos son apasionantes y peligrosos. Los secretos se apoderan de nosotros, van ganando terreno poco a poco, como si fueran una hiedra que se adhiere a un muro de piedra. Mientras tratamos de vivir nuestra vida, los secretos nos obligan a vivir otra: nuestra vida secreta.

SECRETOS DE FAMILIA

II. LA VIDA SECRETA

Daniel había sido un jefe de familia ejemplar. Piloto aviador reconocido, esposo fiel y padre dedicado a dos hermanos gemelos y una nena de once años. Empleado de Aeroméxico por más de dos décadas, es uno de los pilotos trasnacionales más reconocidos de la compañía. Daniel viaja tres o cuatro veces al mes a Europa y a Asia, y regresa para estar, a tiempo completo, con su familia. Un hombre de cuarenta y nueve años, maratonista, exalumno de un colegio católico, excelente proveedor y un hijo ejemplar, pues se encarga de la manutención de su madre, quien quedó viuda cuando Daniel era apenas un niño. Todo en la vida de Daniel y su familia parecía marchar sobre ruedas. Adriana, su mujer, planeaba su fiesta sorpresa de cumpleaños. Ese jueves en la tarde, Daniel se despidió de su mujer y de sus hijos cariñosamente, esperando verlos de regreso el martes siguiente, día en que regresaría piloteando un Jumbo desde Madrid. Daniel partió y llevó con bien a los pasajeros a tierra ibérica; sin embargo, el sábado, la vida de ensueño que vivían Adriana y su familia se quebró para siempre: recibieron una llamada de la embajada mexicana en España, quien dio aviso de que Daniel se encontraba detenido en la prisión de Soto del Real, en las afueras de Madrid, por cargos de pederastia y prostitución de menores. Adriana, incrédula y desesperada, voló a Europa apenas pudo para entrevistarse con el despacho de abogados de su marido. En efecto: en sus viajes a Londres, Madrid, Berlín y París, Daniel se relacionaba con un grupo de pederastas con el que compartía pornografía infantil (algunas películas que él filmaba) y contrataba los servicios de una red de proxenetas de niños provenientes del Medio Oriente. En el material pornográfico se comprobó que es afecto a la compañía de niños varones de entre nueve y once años. La llamada de Daniel a los proxenetas ayudó a la policía española a dar con parte de la banda de la mafia rusa que perseguían desde hacía años. Al ser detenido en compañía de dos menores de edad, la policía española decomisó su computadora privada, en la que se encontraron decenas de videos en los que se podía observar a Daniel en conductas pederastas. Sigue preso en España, sin derecho a fianza y con varios cargos penales por enfrentar. Adriana regresó después de tres semanas de estar en Madrid, totalmente sacudida y sorprendida por la noticia, y acudió a verme a psicoterapia totalmente devastada. «No lo puedo creer, es lo único que te puedo decir, no lo puedo creer», repetía sin cesar en nuestra primera sesión. Ella llevaba diecisiete años casada con un hombre afecto al sexo con menores y a la pornografía infantil, quien hasta este momento había logrado mantener en secreto su perversión sexual. Ella asegura que desde que supo la verdad ha bajado once kilogramos y no ha podido dejar de llorar. No pudo esconder la noticia a sus hijos, pues la policía española pidió a Aeroméxico apoyar en la investigación ante la posibilidad de que existieran más pilotos afiliados a la red de pornografía infantil de la mafia rusa; en consecuencia, la policía mexicana se involucró en la investigación y comenzó por entrevistar y evaluar psicométricamente a la mujer, así como a sus hijos, para asegurarse de que no hubieran sido víctimas de la perversión de su padre. Infortunadamente, dos de las primeras víctimas mexicanas ya salieron a la luz y su madre levantó cargos en contra del piloto mexicano: los dos hijos de la mejor amiga de Adriana, que ahora tienen quince y diecisiete años de edad, fueron abusados sexualmente por Daniel cuando iban en primaria. «Estoy viviendo la peor pesadilla que te puedes imaginar», expresó Adriana con el semblante totalmente desencajado. «No es algo que pueda negar, la evidencia está ahí. Daniel es un enfermo sexual que ahora me provoca asco y no sé cómo manejarlo, pues siempre será el padre de mis hijos».

Hubo un momento en la vida en el cual no teníamos secretos: alguna vez fuimos tan pequeños que no teníamos la oportunidad de engañar a nadie, solo mirábamos y aprendíamos, sentíamos y escuchábamos, y ahí aprendimos a engañarnos a nosotros mismos antes que aprender a engañar a

SECRETOS DE FAMILIA

los demás. No es hasta los catorce meses de edad cuando el niño aprende a reconocerse a sí mismo en el reflejo del espejo. Antes de eso, cuando se mira a sí mismo, solo descubre a un extraño en frente de él. Otro niño que ríe cuando él ríe y que llora cuando él llora; después, llega el momento en el que el niño se reconoce a sí mismo como una entidad diferente al mundo que lo rodea. Cerca de los dos años de edad, el niño aprende lo maravilloso del significado de la palabra «no». Todos los que han sido padres conocen los «imposibles dos años y los terribles tres» de sus hijos. El niño comienza a tener dos perspectivas de la vida: la interna y la externa. Descubre entonces que su cuerpo es un límite y que puede fingir el no haber entendido una instrucción, negarse a una orden o llevar a sus padres al borde de la locura retándolos con un simple «no quiero». Cuando el niño descubre que no es una extensión del mundo externo y que los demás no sabemos todo lo que está pensando y sintiendo, surge en él su vida secreta. El niño incurre entonces en el arte de la manipulación y logra tener cierto control sobre los demás. Cuando él dice «pipí», consigue como por arte de magia que sus padres abandonen lo que sea que estaban haciendo para ponerle atención y llevarlo al baño. Cuando el niño está enojado, elige no decir «pipí» y orinarse a la hora de la comida; obtiene atención negativa por parte de sus mayores, los obliga a cambiarlo y a interrumpir sus actividades. El niño aprende a dar gusto en ciertos momentos y en otros a vengarse de sus padres a través del control de esfínteres. A veces elige acertar y otras elige fallar, fingiendo que salió de su control el avisar a tiempo para no ensuciar su pañal. Desde esta temprana edad, los tres años, el niño aprende a mentir, engañar, manipular y a ser deshonesto.

En el libro *Psicología del niño* (1969), Jean Piaget explica que, de manera general, los niños aprenden cabalmente el concepto de secrecía cerca de los cuatro años. Aunque han aprendido a mentir desde antes, hasta esta edad siguen creyendo que sus padres conocen absolutamente todo de ellos y que pueden descubrir lo que sea de ellos; y de cierta manera tienen razón, pues aunque ya aprendieron a decir «no» y hasta a mentirles de vez en vez, es solo hasta los cuatro años cuando los niños se dan cuenta de que tienen una vida interna totalmente diferente a los demás: descubren que tienen cierta información que sus padres desconocen y, en sentido estricto, el tener cierta información que el otro desconoce es hablar de un secreto. Los seres humanos tenemos secretos a partir de los cuatro años. Este es el principio de la definición de la individualidad. Piaget afirma que entonces sucede algo curioso en la mente del niño: al darse cuenta de que tiene una identidad diferente a sus padres y que por lo mismo puede tener sus propios secretos, descubre que sus padres tienen también una identidad única y que, por lo tanto, también guardan sus propios secretos. En consecuencia, el niño experimenta grandes niveles de ansiedad y celos al saber que entre sus padres existe un vínculo secreto, que no tiene que ver con él, y que ellos guardan información que él desconoce. Una gran curiosidad se despierta en el niño, lo que lo lleva a espiar y a observar detalladamente el comportamiento de sus padres. Es así como muchos padres son descubiertos desnudos, peleando o teniendo vida sexual. La ansiedad se convierte en curiosidad y la curiosidad en búsqueda de la verdad.

Los secretos no son iguales a las fantasías. A esta edad, los niños pasan gran parte del tiempo viviendo en un mundo de fantasía. Juegan y se disfrazan, tienen amigos imaginarios, se convierten en príncipes y princesas y conquistan mundos lejanos. Estas fantasías convergen en un mundo paralelo al real, pero no son parte de la vida secreta del niño. Lo que es secreto no es la existencia del mundo paralelo, sino lo que el niño siente y expresa en él a través del juego. «Iñaki, ¿vino el mago Merlín?», le pregunté a mi sobrino hace poco, pues lo escuché jugar después de comer en casa de mi hermana. Él asintió. «¿Y dónde vive?», pregunté, divertido. «Pues en su castillo, y con sus polvos mágicos va a donde quiere», me explicó como si fuera obvio. «¿Y a qué juegas con él?», insistí, intrigado. «Jugamos a nuestro juego secreto, que no entiendes porque no lo conoces», concluyó y luego salió corriendo a su cuarto. Ahí comprendí que el mundo de fantasía que acompaña al niño no es secreto, sino toda la comunicación que se expresa en él. Iñaki me explicó que Merlín el mago vive en un castillo, que tiene polvos mágicos y que así llegó a jugar con él a su cuarto; pero no quiso soltar prenda de lo que habla o de lo que juega con él. Conforme el niño aprende a mantener más secretos, comienza a madurar y a crecer. A través de sus secretos, el niño solidifica una identidad separada de sus padres y encuentra un lugar dentro del mundo, apartando cierta información solo para él.

James Fadiman y Robert Frager explican en sus *Teorías de la personalidad* (1994) que la adolescencia es una etapa de vida durante la cual constantemente se retan los límites hacia la figura de autoridad. Es en esta etapa cuando los adolescentes aprenden a establecer distancia física y psicológica de sus padres, un gran reto que no solo es sano, sino también deseable. El adolescente tiende a aislarse y a pasar horas encerrado en su cuarto. Es totalmente válido que cierre su puerta y que descubra su cuerpo y su sexualidad a través de la masturbación. Esta fase puede ser aterradora para los padres; sin embargo, es útil recordarles que es necesaria en la consolidación de una personalidad sana. El adolescente en este punto empieza a convertirse en una persona independiente y autónoma. Los padres experimentan una pérdida en este proceso, pues su hijo está en el camino de convertirse en un adulto con una identidad totalmente nueva. El caos se vuelve parte de la dinámica familiar y la rebeldía del adolescente se acelera; quizás elija una religión diferente a la que había conocido hasta ahora en el seno familiar, adopte un punto de vista radical en su vida, como volverse vegano, vista de una manera que sus padres jamás elegirían y se enamore de alguien nuevo, ajeno al sistema familiar, que reemplazará en gran medida el cariño de los padres. El adolescente se llena de secretos: desea vivir experiencias nuevas que sus padres no apoyarían, pues su lóbulo frontal, el que se encarga de controlar la razón, no está plenamente desarrollado y por eso no alcanza a medir las consecuencias de sus decisiones. El adolescente quiere algo y lo quiere ahora, sin considerar las consecuencias que tendrá en el mañana. Conozco bien la psicología del adolescente no solo por todos los que he atendido en mi vida profesional, sino por lo que viví en mis años de secundaria y preparatoria: la búsqueda de la propia identidad, las primeras fiestas a las que me dejaron ir, las amigas de mi hermana que me empezaron a gustar, esos primeros amigos que ahora son como mis hermanos, la lucha incansable con mi padre, los sentimientos a tope que llenaban mi vida, la sensación de que nadie en este mundo me entendía... ¡Claro que conozco la psicología del adolescente, yo ya fui uno! Una vez que el adolescente se vuelve adulto, la capacidad para mantener secretos se fortalece y, aunque siguen siendo una moneda de cambio para generar intimidad, se han ido encriptando cada vez más, y ese contenido de información que no será jamás revelada constituye parte de la esencia más sólida de la identidad de un individuo. Este nivel de secretos rara vez es compartido y solo lo hacemos bajo una única condición: una relación en la que nos sintamos plenamente aceptados y contenidos. Quizás es un amigo, quizás es un hermano, quizás es nuestra pareja, quizás es un psicólogo o un líder espiritual... aunque también puede ser que nunca lleguemos a compartir con nadie esa información tan confidencial. En la investigación que hice al escribir *El cristal roto* (2015), descubrí que el 30 % de aquellos que vivieron un abuso sexual infantil nunca se lo dirá a nadie, lo que hace aún más complicado detener los crímenes de pederastia.

Parte de lo que hace que cierta información sea revelada o se mantenga en silencio tiene que ver con el contenido de la misma. Entre más grande sea el secreto, mayor será el conflicto entre guardarlo o revelarlo. Entre más grande sea la necesidad de compartirlo, más grande será el riesgo de que se haga público. Entre más crezca la hiedra, mayor energía nos robará en nuestra vida cotidiana. La información secreta echa raíces y ocupa gran parte de la mente. Quisiéramos no pensar en ella, pero entre más deseamos desecharla de la mente, más llena nuestros pensamientos y nuestros sentimientos. Se convierte en una obsesión. Es como no querer pensar en un oso polar, en el color blanco de su pelaje, en el invierno, y no querer recordar el que aparece en el anuncio de Coca-Cola con una bufanda roja. Entre más tratamos de mantener inconciente la información que buscamos esconder, el oso polar aparecerá con mayor intensidad en nuestra mente. Así funcionan las obsesiones: entre más tratamos de eliminarlas, más se apoderan de nuestra psique.

La realidad es que la catarsis de compartir un secreto podría aliviar los altos niveles de estrés y de tensión que generan y puede ser una gran oportunidad para fomentar la intimidad. Un secreto compartido puede ser la causa de una hermandad que dure toda una vida, o bien, puede separar el alma de dos personas para siempre. Los secretos provocan sentimientos muy diferentes en cada confidente. Brindar una confesión implica necesariamente entrar a la escala de valores, de principios y de escrúpulos del otro. Aunque creamos que lo conocemos a fondo, nunca sabremos cómo reaccionará ante cierta información: un mismo secreto puede ocasionar rechazo y repulsión en unos, compasión y perdón en otros, simpatía y solidaridad en algunos más. ¿Imaginas lo que provocó en los demás el secreto de Daniel? Para Adriana y para sus hijos ha significado vergüenza, culpa, coraje y rechazo; para la policía española, un triunfo ante la mafia rusa y, por lo tanto, la exposición de un delito sin derecho de fianza; para los proxenetas de esos dos niños, un riesgo mayúsculo de ser capturados; para las inocentes víctimas, la posibilidad de ser liberados y de tener una vida digna; y, para Daniel, la deshonra, la soledad y la vida en prisión por los siguientes treinta y cinco años; ¿para mí?, el triste recordatorio de que antes de cumplir los doce años, una de cada cuatro niñas y uno de cada seis niños habrán sido víctimas de algún tipo de abuso sexual infantil que los marcará durante toda su vida.

El autoengaño ha representado un verdadero rompecabezas para filósofos y psicólogos por más de dos mil años. Parece existir algo paradójico en ello: al mentirnos a nosotros mismos, somos al mismo tiempo víctimas y victimarios de ese engaño. La percepción generalizada del autoengaño es negativa: ¿cómo es posible que el engañado y quien engaña sean la misma persona? Donald Davidson, en su libro *Deception and Division. The Multiple Self* (1993), explica que la única manera de que esto realmente suceda es si partimos de la idea de que nuestra personalidad está fragmentada en varias subpersonalidades, y el autoengaño se lleva a cabo cuando algunos de estos fragmentos logran conquistar a otros; así, mediante este despojo, evitan que las voces conquistadas lleguen a la conciencia. Sin importar si la teoría de Davidson es veraz o no, el autoengaño es totalmente real. El principal obstáculo para detectarlo tiene que ver con una serie de supuestos acerca de la mente, conocidos por los filósofos y psicólogos como la *cosmovisión cartesiana*, concepto que tuvo su origen en lo propuesto por René Descartes en el siglo XVII. Descartes propuso que el ser humano se da cuenta de todo lo que está sucediendo en su mente y que cada uno de nosotros tenemos autoridad absoluta sobre nuestros estados mentales. De esta manera, responsabiliza al ser humano de todo lo que ocurre en su psique. Descartes entonces escribió que lo único que tenemos que hacer para conocernos a nosotros mismos es observar lo que está sucediendo en nuestra mente, en nuestros pensamientos y sentimientos, ya que nuestro espíritu, nuestra mente y nuestra cognición son una entidad unificada que poco tiene que ver con nuestro cuerpo, nuestra bioquímica cerebral o nuestros neurotransmisores. En el texto *El ser y la nada* (1943), Jean Paul Sartre describe que, mediante su teoría, Descartes nos condenó a la libertad de elección. Posteriormente, en el siglo XIX, un médico vienés vino a transformar la visión cartesiana de la mente con el estudio del inconsciente: Sigmund Freud. Él propuso una división de la mente y explicó que una parte de ella se ocupa de pensar, mientras que la otra, de manera independiente, se encarga de la conciencia. Para Freud, toda la actividad de pensamiento es inconsciente, y solo una pequeña parte de la mente es responsable de llevar a la conciencia parte de esta información. En la teoría freudiana, la mente unificada de Descartes es un mito y la introspección solo puede iluminar una pequeña parte de la compleja maquinaria que trabaja en nuestro interior. Los hilos conductores de nuestro comportamiento, nuestras emociones y nuestros pensamientos se encuentran en aquella oscura región que Freud bautizó como *inconsciente*, y aquí se encuentra la información que escondemos de nosotros mismos. En esta área el autoengaño vive a sus anchas.

La noción de que los seres humanos nos engañamos a nosotros mismos con respecto a nuestros verdaderos deseos es el sustento básico de la psicología freudiana, aunque no existe ninguna comprobación científica que lo confirme. Freud le quitó al hombre toda la responsabilidad que Descartes le había otorgado: nuestro inconsciente, y no nosotros, es responsable de nuestras elecciones.

Hasta este momento hemos hablado de un solo tipo de secretos: los de la mente consciente; de aquella información que conocemos y que decidimos sensatamente mantener en silencio. No obstante, existe otro tipo de secretos en la vida de cualquier ser humano: aquellos que no sabemos que existen y que mantenemos lejos de nosotros, de nuestra mente consciente y, por lo tanto, de nuestro control. En la obra *Psicología de nuestros conflictos con los demás* (1971), Marc Oraison explica acertadamente algo de la teoría psicoanalítica de Sigmund Freud, y cómo él adoptó el término *inconsciente* para denominar aquella información que no sabemos que existe y que escondemos de nosotros mismos. Así como los secretos que conscientemente conocemos se comportan como una bocanada de aire que buscará salir tarde o temprano mediante una exhalación, los secretos inconscientes también intentarán salir a la luz: tal vez a través de sueños, mediante *lapsus linguae* (aquello que decimos sin saber por qué lo decimos), o a través de *acting out* (comportamiento que llevamos a cabo sin entender de dónde proviene). Sin embargo, pueden también manifestarse de formas mucho más caóticas, ya sea a través de fantasías que van en contra de nuestros principios o de la identidad que hemos forjado, de comportamientos que parecen extraños o desadaptados, o mediante cambios en el estado de ánimo que no podemos entender. Este es el terreno del autoengaño. El contenido de estas fantasías no es bueno ni malo, es decir, no son garantía de que una persona tenga buenos o malos sentimientos; en realidad, dicho contenido solo vuelve a la persona mundana, pues las fantasías provienen de los secretos y es humano tener secretos. Las fantasías de los adultos no son muy diferentes de las que tienen los niños al jugar, simplemente varían en los guiones con los que se manifiestan, pues, aunque quizá ya no aparezca Merlín el mago o los polvos mágicos que te llevan a donde tú quieras, la información camuflada de las fantasías adultas es tan humana como la de las infantiles: miedo al rechazo, necesidad de aceptación, enojo contenido, energía sexual reprimida... El que existan las fantasías no es un problema; lo que puede llegar a serlo es lo que decidimos hacer con ellas.

Daniel alguna vez tuvo la fantasía de sexualizar a un menor, de tener un acercamiento inapropiado con un niño. ¿Tener esta fantasía lo convirtió en una mala persona? No. Lo que lo convirtió en un delincuente y en un sociópata fue llevar a cabo un crimen sexual en contra de menores de edad. Las fantasías, por crudas o perversas que puedan parecer, solo son eso, fantasías, y no le hacen daño a nadie. El verdadero conflicto nace entre la necesidad de reprimir y la necesidad de llevar a cabo la fantasía en la vida real. El conflicto se origina cuando no existe una resolución favorable para ese dilema. Si la ansiedad no encuentra una salida sana a través de la fantasía, lo hará de una manera destructiva; sin embargo, encontrará una salida, de eso no hay duda. Esta salida podrá desembocar en una vida secreta, donde la fantasía dejará de serlo para convertirse en realidad. Tal y como le sucedió a Daniel.

Otra manera de engañarnos a nosotros mismos es a través de las ilusiones y de los anhelos, que son la tendencia a creer que algo será real por el simple hecho de desearlo. Decretar algo no significa que se hará realidad, aunque muchos pensadores aseguren lo contrario. «Si deseas algo con todas tus fuerzas, harás que el universo lo materialice». La gran mayoría de los seres humanos nos engañamos de esta manera. Ninguno de nosotros compraría un billete de lotería si no nos ilusionáramos con ganar el premio mayor; ninguno de nosotros invitaría a una chica a salir si no creyéramos que tenemos una oportunidad de conquistarla. Si todos nosotros tuviéramos la certeza de que podemos desarrollar una adicción, no existirían los drogadictos, y si realmente creyéramos que no nos van a descubrir en una infidelidad, no existirían las rupturas en pareja por este motivo, y Carmina no estaría pasándola tan mal. La sexualidad humana opera en cierto sentido en este nivel de ilusión. A lo largo de la investigación que realicé para escribir este libro, me topé con un estudio que me pareció sorprendente. Henry Adams, Lester Wright y Bethany Lohr publicaron en 1996 un artículo titulado «Is homophobia associated with homosexual arousal?», el cual expone los resultados de un minucioso estudio que realizaron en la universidad de Georgia. Dicho estudio consistió en mostrar una serie de películas eróticas a dos grupos de hombres heterosexuales. Un grupo consistía en hombres que se sentían cómodos con la presencia de homosexuales; el otro estaba integrado por hombres homofóbicos. Además de lo reportado por los participantes, todos fueron conectados a un aparato llamado pletismógrafo, el cual mide los cambios en la circunferencia del pene. Los registros del pletismógrafo revelaron que las películas eróticas homosexuales excitaron a ambos grupos, aunque solo los homofóbicos se sintieron agredidos psicológicamente con dicho material. Durante las entrevistas, todos los hombres homofóbicos negaron haber experimentado excitación al mirar a un hombre teniendo sexo con otro hombre. Por supuesto, puede ser que hayan mentido, o puede ser también que se hayan engañado a sí mismos con respecto a la respuesta fisiológica de sus penes. Lo cierto es que, aunque creyeran que el sexo entre dos hombres era repugnante, sus penes demostraron lo contrario.

Los seres humanos tendemos a aferrarnos al obsoleto principio cartesiano que indica que las motivaciones son totalmente transparentes para el individuo.

Como especialista en depresión y trastornos de ansiedad, puedo asegurar que muchos de estos trastornos surgen del pensamiento irracional. El pensamiento irracional nos lleva a tener pensamientos obsesivos y estos, a su vez, a sentir ansiedad. Gran parte de los estados depresivos constantes tienen su origen en los pensamientos erróneos sobre nosotros mismos y sobre los demás. Nos engañamos, nos juzgamos severamente, percibiéndonos más débiles de lo que realmente somos y percibiendo al medio ambiente más peligroso y hostil de lo que realmente es. Lauren Alloy y Lyn Abramson publicaron en su artículo «Judgement of Contingency in Depressed and Nondepressed Students: Sadder but Wiser?» (1979) un resultado paradójico. Descubrieron que, a pesar de que quienes sufren de depresiones recurrentes tienden a percibir al mundo de manera catastrófica, lo cual genera en ellos altos niveles de ansiedad y desesperanza, mantienen una relación mucho más honesta con sus emociones y con la responsabilidad de sus errores que aquellos que no se encuentran deprimidos. Durante un experimento conjunto, evaluaron a dos grupos de participantes, uno deprimido y otro no deprimido; la prueba consistía en jugar en equipos. Los resultados del juego estaban manipulados para medir la percepción de la responsabilidad de los participantes. Ellas notaron un comportamiento bastante significativo: los participantes del equipo cuyos sujetos no estaban deprimidos sobreestimaron su desempeño individual cuando el resultado del equipo era positivo, y minimizaron su responsabilidad cuando el puntaje del equipo era pobre. Alloy y Abramson observaron algo totalmente diferente en el equipo de los sujetos que estaban pasando por una depresión: calificaban de manera justa su participación en el éxito del equipo, es decir, no mostraron ningún aire de grandeza, y se responsabilizaron de manera justa cuando al equipo le fue mal. Al final, se concluyó que los sujetos no deprimidos tendían a autoengañarse mucho más que los sujetos deprimidos, los cuales percibían la realidad con mayor veracidad. ¿Qué fue lo más revelador de este descubrimiento? Que los sujetos deprimidos tienden a ser más honestos consigo mismos que los sujetos sanos, los cuales cuentan con más herramientas para transformar la percepción de la realidad a su favor. Los resultados fueron doblemente concluyentes cuando evaluaron al grupo de personas deprimidas después de un tratamiento contra la depresión y observaron que, con el paso del tiempo, se comportaban de manera muy similar a como lo hacían los sujetos no deprimidos: terminaban por minimizar la percepción de sus fallas y exaltaban sus logros. Paradójicamente, la depresión, una enfermedad psiquiátrica, nos vuelve más honestos y veraces que la salud emocional. Nuestra mente, cuando no enfrenta alguna dificultad emocional, es más hábil en su capacidad para autoengañarse. ¿La salud emocional y el autoengaño van de la mano?

Un problema no puede resolverse hasta que no se ha reconocido. El secreto que mantenemos hacia nosotros mismos no puede ser develado hasta que no es descubierto. El primer paso en la sanación de cualquier síntoma emocional es aceptar que es un síntoma y no el problema. Los verdaderos problemas viven adheridos a la mente inconsciente y los síntomas son solo la manifestación de su existencia.

El aceptar un secreto y sacarlo a la luz es toda una batalla entre tu mente consciente y la inconsciente. Cualquier información que nos haga sentir avergonzados, culpables o inmorales tenderá a ser eliminada de la conciencia y se mantendrá velada, escondida de nosotros mismos, en ese lugar oscuro de la mente al que no se tiene acceso directo y al que llamamos inconsciente.

No aceptar la realidad tal cual es se conoce como negación. Cuando hemos vivido situaciones difíciles de aceptar, nuestra mente consciente pone en práctica ciertos mecanismos de defensa para protegerse del dolor de la verdad. Esto implica negar la realidad y construirnos una que parezca más cómoda o manejable. Nuestra mente consciente, a través de diferentes mecanismos de defensa, se encarga de evitar que los recuerdos, las experiencias vividas, los verdaderos deseos y los sentimientos incómodos alcancen nuestra conciencia. Puesto que la psique tiene una gran tarea —alcanzar equilibrio entre la ansiedad y el contacto con la realidad, evitar el dolor y el enfrentar los problemas con los recursos hasta ahora generados—, en ocasiones reprime (aleja totalmente de la conciencia) lo que nos ocurrió tiempo atrás y que nos provoca tristeza, dolor, culpa o vergüenza.

Freud propuso tres componentes estructurales básicos de la psique: el id, el ego y el superego.

- El id o ello contiene todo lo que se hereda. Es la estructura original, básica y dominante de la personalidad, a partir de la cual se desarrollan las otras dos. El id es amorfo, caótico y desorganizado, abierto solo a las exigencias del cuerpo. Casi todo el contenido del id es inconsciente, aunque no todo el inconsciente es id.

- El ego o yo es aquella parte del mecanismo psíquico que está en contacto con la realidad externa, asegurando la salud, la seguridad y el buen estado de la personalidad. Es el «administrador» de la energía psíquica y el que se encarga de mediar entre las fuerzas inconscientes y la información consciente. Sus principales funciones son enterarse de los acontecimientos externos, almacenar estas experiencias en la memoria y evitar los estímulos excesivos mediante la evasión. Solo se ocupa de los estímulos moderados, los que puede manejar, adaptándolos a la realidad conocida y aceptada, y solo aprende a incorporar modificaciones adecuadas y manejables del mundo exterior en pro de su equilibrio y bienestar. El yo es creado por el id en un intento de hacer frente a la necesidad de reducir la tensión y aumentar el placer.

- El superego o superyó es una estructura que se desarrolla a partir del yo. Actúa como censor o juez de las actividades y pensamientos del ego. Es el depósito de los códigos morales, los modelos de conducta y las construcciones que constituyen las inhibiciones de la personalidad. El superego tiene tres funciones básicas:

  1. La conciencia: actúa para restringir, prohibir o juzgar cualquier actividad consciente, pero también actúa inconscientemente al manifestarse a través de obsesiones, compulsiones o ansiedad y sentimientos de culpa.
  2. La autoobservación: evalúa las actividades sin importar los impulsos del id y del yo. Aquí radica el autocontrol.

3. Formación de ideales: construye en el niño un imaginario con base en el modelo del superego de los padres; esto lo convierte en el vehículo de la tradición y de todos los juicios de valor duraderos que se han propagado de generación en generación. Aquí radican las costumbres y los preceptos religiosos.

La meta más importante de la psique es mantener un nivel aceptable de equilibrio dinámico que maximice los placeres y minimice las molestias. El yo nace de la parte más inconsciente de la personalidad y existe para tratar, en forma realista, los impulsos básicos del ello y como intermediario entre las fuerzas del ello, del superyó y las exigencias de la realidad externa. La única manera de liberarnos de los síntomas secundarios de la información que permanece escondida en nuestra mente es liberar los materiales inconscientes, inaccesibles para la conciencia, de tal manera que se puedan tratar y comprender conscientemente. A medida que el material se vuelve accesible a la conciencia, se va descargando la energía reprimida, que el yo puede utilizar en actividades más saludables. La descarga de energía, debido al desbloqueo del material inconsciente, puede minimizar las actitudes autodestructivas. Es decir, el yo requiere de altos niveles energéticos para mantener alejada de la conciencia los recuerdos de lo que vivimos, lo que deseamos, pensamos o sentimos. Cuando la aceptamos y permitimos que llegue a nuestra conciencia, el trabajo del yo pasa de la represión al procesamiento de esta información. Es más útil limpiar el clóset que seguir negando que la basura de años yace ahí.

El mayor problema de la psique es buscar la forma de hacerle frente a la ansiedad, la cual se desata por un aumento de la tensión que se desarrolla por el dolor emocional reprimido en el inconsciente. Es por eso que los que vivimos algún tipo de abuso en la infancia tendemos a desarrollar personalidades ansiosas, obsesivas y compulsivas. La ansiedad es un síntoma secundario cardinal del abuso físico, verbal, emocional y sexual.

Los prototipos de situaciones que causan ansiedad son normalmente de pérdida. La pérdida de un objeto deseado, como el niño que pierde a su madre en el mercado; la pérdida del amor, como el fracaso que se experimenta al terminar una relación de pareja; la pérdida de la identidad, como el temor al ridículo; o la pérdida del amor hacia uno mismo, que se manifiesta cuando hay desaprobación por parte del superyó y propicia la aparición de la culpa. La amenaza de recordar situaciones de abuso y otros eventos dolorosos produce ansiedad. Existen dos métodos para disminuirla. El primero es afrontar la situación directamente, encarando al peligro que puede causar; el segundo consiste en deformar o negar la situación misma, lo cual no resuelve el problema de raíz y solo genera más síntomas secundarios. El yo protege a la personalidad mediante el segundo método, falseando la naturaleza de la realidad. Las diversas formas en que el yo consigue hacerlo se conocen como mecanismos de defensa y son las maneras en las que el autoengaño cobra vida.

Los mecanismos de defensa que con más frecuencia utiliza la mente de un sobreviviente de abuso sexual fueron expuestos por Freud en 1886, como parte de su teoría sobre el funcionamiento de la mente; los psicoterapeutas seguimos identificándolos como válidos hasta el día de hoy:

- **Represión**. Consiste en desviar cualquier material y mantenerlo a distancia de lo consciente, alejando todo suceso, idea o percepción que pueda ser provocadora de ansiedad. Desgraciadamente, el elemento reprimido sigue formando parte de la psique, aunque de manera inconsciente, por lo que continúa requiriendo un gasto constante de energía para mantenerse en ese estado, pues lo reprimido trata constantemente de encontrar una salida a la conciencia. Es por eso que hay experiencias que no recordamos, aunque hayan sido terriblemente dolorosas.

- **Negación**. Radica en no aceptar como real un evento que perturba al yo; es una suerte de escape a la fantasía, pues suele tomar formas que parecen absurdas a los ojos de los demás. Un ejemplo consiste en recordar hechos en forma incorrecta, percibirlos como sueños o como eventos menos difíciles de lo que en realidad fueron. La negación conlleva una desensibilización del suceso y, en caso de ser recordado, se suprime el dolor emocional que implicó.

- **Regresión**. Es el retorno a un nivel anterior de desarrollo o a una forma de expresión más simple y más infantil. Es una forma de calmar la ansiedad mediante el distanciamiento con el pensamiento real, adoptando actitudes que en años anteriores lograron reducir la gravedad del estado ansioso. La regresión es la forma más primitiva de enfrentarse a los problemas. Es por eso que en muchas ocasiones, un adulto que vivió un trauma importante tiende a evadir los problemas de manera muy infantil y a tener dificultades para establecer compromisos y responsabilidades a largo plazo. Este mecanismo implica comportarnos como si fuéramos más pequeños de lo que realmente somos y, por lo tanto, enfrentar los problemas de manera inapropiada para nuestra edad.

- **Racionalización**. Consiste en encontrar razones aceptables para los pensamientos y para las acciones que en realidad serían inaceptables para el superyó. Es el proceso por el cual una persona presenta una explicación lógica y coherente para una actitud, acción, idea o sentimiento que surge de fuentes de motivación no loables. La utilizamos para justificar nuestra conducta, o la de los demás, cuando en realidad las razones de las acciones no son meritorias.

- **Proyección**. Es el mecanismo más utilizado. Se identifica como el acto de atribuir a otra persona, animal u objeto las cualidades, sentimientos o intenciones que se originan en uno mismo. A través de este mecanismo, los aspectos de la propia personalidad se desplazan desde dentro del individuo hacia el medio exterior. Siempre que caracterizamos algo «de allá afuera» como malo, pervertido o peligroso, existe la posibilidad de que esas características puedan aplicarse a nosotros mismos. Un ejemplo de esto puede ser cuando decimos que «el día está triste». Por razones obvias, un día no puede sentir tristeza; lo que estamos haciendo es proyectar nuestro sentimiento hacia el mundo exterior.

En la gran mayoría de los casos, existe cierta incapacidad para establecer la conexión entre los secretos que guardamos a nosotros mismos y los síntomas emocionales que experimentamos en nuestras vidas. Es por eso que uno de los objetivos principales al comenzar una terapia es entender que los síntomas que presenta cualquier paciente no son sino un producto de su historia, un intento desesperado de su organismo para encontrar balance entre lo que reprime y lo que necesita conocer.

Algo bastante complejo sobre trabajar con los síntomas emocionales es comprender que normalmente no se presentan solos, es decir, tienden a expresarse en combinación con otros; por ello, al ser tan problemáticos en la vida del paciente, los secretos que guarda la mente inconsciente se mezclan, se protegen entre sí, crean un fuerte común para no ser develados. Al entender que los síntomas emocionales y la manera patológica en la que nos relacionamos con los demás son un intento del yo por sanar y para adaptarse funcionalmente a la realidad, se inicia el proceso de reconocer esos secretos que yacen en nuestra mente inconsciente.

¿Qué estará pasando en estos momentos por la mente de Daniel? ¿Será que siente culpa y remordimiento? ¿Con qué mecanismo de defensa se estará protegiendo su mente para justificar su pedofilia? ¿Qué secretos existirán dentro de esa perversión sexual? ¿Sabremos algún día de cuántos niños abusó a lo largo de su historia? ¿Buscará ayuda psicológica para entender su patología?

La mente de Daniel, como la de Carmina, como la tuya y la mía, nunca será terreno totalmente iluminado por la conciencia. Aun cuando descubramos algunos de nuestros propios secretos, otros más profundos quedarán adheridos, como hiedra a la piedra, en la oscuridad de la mente inconsciente.

III. ANATOMÍA
DE UNA VIDA SECRETA

Hace poco leí la historia de la conocida estatua de la Diana Cazadora, cuyo nombre real es la Flechadora de las Estrellas del Norte. Lo que sucedió fue que en 1942 el presidente de México, Manuel Ávila Camacho, pidió al regente del Distrito Federal, Javier Rojo Gómez, que iniciara el embellecimiento de la capital mediante la creación de fuentes monumentales en glorietas y esquinas representativas.

El arquitecto Vicente Mendiola y el escultor Juan Olaguíbel construyeron una de estas fuentes en la glorieta del Paseo de la Reforma, por el Bosque de Chapultepec. El tema que eligieron fue Diana, la diosa romana de la caza, pero en vez de estar acechando animales en los bosques con su arco, flecharía a las estrellas. La estatua de bronce es una belleza y uno de los íconos de la Ciudad de México.

La identidad de la modelo fue un misterio por muchos años, hasta que en 1992 se supo que había sido una chica de dieciséis años llamada Helvia Martínez Verdayes, quien después sería viuda de Jorge Díaz Serrano, exdirector de Petróleos Mexicanos. Helvia, a pesar de ser tan joven, ya era secretaria de PEMEX, y su jefe, Vicente Mendiola, consciente de su belleza y además amigo cercano del escultor, propuso a Helvia como modelo de las Estrellas del Norte. Tanto ella como Olaguíbel aceptaron. La joven no cobró un solo peso por ello y posó desnuda para el escultor, quien terminó su efigie en septiembre de 1942, para después fundirla en bronce. La única motivación de Helvia era ver su cuerpo y su rostro inmortalizados en una de las esquinas más hermosas de la ciudad. A cambio de ello, pidió que su nombre se mantuviera en el anonimato por siempre. La fuente de la Flechadora de las Estrellas del Norte fue inaugurada el 10 de octubre de 1942.

Los ultraconservadores protestaron y un año después la Liga de la Decencia, apoyada por la primera dama, Soledad Orozco de Ávila Camacho, obligaron al escultor a ponerle ropa interior a la Flechadora. Olaguíbel colocó un calzón de bronce que se unía a la escultura solo mediante tres puntos, con la esperanza de poder retirarlo más tarde. Ante la celebración de las Olimpiadas de 1968, el regente de la ciudad, Alfonso Corona del Rosar, a petición de Juan Olaguíbel, permitió que se retirara el taparrabos de la escultura y esta volvió a lucir su belleza natural en 1967. Helvia siguió trabajando como secretaria hasta llegar a la dirección general de PEMEX. Durante la administración de Antonio Bermúdez, Jorge Díaz Serrano, quien era contratista y vendedor de PEMEX, comenzó a cortejar a Helvia. Él no sabía que se estaba enamorando de la Diana Cazadora y ella no sabía que se estaba enamorando perdidamente de un hombre casado. En su libro *El secreto de la Diana Cazadora* (1992), Helvia Díaz Serrano devela la historia de amor que mantuvo con Díaz Serrano, así como las verdaderas razones por las cuales no le confesó, hasta casi al final de sus vidas, que ella había posado desnuda para Olaguíbel en 1942.

Para enero de 1958, Helvia y Díaz Serrano pasaban juntos gran parte de su tiempo, salían a cenar y hasta formalizaron su relación con la madre de ella, María Luisa Verdayes, quien fungió toda su vida como madre soltera, pues el padre de Helvia las había abandonado mucho tiempo atrás. Helvia describe que para ella fueron días de plena felicidad; no obstante, poco tiempo después descubrió que no todo era miel sobre hojuelas: Díaz Serrano era casado y padre de cinco hijos. Helvia relata que trató de romper su relación en varias ocasiones, pero él se aferró a ella y prometió que dejaría a su familia para casarse formalmente con ella. Helvia aceptó y esperó a que ese momento llegara; sin embargo, la historia de ese amor prohibido se alargó por treinta años más. Él dormía en su hogar conyugal y veía a Helvia durante el día. Jorge Díaz Serrano llegó a la presidencia de Petróleos Mexicanos en 1976 y Helvia se convirtió en su secretaria particular. De esta manera lo pudo acompañar a casi todos los eventos de Estado en los que la presidencia de PEMEX lo requería, así como a los múltiples viajes internacionales a los que asistió como director general de la gran petrolera nacional. Díaz Serrano era casado, sin embargo, era muy celoso con Helvia, al punto de advertirle que, si algún otro hombre se atrevía a mirar su cuerpo desnudo, se olvidaría de él para siempre. Helvia, temerosa, decidió no contarle su secreto, a pesar de que ambos caminaban por las tardes y se sentaban a platicar frecuentemente en frente de la fuente que lucía públicamente el cuerpo desnudo de Helvia.

En su libro, la Diana Cazadora detalla cómo tuvo que aprender a fungir públicamente como la secretaria particular y nunca como la pareja sentimental del director, y cómo él disfrutaba de la belleza de la fuente sin saber que su amante había sido la modelo. Díaz Serrano bebía cada vez más con los años, hasta convertirse en alcohólico; era posesivo y cada vez más celoso con Helvia, quien terminó viviendo solo para él. Ella expone lo difícil que era lidiar con un hombre alcohólico, demandante, posesivo y casado. El 30 de julio de 1983, tras regresar de Rusia como embajador de México, Díaz Serrano fue acusado de desvío de fondos durante su cargo como dirigente de PEMEX y fue encarcelado en el reclusorio sur.

Helvia explica que ella, de cierta manera, también estuvo presa, pues lo visitaba diariamente. Durante los cinco años que él estuvo en la cárcel, solo faltó a su visita los domingos y el día que enterró a su madre. Durante su encarcelamiento, Jorge Díaz Serrano se divorció de su primera esposa y poco tiempo después se casó legalmente con la Diana Cazadora en el patio de la penitenciaría. En 1988 salió de la cárcel y contrajeron nupcias después de la muerte de su primera esposa. Helvia escribió que el Gobierno mexicano congeló todas las cuentas y los bienes de Díaz Serrano, por lo que la pareja tuvo que vivir con los ahorros que ella había juntado a lo largo de los años, primero como secretaria de PEMEX y después vendiendo su patrimonio: arte, joyas, un departamento en Polanco, una casa en Cuernavaca, hasta terminar por vender una copia de la Diana Cazadora del mismo tamaño que la de Reforma, que le había regalado Olaguíbel a su modelo.

En 1991 Helvia decidió que ya no podía guardarle ningún secreto a su marido, así que le contó la historia de la Flechadora de las Estrellas del Norte. Díaz Serrano montó en cólera e incluso se separaron un tiempo, aunque después la perdonó y la apoyó en la publicación de su libro. A Díaz Serrano le diagnosticaron hidrocefalia en 2005, por lo que sus hijos decidieron que se lo llevarían a vivir con su hija mayor. Aquello fue muy doloroso para Helvia, quien solo podía visitar a su marido ocasionalmente; además, sus hijos continuaron tratándola como su secretaria y su amante. Él insistió en regresar a vivir con su esposa y lo consiguió; no obstante, pronto fue hospitalizado de nueva cuenta y sus hijos prohibieron cualquier tipo de relación y contacto entre Helvia y Jorge. Cuando salió del hospital, lo llevaron a vivir sus últimos días alejado de su mujer, a una casa en la Condesa, donde murió a los noventa años. Helvia nunca volvió a verlo y solo pudo estar un momento en su funeral. Pese a la difícil historia en la que se vio envuelta, la Diana Cazadora afirmó en su libro que, después de que sus dos secretos habían sido develados, podría morir en paz.

Una de mis grandes pasiones es la mitología. Además de mágica e imaginativa, encierra el secreto de las verdaderas pasiones del hombre. En su *Diccionario de la mitología clásica* (1989), Falcón, Fernández-Galiano y López detallan uno de los mitos más conocidos de la historia: el mito de Edipo. Laio, rey de Tebas, se casó con Yocasta. Después de un tiempo, la pareja descubrió que no podía tener hijos, así que consultaron al oráculo de Apolo para pedir ayuda; él les respondió que, en caso de engendrar un hijo, este mataría a su padre. Por esta misma razón, la Pitia les aconsejó nunca engendrar un hijo, y en cambio aceptar la vida sin descendencia. Sin embargo, Yocasta dio a luz a un niño poco tiempo después. Laio, temeroso del cumplimiento del oráculo, abandonó al recién nacido en el monte Citerón, le perforó los pies y le ató las palmas a un árbol para que no pudiera escapar. Pasó por allí el pastor Forbas, quien se apiadó de la criatura, lo recogió y lo nombró Oidipus a causa de la deformidad de sus pies. Posteriormente lo llevó al palacio de su amo, el rey de Corinto, Pólibo. Tanto Pólibo como la reina Mérope quedaron encantados con el niño y resolvieron adoptarlo.

Edipo creció así, bajo la tutela y amparo de los reyes, creyendo que era hijo de los soberanos. Al crecer se dio cuenta de que el pueblo corintio se mofaba de él a causa de su deformidad en los pies, y en reiteradas ocasiones escuchó cómo su ascendencia noble era puesta en duda. Enseguida se dirigió a Delfos, y el oráculo, sin revelarle el secreto de su nacimiento, le anunció que él sería el asesino de su padre y que cometería incesto con su madre. Preso del horror y la repugnancia por lo que eventualmente sería capaz de hacerles a los reyes, y convencido de que Pólibo era su padre y Mérope su madre, huyó de Corinto y caminó hacia el rumbo contrario: Tebas. El destino estaba dispuesto a cumplir su misión, a pesar de la voluntad de Edipo. En el camino que conducía de Delfos hacia Daulis, un carro tirado por poderosas mulas le obstruyó el paso; una voz soberbia y dominante le ordenó con insolencia que se apartara. Edipo, irritado y confundido por lo que acababa de escuchar del oráculo, contestó en mala forma que no se movería, por lo que el ocupante del carruaje lo retó a un duelo. El joven le dio muerte al dueño del carruaje y a sus cinco escuderos; sin saberlo, Edipo había matado a su padre biológico. A consecuencia de este crimen, Creón, hermano de Yocasta, ocupó el trono de Tebas. Poco tiempo después un monstruo terrible, que tenía cabeza y senos de mujer, cuerpo de perro, garras de león, alas de águila y una cola armada con un aguijón llegó a causar estragos en la región. Era la Esfinge, enviada por Hera para vengarse de las ofensas e impiedades de los tebanos. Postrada en el monte Fikión, en las cercanías de Tebas, planteaba terribles enigmas a cuantos pasaban, y devoraba o arrojaba a las olas a quienes no respondían satisfactoriamente. El pueblo tebano vivía temeroso. La Esfinge jugaba a poner acertijos que nadie era capaz de responder. El rey Creón, en un intento de poner término al mal, ofreció su corona y la mano de su hermana Yocasta a quien lograse vencer al monstruo. Fue entonces cuando Edipo llegó a Tebas y se resolvió a tentar a la suerte, pues no tenía nada que perder. Nada sería peor que matar a su padre y tener sexo con su madre, así que fue en busca de la Esfinge y escuchó de sus labios esta pregunta: «¿Cuál es el animal que tiene cuatro pies por la mañana, dos al mediodía y tres por la tarde?». Edipo resolvió enseguida la cuestión que a tantos había costado la vida. Contestó con seguridad que ese animal era el hombre que, por la mañana —es decir, en su infancia— anda con pies y manos (gateando), al mediodía —esto es, en la plenitud de la edad— se sostiene sobre sus piernas, y en la tarde —en su vejez— necesita de un bastón para apoyarse. Apenas terminó de pronunciar estas palabras, la Esfinge se arrojó derrotada desde el monte a las olas que había visto devorar a tantos tebanos. Vencedor, Edipo obtuvo a la vez el cetro de Creón y el lecho de Yocasta, su propia madre, con la que procreó cuatro hijos, dos varones y dos mujeres. De este modo, se confirmó lo que el oráculo había predicho: el asesinato de su padre y la transgresión con su madre. El incesto no tardó en atraer la cólera de los dioses, quienes lanzaron una espantosa epidemia que diezmó al país. Las crías de los animales y de los humanos se deshacían en el seno de sus madres antes de germinar. Empezó la escasez y la hambruna. Edipo consultó al oráculo de Delfos, quien señaló la muerte violenta de Laio como causa del azote y como único remedio el descubrimiento y la expulsión del culpable de su muerte. Edipo amenazó con las más atroces consecuencias al desconocido criminal, pero poco tardó en conocer la terrible verdad. El adivino Tiresias, a quien Edipo obligó a decirle la verdad, le reveló el doble secreto: el homicida era el rey Edipo, quien también había yacido incestuosamente con su madre y engendrado una raza maldita. Enloquecida, Yocasta se ahorcó colgándose de una viga del palacio. Edipo, desesperado y horrorizado ante la verdad, se arrancó los ojos y sus hijos lo expulsaron de Tebas para después disputarse el trono, espada en mano. Edipo se fue en un peregrinaje hasta su muerte, maldiciendo a sus hijos y al destino.

Después de repasar la historia de la Diana Cazadora y el mito de Edipo, es posible identificar a los dos tipos de guardianes de secretos que existen: los que esconden un secreto incluso de ellos mismos, como Edipo Rey, y los que lo protegen de los demás, como el caso de Helvia. Anita Kelly y J. Achter, en su artículo «Self Concealment and Attitudes Toward Counseling in University Students» (1995), realizaron varios experimentos con estudiantes de la Universidad de Notre Dame y descubrieron que aquellos que guardan secretos a ellos mismos tienen muchos más problemas personales que aquellos que solo los ocultan de los demás. Estos dos especialistas en secrecía y confidencialidad confirmaron que el hecho de mantener información alejada de la conciencia se relaciona en mayor intensidad con problemas psicosomáticos como la depresión, la ansiedad, los dolores musculares y los dolores de cabeza.

Para ejemplificar cómo este tipo de personalidad guardiana de secretos puede ser llevada al extremo, Kelly y Achter citaron el caso de Jeffrey Dahmer, apodado el Carnicero de Milwaukee, quien fue un asesino en serie responsable de la muerte de diecisiete varones (adultos y menores) entre 1978 y 1991. Fue conocido no solo por la cantidad de asesinatos que llevó a cabo, sino por abusar sexualmente de menores, practicar la necrofilia y el canibalismo. A diferencia de otros sociópatas, Dahmer no sufrió de maltrato físico o psicológico en su infancia; en realidad, fue hijo de un matrimonio que hizo lo que estuvo en sus manos para brindarle estabilidad económica y emocional a su hijo. Dahmer era introvertido, considerado por sus compañeros de bachillerato como raro y tímido. En 1978 ingresó a la Universidad Estatal de Ohio; sin embargo, desertó apenas terminó su primer semestre debido a sus problemas de alcoholismo. Ejecutó su primer crimen en 1979, al pagar cincuenta dólares a un chico de trece años para poder fotografiarlo desnudo. Los padres del adolescente lo denunciaron y recibió una condena de diez meses por abuso sexual infantil. Su primera víctima de asesinato fue Steven Hicks, un joven a quien recogió en la carretera y, tras acostarse con él, lo golpeó en la cabeza y lo ahorcó; posteriormente lo desmembró, metió el cadáver en bolsas de plástico y se las llevó en su auto con la intención de tirarlas por un barranco. A causa de su imprudencia al manejar fue detenido por la policía y cuestionado por el contenido de las bolsas de plástico que se encontraban en el asiento trasero; Dahmer contestó que solo era basura. La policía le creyó y lo dejaron ir. Regresó a su departamento y escondió las partes del cadáver en una tubería en desuso del edificio; años más tarde, recuperó los restos y los esparció en la maleza. Después de este primer asesinato, Dahmer desarrolló un *modus operandi* que implicaba invitar a sus víctimas (varones homosexuales) a ver pornografía a su casa, diluía una droga en sus bebidas, los estrangulaba, después tenía sexo con los cadáveres, se masturbaba y terminaba tomando fotografías del cuerpo y de cada etapa del desmembramiento; finalmente, usaba ácidos para deshacerse de la carne y los huesos, pero conservaba la cabeza y los genitales como trofeos. También comía algún trozo de sus víctimas para tener la sensación de que formaban parte de él. El 22 de julio de 1991, Tracy Edwards, su última víctima, pese a estar esposado, logró escapar. La policía decidió entonces abrir una investigación. Fueron al departamento de Dahmer y descubrieron fotografías de cadáveres, restos humanos y dos cabezas en un congelador. Dahmer intentó huir, pero fue detenido. El jurado lo declaró mentalmente sano y por consecuencia fue sentenciado a quince cadenas perpetuas consecutivas. Dahmer fue trasladado al Instituto Correccional de Columbia, en Portage, donde su único contacto con otros presos era a la hora de la comida. Fue asesinado por otro criminal dentro de la penitenciaría en 1994 mientras realizaba tareas de limpieza con otros detenidos. Uno de los hechos que más llamó la atención de la sociedad estadounidense fue que Dahmer vivió en ese mismo departamento durante trece años, sin que nadie sospechara nada de lo que ocurría al interior del inmueble. Los vecinos lo describían como un hombre tímido y huraño que rara vez salía de casa, y cuando lo hacía era para regresar totalmente ebrio. Cuando fue capturado, Dahmer aceptó haber sido impulsivo en sus acciones: estaba imposibilitado para detener sus deseos de matar, puesto que nunca había logrado sentir ni tristeza, ni remordimiento por sus acciones. Kelly y Achter describen que durante su juicio Dahmer no demostró ninguna emoción, aunque al igual que la mayoría de los sociópatas, tampoco trató de ofrecer una imagen favorable de sí mismo, ni negar la gravedad de sus crímenes.

Jeffrey Dahmer no solo guardaba secretos: era sociópata, asesino y pederasta; sin embargo, aunque con una personalidad retorcida y extrema, refleja bien la realidad del tipo de guardián de secretos al exterior: entre más grande sea el secreto a proteger, menor será la funcionalidad en la vida de un ser humano. Kelly y Achter concluyen su magnífica investigación afirmando que hay una clara evidencia de que la gente que guarda grandes secretos tiende a disminuir su interacción social, a diferencia de aquellos que no guardan secretos mayores y tienen una relación más honesta y funcional con su medio ambiente, aunque guarden secretos a ellos mismos.

Las vidas de Helvia, Díaz Serrano, Laio, Yocasta, Dahmer y Edipo giraron alrededor de los secretos que ocultaban y que terminaron por apoderarse cruelmente de sus vidas y las de sus más cercanos.

Según Saltz (2006), hay secretos que son benignos, pues no le hacen daño ni al que los guarda ni al resto del universo. Es más, ella afirma que este tipo de secretos son herramientas sociales que nos permiten desenvolvernos con éxito en nuestra relación con los demás. Los secretos benignos, como los llama Saltz, son una parte sana de la personalidad. ¿Y si los secretos benignos existen, también existen los malignos? Stanford M. Lyman publicó *The Seven Deadly Sins: Society and Evil* (1978), un maravilloso ensayo sobre los siete pecados capitales en el que explica que desde el siglo VI, el papa Gregorio el Grande designó como «posiblemente letales para el alma eterna» a siete defectos de carácter a los que llamó «pecados capitales»: envidia, ira, pereza, avaricia, gula, lujuria y vanidad. Lejos del contenido religioso que tuvieron estos defectos en su época, Lyman señala que representan probablemente las tentaciones más significativas del corazón del hombre. Los seres humanos, en nuestra condición mundana, estaremos llamados con urgencia a buscarlos, pues representan deseos carnales y un jugoso alimento para el ego. Cualquiera que niegue el sentirse atraído por estos pecados capitales o está mintiendo o los está reprimiendo. En el estricto sentido psicológico, no hay nada de pecaminoso o maligno en los pensamientos o sentimientos ligados a los siete pecados capitales de los que hablaba Gregorio el Grande; son simplemente inherentes a los deseos del ser humano. Son parte de su naturaleza y el simple hecho de aceptar que están dentro de ti, como están dentro de los demás, el reconocer su existencia, el hacer las paces con esa parte de nuestra naturaleza, puede evitar una acción que ponga en riesgo tu integridad o la de alguien más. Ahora bien, el que sean parte de nuestra naturaleza no significa que sean deseables. Nadie querría ser definido esencialmente por alguna de estas características de personalidad. Sin embargo, aunque queramos, no siempre controlamos nuestros impulsos y a veces nos dejamos llevar por alguna de estas siete tentaciones. De ahí pueden surgir nuestros más grandes secretos, los que no queremos que nadie descubra, los que podrían destruir nuestra vida y la de los demás. Es aquí donde recae la malignidad de un secreto: el daño que causa tanto para quien lo cuida como para quien lo descubre. La única diferencia entre un secreto benigno y un secreto maligno, como los llama Saltz, es la intensidad de energía que requiere un ser humano para mantenerlo bajo el agua.

La diferencia entre un secreto y una vida secreta solo tiene que ver con el grado de energía que demanda de nuestro organismo. Evidentemente, esta diferencia no se puede medir en términos cuantificables. ¿Cómo medir el desgaste emocional de Helvia al negar una y otra vez que tenía una relación amorosa con Díaz Serrano? ¿Cómo medir la energía de las fantasías sexuales que tuvo Dahmer antes de que se atreviera a abusar del primer menor? ¿Cómo podríamos saber cómo logró negar la mente de Yocasta que estaba acostándose con su propio hijo? Una vida secreta no comienza con un número determinado de eventos; empieza cuando nuestra autoimagen de estabilidad, moralidad, inteligencia, impecabilidad, fidelidad y adecuado ajuste sexual se ven amenazados.

Lo que en verdad sucede con una vida secreta es que quien la vive no acepta su realidad; no la aprueba y no puede admitir esas fuerzas internas que lo llevan a actuar de cierta manera, ya que su moralidad desaprueba esos impulsos, esos pecados capitales de los que se habló en el siglo VI, y que alimentan la secrecía, como la humedad alimenta a la hiedra. Una vida secreta comienza para proteger la autoimagen ante nosotros mismos, y los demás terminan por ser solamente una extensión de ese proceso. Vale la pena detenernos un momento para un cuestionamiento interesante: si una acción nos genera culpa, vergüenza, miedo y rechazo, ¿por qué seguimos llevándola a cabo? Porque recordemos que existe una parte de nuestra personalidad que desea algo aquí y ahora, que no sabe esperar, que no mide las consecuencias y que se rige por caprichos y por impulsos: el id. En el ego y en el id recaen la mayoría de nuestras batallas cotidianas; es muy difícil conciliar lo que realmente deseamos con lo que es socialmente permisible.

Hoy sabemos que hay una estrecha correlación entre tener una vida secreta y experimentar altos niveles de vergüenza. Es otra de las razones por las cuales quien mantiene una vida secreta tiende a enfrentar una vida problemática. Catrin Finkenhauer y Bernard Rimé, en su artículo «Socially Shared Emotional Experiences vs. Emotional Experiences Kept Secrets: Differential Characteristics and Consequences» (1998), detallan los hallazgos de sus experimentos acerca de la relación entre mantener una vida secreta y una vida llena de vergüenza. La razón principal de este fenómeno es que quien guarda el secreto visualiza esta información desde una perspectiva negativa, amoral e indecente. Y esa es la principal razón por la que se eleva la rumiación del secreto, los pensamientos intrusivos y la inhibición de la demostración de los sentimientos íntimos asociados a la vida social. Esto, a su vez, se manifiesta en la tendencia a tener más problemas físicos, psicológicos y sociales. Una persona que tiene una vida secreta tiende a sentir vergüenza y una persona avergonzada tiende a aislarse.

Estamos entonces ante una gran paradoja. Es normal y sano que el ser humano engañe y mantenga información secreta de los demás y, al mismo tiempo, está comprobado que custodiar una vida secreta está relacionada con enfermedades físicas y emocionales. Tener secretos es normal, pero revelarlos es más benéfico que mantenerlos en la oscuridad. ¿Es eso posible? En el texto «Confronting a Traumatic Event: Toward an Understanding of Inhibition and Desease» (1986), James Pennebaker y Sandra Beall explican los resultados de sus experiencias con personas que lograron describir, por escrito, las emociones asociadas a alguna experiencia traumática que guardaban en secreto; el experimento consistía en comparar los beneficios de ello frente a la experiencia de personas que revelaron, también por escrito, algún secreto que consideraban de poca relevancia, sin describir las emociones asociadas a esta información. Todas estas confesiones fueron de carácter anónimo. El objetivo del estudio era determinar la verdadera razón del alivio al revelar emociones dolorosas profundamente escondidas y que habían sido producidas por eventos traumáticos. ¿Cuál fue la conclusión? Anita Kelly apoya la teoría propuesta por Pennebaker y Beall, la cual dicta que se puede develar un secreto no significativo sin expresar emociones, y que esto no es necesariamente sanador; no obstante, resulta imposible revelar un evento traumático sin expresar las emociones dolorosas; hacerlo, además, conlleva a su vez alivio y ligereza en el estado de ánimo. Al revelar el contenido de una vida secreta se expresan las emociones que están reprimidas; la combinación de ambos eventos —develar el contenido del secreto, sumado a la expresión de las emociones asociadas— es lo genuinamente sanador. Los investigadores antes mencionados concluyen lo mismo: un acto, sin el otro, aliviará en poco al que carga con una vida secreta. Se necesita revelar la información y expresar simultáneamente lo que sentimos ante esa información. Edward Murray, Alisa Lamnin y Charles Carver, en su artículo «Emotional Expression in Written Essays and Psychotherapy» (1989), descubrieron, mediante sus observaciones con estudiantes universitarios, que revelar el contenido de una vida secreta a un amigo cercano es casi tan liberador como hacerlo en un espacio psicoterapéutico. Notaron también que hay personas que nunca estarán dispuestas a hablar de su vida secreta con alguien más, pero el simple hecho de escribir sus secretos y sus sentimientos, aunque pueda ser doloroso a corto plazo, resultará liberador a un plazo mediano, incluso pese a que aquello que se escribió sea totalmente anónimo y no sea leído por nadie más. Ellos comprobaron una vez más que el simple hecho de poner en palabras el contenido del secreto y revelar cómo nos sentimos con ello va de la mano con una sensación de bienestar, mientras que guardarlo se asocia a los síntomas negativos de los que tanto hemos hablado con anterioridad.

El beneficio de la revelación proviene de no tener que seguir invirtiendo energía del organismo para inhibir o reprimir la expresión de las emociones que están sumergidas en una vida secreta. Dicho de otra manera: hay evidencia significativa que indica que, al mantener una vida secreta, el individuo se priva de los grandes beneficios de revelarla. Es importante recalcar que revelar una vida secreta puede parecer duro y vergonzoso a corto plazo; sin embargo, los beneficios se experimentarán a mediano y largo plazo, cuando se reduzcan los niveles de ansiedad, de obsesión, y se aleje la perspectiva negativa y oscura de la información que hemos mantenido oculta. No obstante, hay que recordar que la mente consciente hará todo lo que esté a su alcance para sabotear este proceso, para no sacar a la luz lo que está escondido, para no liberar la energía que se nos va al esconder la vergüenza, el miedo y la ambivalencia emocional que existe a causa de una vida oculta. Entonces, cuando estamos a punto de liberarnos del secreto, la batalla interna entre seguir adelante con el proceso, o bien, seguir viviendo bajo la atadura de nuestra vida secreta continúa a través de los mecanismos de defensa del yo.

El hecho de poner en palabras lo que escondemos y lo que sentimos al respecto nos libera parcialmente de la vergüenza que hemos cargado. Nos sentimos liberados por la catarsis a la que tenemos acceso. La palabra catarsis proviene del griego *kátharsis*, que significa 'purificación'. En *La interpretación de los sueños* (1908), Sigmund Freud explicó que los pacientes solo podrían liberarse de sus síntomas histéricos mediante la expresión de las impresiones patológicas que los habrían generado (experiencias traumáticas reprimidas). Debían darles salida mediante la expresión afectiva de las mismas; la tarea terapéutica para Freud, entonces, se reducía a eso: inducir al paciente a expresar sus emociones. Esto se conoció como el método catártico. James Pennebaker, apoyando la teoría catártica de Freud, en su artículo «Linguistic Predictors of Adaptive Bereavement» (1997) definió a la catarsis como la unión entre «el darse cuenta» y el sentimiento. Pennebaker concluye que a lo largo de los múltiples estudios que se han realizado con pacientes en procesos terapéuticos, se puede asegurar que la expresión de información secreta, aunada a la liberación de las emociones que conlleva, genera bienestar en los seres humanos. Es por eso que Pennebaker centra su teoría en el poder curativo de la palabra: verbal y escrita.

En conclusión, revelar el contenido de una vida oculta genera bienestar por las nuevas perspectivas que se pueden vislumbrar una vez que se ha puesto en palabras el contenido del secreto. Además, gracias a la catarsis, que sucede cuando se expresan emociones reprimidas durante mucho tiempo, la vergüenza y la culpa disminuyen. Al final, el cierre perfecto para una vida secreta es la liberación de la misma. La anatomía de una vida secreta comienza cuidando cierta información y debe terminar su ciclo con la emancipación de quien guarda el secreto, así es como la persona se libera de él y de sus ataduras.

IV. MÁS ALLÁ DE LOS SECRETOS: MENTIRAS PATOLÓGICAS

El autoengaño y la mentira son cotidianos en la vida, y en algunos casos benefician tanto al que miente como al que es engañado; sin embargo, existe también el acto de mentir de manera patológica, también conocido como mitomanía. Lo anterior se refiere al hecho de mentir de forma compulsiva y sin control, situación que se repite de manera constante en la vida de una persona que no busca otro beneficio además de satisfacer la necesidad imperiosa de engañar a los demás, pese a que las consecuencias personales sean negativas. Charles V. Ford, en su libro *Lies! Lies! Lies! The Psychology of Deceit* (1996), explica que esta forma extrema de mentir se sustenta en no poder diferenciar la fantasía de la realidad. Ford retoma el concepto de *pseudología fantástica*, propuesto por Antón Delbrueck en 1891, el cual plantea que la realidad y la ficción se van tejiendo en una compleja matriz dentro de la mente de un ser humano, hasta terminar fusionadas y sin que el sujeto pueda distinguir una de la otra. En 1900, Ernest Dupré bautizó a este trastorno con el nombre de mitomanía. B. H. King y C. V. Ford, en el artículo «Pseudologia Fantastica» (1988), explican que quienes sufren de este mentir compulsivo tienen una disfunción cognitiva en la que hay una confusión de la realidad con la fantasía en por lo menos una tercera parte del tiempo. Los investigadores detallan que algunos mitómanos tienen una disfunción cerebral del lóbulo frontal en la construcción verbal de la realidad, por lo que no hay un adecuado monitoreo de la congruencia entre lo que se está diciendo y la realidad. En otros casos, aunque no haya un problema en el lóbulo frontal, el mitómano ha construido un yo ideal tan alejado del real que lo mantiene a través de una fantasía que inventa para sí mismo y para los demás. King y Ford concluyen su trabajo explicando que el mentir compulsivo es un cuadro psicopatológico caracterizado por la continua fabricación de falsedades desproporcionadas ante cualquier ventaja que se pudiera obtener mediante ellas, y que incluye fantasías inciertas que llegan a ser parte de un engaño complejo sistemático. A diferencia del mentir ordinario, la mitomanía se origina en motivaciones patológicas y mecanismos desadaptativos de la mente. En *La Psicología de la mentira* (2012), José María Martínez Selva elabora un resumen conciso de los criterios diagnósticos del mentir compulsivo, incluidos en el Manual Diagnóstico de los Trastornos Mentales, DSM-IV (1995):

1. Las historias contadas no son del todo improbables y a menudo tienen alguna señal de verdad. Las mentiras suelen presentar al mentiroso de manera favorable. Con frecuencia, no suponen ningún beneficio real para la persona que miente. De hecho, poco a poco van generando tanta desconfianza en sus interacciones que la mayoría de sus relaciones familiares, amorosas, amistosas y laborales terminan por fracasar.

2. El mitómano miente porque detrás hay una patología en su personalidad. La tendencia a mentir es duradera y se relaciona con una perturbación de la personalidad.

3. La mentira tiende a prevenir crisis emocionales porque el mitómano no sabe afrontar la realidad de otra manera. Ante la realidad del conflicto con el otro, él miente para defenderse, aunque la nueva mentira le traiga más problemas en sus relaciones interpersonales.

4. El motivo interno último al mentir, es decir, la verdadera motivación del comportamiento mentiroso no se puede asociar a otra patología que justifique las mentiras, como en el trastorno delirante, o algún tipo de psicosis.

Lo significativo para términos de este libro es comprender que los relatos que cuenta el mitómano podrían ser probables, es decir, no tienen que ver con alucinaciones y convergen de manera relativamente congruente con la realidad. Las aventuras imaginarias se manifiestan en todo tipo de circunstancias y se convierten en un estilo de vida. Los temas de las mentiras son variados; sin embargo, el héroe o la víctima es casi siempre quien cuenta la historia. En general las mentiras que dice el mitómano no son usadas únicamente para su provecho personal, como ocurre en la simple mentira. El mitómano puede reconocer la falsedad de su relato cuando se le confronta con la evidencia de los hechos y ya no puede acceder a otra mentira para seguir con su relato ficticio, a diferencia del psicótico, que no puede distinguir en lo absoluto lo que sucede en su mente de lo que sucede en la realidad.

En el texto «Pseudologia Fantastica in the Borderline Patient» (1986), Mathew Snover explica de manera muy acertada y concisa que la mitomanía o pseudología fantástica no se puede diagnosticar por sí sola, es decir, solo se puede señalar como un síntoma más de una personalidad disfuncional, especialmente en diversos trastornos de la personalidad. Puede haber personas que tengan un trastorno de personalidad sin ser mitómanos, pero no se puede encontrar lo opuesto: un mitómano sin una personalidad trastornada. Los trastornos de personalidad son un conjunto de perturbaciones o anormalidades que se dan en las dimensiones emocionales, afectivas, motivacionales y de relaciones sociales de algunos individuos.

Kurt Schneider, en su libro *Clinical Psychopatology* (1975), explica que una personalidad se define psicológicamente como el conjunto de rasgos mentales y de comportamiento permanentes que distinguen a los seres humanos. Hablar de personalidad es hablar de individualidad, concentrándonos en cada persona, en cada individuo, a partir de la idea de que es único e irrepetible. La personalidad está compuesta por la historia de cada ser humano, su adaptabilidad al medio ambiente, el desarrollo de sus potencialidades y el ejercicio de su libertad. La personalidad también comprende la manera como entendemos y nos relacionamos con el mundo, con nuestros deseos, valores y expectativas. La personalidad tiene que ver con quiénes somos en este momento preciso de nuestra vida. No es estática: se desarrolla y se modifica a lo largo de la vida; tiene muchos componentes, de los cuales el único que permanece inamovible es el temperamento, el contenido hereditario y congénito de nuestra personalidad. Schneider define un trastorno de personalidad como el conjunto de experiencias y comportamientos que difieren de las normas sociales y expectativas del equilibrio psíquico de un individuo. Las personas diagnosticadas con un trastorno de la personalidad pueden tener alteraciones en la cognición, emotividad, funcionamiento interpersonal o en el control de impulsos. En general, los trastornos de personalidad se diagnostican entre el 40 y el 65 % de los pacientes psiquiátricos, y representan uno de los diagnósticos más frecuentes de las enfermedades mentales, solo antecedido por los diagnósticos depresivos.

Un trastorno de personalidad es inflexible y se extiende a muchas situaciones, debido en gran parte al hecho de que los comportamientos anormales son egosintónicos, es decir, no existe conciencia de la anormalidad; las conductas, pensamientos, impulsos, mecanismos de defensa y actitudes de una persona están de acuerdo con su yo y con la totalidad de su personalidad; por tanto, quien sufre del trastorno los percibe como adecuados y adaptativos. Esto significa que, aunque los demás percibamos la disfunción de la personalidad, dicha persona cree que es normal y que está socialmente integrada. Schneider asevera que un trastorno de personalidad implica una serie de comportamientos que conllevan estilos de enfrentamiento desadaptativos, mismos que pueden conducir a problemas personales y alteraciones, tales como ansiedad extrema, angustia o depresión. La aparición de estos patrones de comportamiento, por lo general, se remonta al principio de la adolescencia o el comienzo de la edad adulta. Los trastornos de personalidad, por lo tanto, se manifiestan a través de problemas emocionales, conductuales, familiares, laborales y sociales. Estos conflictos se presentan sin que hayan sido causados por perturbaciones emocionales o afecciones subyacentes, y no son producidos por situaciones ambientales (un desastre natural, una muerte inesperada o una enfermedad.) Schneider asegura que, aunque todos los trastornos de personalidad suponen una gran perturbación emocional y, por lo tanto, envuelven conductas de desadaptación social, afortunadamente no todos quienes presentan perturbaciones emocionales sufren de un trastorno de personalidad.

Existen diez trastornos de la personalidad, los cuales se aglomeran en tres grupos:

Grupo A (trastornos raros o excéntricos)

Este grupo se caracteriza por presentar patrones anormales en la cognición con respecto a dudas y sensación de persecución (por ejemplo, sospecha), en la expresión (por ejemplo, lenguaje extraño, hablar en claves) y en la relación con otros (por ejemplo, aislamiento). Son tres los trastornos de personalidad en esta área:

- Trastorno paranoide de la personalidad.
- Trastorno esquizoide de la personalidad.
- Trastorno esquizotípico de la personalidad.

Grupo B (trastornos dramáticos, emocionales o erráticos)

Propio de estos trastornos es la presencia de agudos patrones de violación de las normas sociales (por ejemplo, comportamiento criminal, ir en contra de las normas familiares), de comportamiento impulsivo (sin medir las consecuencias de las acciones), de emotividad excesiva (por ejemplo, emociones irracionales y exageradas) y de grandiosidad (por ejemplo, complejo de superioridad). Frecuentemente hay manifestaciones de *acting-out* (exteriorización inconsciente de sus rasgos trastornados de personalidad mediante conductas desadaptativas), mismos que, en la mayoría de los casos, desembocan en rabietas, comportamiento abusivo y arranques de rabia.

Este es el grupo de trastornos de personalidad que más daño generan en terceros, pues implican conductas abusivas. Son cuatro los trastornos que se encuentran en esta área:

- Trastorno antisocial de la personalidad.

- Trastorno límite o borderline de la personalidad.

- Trastorno histriónico de la personalidad.

- Trastorno narcisista de la personalidad.

Grupo C (trastornos ansiosos o temerosos)

Este grupo se distingue por patrones penetrantes de temores anormales, los cuales abarcan a las relaciones sociales, las separaciones y la necesidad de control. Son tres los trastornos de personalidad en esta área:

- Trastorno de la personalidad por evitación.

- Trastorno de la personalidad por dependencia.

- Trastorno obsesivo-compulsivo de la personalidad.

Para que se pueda diagnosticar un trastorno de personalidad, se requiere de la presencia de una alteración de la personalidad que no sea directamente atribuible a una lesión o enfermedad cerebral, o a otros trastornos psiquiátricos, y que reúna las siguientes pautas:

1. Las actitudes y comportamientos marcadamente faltos de armonía afectan, por lo general, a varios aspectos de la personalidad, por ejemplo, a la afectividad, a la excitabilidad, al control de los impulsos, a las formas de percibir y de pensar y al estilo de relacionarse con los demás.

2. La forma de comportamiento anormal es duradera, de larga evolución y no se limita a episodios concretos.

3. La forma de comportamiento anormal es generalizada y claramente desadaptativa para un conjunto amplio de situaciones individuales y sociales.

4. Las manifestaciones anteriores aparecen siempre durante la infancia o la adolescencia y persisten en la madurez.

5. El trastorno conlleva un considerable malestar personal, aunque este puede también aparecer solo en etapas avanzadas de su evolución.

6. El trastorno se acompaña por lo general, aunque no en todos los casos, de un deterioro significativo del rendimiento profesional y social.

En su *Tratado de trastornos de la personalidad* (2010), Amparo Belloch Fuster y Héctor Fernández-Álvarez mencionan la diferencia básica entre una personalidad sana y una personalidad con trastorno. Una personalidad sana, a diferencia de una patológica, tiene las siguientes características:

- Adaptativa.

- Flexible.

- Tiene funcionamiento autónomo y competente en diferentes áreas de la vida; es decir, hay responsabilidad y medición de las consecuencias de las propias acciones.

- Tiene la habilidad para establecer relaciones interpersonales satisfactorias y nutritivas.

- Es capaz de conseguir metas propias, con el consiguiente sentimiento de satisfacción subjetiva.

Por el contrario, un trastorno de personalidad es un modo patológico de ser y de comportarse que:

- Es omnipresente; se pone de manifiesto en la mayor parte de las situaciones y contextos, y abarca un amplio rango de comportamientos, sentimientos y experiencias.

- No es producto de una situación o acontecimiento vital concreto, sino que abarca la mayor parte del ciclo vital del individuo.

- Es inflexible, rígido.

- Dificulta la adquisición de nuevas habilidades y comportamientos, especialmente en el ámbito de las relaciones sociales: perjudica el desarrollo del individuo y de la sociedad a la que pertenece.

- Hace al individuo frágil y vulnerable ante situaciones nuevas que requieren cambios.

- No se ajusta a lo que cabría esperar para ese individuo, teniendo en cuenta su contexto sociocultural.

- Produce malestar y sufrimiento al individuo o a quienes lo rodean: provoca interferencias en diversos ámbitos (social, familiar, laboral y social).

- El malestar es más bien consecuencia de la no aceptación por parte de los demás del modo de ser del individuo, más que una característica intrínseca del trastorno: en general suelen ser egosintónicos.

- Por lo antedicho, la conciencia de enfermedad o anomalía es escasa o inexistente.

Mathew Snover (1986) señala que entre los trastornos psiquiátricos que con mayor frecuencia presentan rasgos de mitomanía se encuentran los siguientes:

a) Trastorno histriónico de la personalidad. Los relatos tienden a señalar como protagonista (héroe o víctima) al mitómano; son frecuentes los temas relacionados directamente o indirectamente con la sexualidad, en los que el paciente aparece como seductor, seducido, violado, deseado, admirado o maltratado; en ocasiones las mentiras adoptan la forma de «falsificación del recuerdo», mezclando la realidad con la fantasía, deformando los hechos que realmente sucedieron. El paciente exalta la admiración que los demás tienen hacia él y recurre frecuentemente a la fantasía de que los demás lo envidian o quisieran ser como él.

b) Trastorno sociopático de la personalidad. Los relatos imaginarios tienen como objetivo justificar las violaciones a los derechos de los demás, ocultar un hecho delictivo o inclusive excusar un delito cometido bajo el argumento de haber sido en «defensa propia». Este paciente se ampara en un relato falso o en una falsa identidad, y busca burlar así a las autoridades y a la ley. Aquí tiene lugar el caso de muchos estafadores, quienes continuamente encuentran personas que les creen, debido a la facilidad de convencimiento y a la seguridad con la que exponen sus propuestas. También están los secuestradores, los que se dedican al crimen organizado o quienes realizan crímenes de «cuello blanco».

c) Trastorno límite de la personalidad. Este tipo de pacientes tiene tanta necesidad de ser el centro de atención y asegurarse el cariño y el reconocimiento de los demás que son capaces de lastimarse a sí mismos para ser «rescatados» por el otro y evitar el abandono real o imaginario. De hecho, es muy común que las personalidades *border* crean ser muy importantes para personas que apenas acaban de conocer. Pasan de una emoción irracional a otra con facilidad (ira, depresión, desesperanza, euforia). No son capaces de medir las consecuencias de sus acciones y tienden a establecer relaciones interpersonales de tipo amor-odio, pasando de una dualidad a otra casi de manera instantánea. Exageran lo que realmente sucedió, o bien manipulan la información para asegurarse de tener el respaldo y la protección de los demás.

d) Trastorno narcisista de la personalidad. Al sentirse superiores y más inteligentes que los demás, estos pacientes suelen tener fantasías de éxito ilimitado, poder, brillantez personal, belleza o amor, es decir, tienden a inventar que son acosados y cortejados por un sinnúmero de personas. No tienen la capacidad de ser autocríticos, por lo que justifican con mentiras las fallas que han cometido, responsabilizando a los demás por los propios errores. Creen tener la verdad absoluta y que la opinión de los demás es irrelevante, tonta o ingenua.

e) Síndrome de Münchausen. Actualmente conocido como trastorno facticio, quien lo padece simula los síntomas de una enfermedad física, lo que provoca múltiples hospitalizaciones y a veces intervenciones quirúrgicas. Este cuadro clínico toma su nombre del barón de Münchausen (1720-1797), quien era un oficial alemán que se hizo célebre por sus mentiras; se convirtió en un personaje legendario que se jactaba de haber vivido muchas aventuras, algunas de ellas totalmente inverosímiles. Aunque no es un trastorno de personalidad como tal, uno de los síntomas cardinales del síndrome de Múnchausen es la mitomanía.

En *A Romanov Fantasy: Life at the Court of Anna Anderson* (2007), Frances Welch detalla que, después de que muriera la zarina Minnie en octubre de 1928, la emperatriz María y las doce personas más cercanas al zar se encontraron en su entierro y firmaron una declaración en la que denunciaban a Anna Tschaikovsky como una impostora. Esta carta se conoce como la declaración de Copenhague; en ella, los allegados a la familia real rusa explican que la historia de Anna Tschaikovsky era solo un cuento de hadas y no permitirían jamás que la memoria de la princesa Anastasia se viera desacreditada por una demente. Así que, durante las décadas siguientes, Anna Tschaikovsky tuvo que enfrentar el juicio más largo de la historia de Alemania, que duró hasta 1970. La presunta princesa se mudó a Estados Unidos tras casarse con un estadounidense, y a partir de entonces fue conocida como Anna Anderson. Pese a que no dejó de enfrentarse a numerosas acusaciones de impostora, Welch asegura que nadie pudo dar prueba contundente de que mentía con su relato. La batalla por conocer su identidad la acompañó a lo largo de toda su vida, pero Anna Anderson no pudo aportar suficientes pruebas para ser reconocida oficialmente como la princesa Anastasia Romanov. A los sesenta y siete años de edad, en 1968, Anna Anderson se volvió a casar en Virginia, Estados Unidos, con el estadounidense John Manahan, un hombre aproximadamente veinte años más joven que ella; cambió entonces su nombre a Anastasia Manahan. Murió años más tarde en Alemania, a causa de una neumonía. Horas antes de morir, seguía asegurando ser la princesa Anastasia.

Mathew Snover explica que la mitomanía, sin importar el trastorno de personalidad al que acompañe, tiene una serie de puntos en común, como son la falta de aceptación de la propia realidad, la sustitución de esta por una ficción que la haga más aceptable para el paciente y la incapacidad del sujeto para diferenciar la fantasía de la realidad. Snover asegura que la mitomanía, al igual que los sueños diurnos (soñar despiertos), son una «realización de deseos» en la fantasía; sin embargo, el mitómano no puede diferenciar la fantasía de la realidad. Se mezclan hasta el punto de ser confundidas totalmente. De ahí el nombre de pseudología fantástica.

Las muestras de ADN que pudieron ser rescatadas, junto con las prueba que le realizaron en vida durante una operación en 1979 en el Hospital Martha Jefferson, en Charlottesville, Virginia, comprobaron que Anna Anderson no solo no tenía relación alguna con la familia real rusa, sino que su perfil correspondía exactamente al de la polaca Franziska Schanzkowska: una obrera de Casubia nacida en 1896, probablemente en Pomerania, que desapareció en marzo de 1920. Ya el gran duque de Hesse, tío materno de los hijos del zar Nicolás II y la zarina Alexandra, había pagado en 1927 una investigación rigurosa para dar con la verdadera identidad de Anna Tschaikovsky; sin embargo, en ese entonces no se pudo comprobar científicamente que Franziska Schanzkowska, quien era la supuesta farsante, era la misma que afirmaba ser la última sobreviviente de la dinastía Romanov.

En 1991 un grupo de científicos, espeleólogos, geólogos, genetistas y otros expertos de la medicina hallaron los restos de la familia imperial en una fosa común, cerca de Ekaterinburg. Ahora sabemos que los cuerpos de toda la familia real fueron conducidos a un bosque cercano, espeso y oscuro, donde fueron enterrados. La princesa Anastasia Romanov murió en 1918, asesinada a manos de los bolcheviques.

v. SECRETOS DE FAMILIA

En la mitología griega, Zeus, la deidad más importante y rectora del Olimpo, supo tener una enorme cantidad de mujeres a su alrededor y prácticamente yació y tuvo descendencia con todas con las que quiso; no obstante, hubo una mujer que gozó del privilegio de ser la esposa legítima de este supremo dios griego: Hera. A ella se le representa como la diosa del matrimonio y de las mujeres. Además de ser esposa de Zeus, Hera fue una de sus tres hermanas. Al ser al mismo tiempo hermanos y pareja, mantenían una relación complicada: incestuosa, celotípica, impulsiva y altamente posesiva. Si bien Hera gozaba del reconocimiento formal de ser la mujer de Zeus, casi toda su existencia vivió obsesionada con las infidelidades y los engaños de su marido, combatiendo contra las amantes de su esposo y vengándose de ellas y de su descendencia bastarda. Hera se caracterizó por ser celosa y vengativa, buscaba controlar infructuosamente a su marido y castigaba a todos aquellos que interferían con su relación de pareja, especialmente a las mujeres en las que caía la mirada y el deseo de su esposo. Pero la ira de Hera no siempre se relacionó con los celos, sino también con la lucha por el poder. Hay un sinfín de casos a lo largo de la mitología griega sobre la injerencia de Hera en el resultado final de los eventos, tanto divinos como mortales; por ejemplo, castigó a Tiresias y lo dejó ciego por darle la razón a Zeus en una discusión que la pareja entabló sobre quién gozaba más de los placeres del amor, si el hombre o la mujer.

Todos provenimos de sistemas familiares que guardan secretos y, por ello, es natural que tendamos a buscar la verdad de nuestros orígenes. A lo largo de los veintiún años que llevo ejerciendo como psicoterapeuta, no me ha dejado de sorprender cómo el clan del cual provenimos y los secretos que este guarda determinan en gran medida nuestro destino. Una familia es una red compleja de relaciones, vínculos y sentimientos tales como el amor, la lealtad, el respeto, la ansiedad, la posesión, la identidad, la alegría, la culpa, la unión, la traición, la fidelidad y la solidaridad. En ella hay una constante ebullición de emociones y procesos psicológicos profundos que, unidos a los de los demás miembros del sistema, generan un río de dinámicas familiares complejas, en donde se establecen actitudes, percepciones y relaciones interpersonales enmarañadas, mismas que determinan nuestro comportamiento dentro y fuera del núcleo familiar.

En el libro *Padres Tóxicos: Legado disfuncional de una infancia* (2014), describo el largo proceso a través del cual los hijos aprendemos a vivir bajo las reglas de nuestros padres y a recibir su legado, sea cual sea. Y ya que como hijos estamos bajo su mando, aprendemos a creer que ellos son perfectos y que «alcanzan a ver lo que nosotros no vemos». En la medida en que creemos que nuestros padres hacen lo correcto, que toman las decisiones adecuadas y que comprenden a fondo lo que están haciendo (aunque nosotros no lo entendamos), nos sentimos protegidos. No importa lo que hagan o dejen de hacer, lo justos o injustos que sean, lo sana o lo enferma de su comunicación, la compasión o la rudeza con la que nos hablen: creemos fielmente que son perfectos. De no ser así, nos sentiríamos totalmente perdidos y sin rumbo. Por lo tanto, ellos lo hacen bien, ellos son buenos, y nuestro papel en la ecuación es asumir, sin cuestionar, las decisiones que toman. Depender de nuestros padres al comienzo de la vida es algo inevitable. Cuando somos niños, nuestra familia representa toda nuestra realidad y nuestro punto de referencia acerca del mundo. Aprendemos a tomar decisiones con base en lo que nuestro sistema familiar nos enseña. Entendemos y percibimos nuestro entorno con los ojos de nuestra familia de origen. Comprendemos el mundo a partir de lo experimentado en ella y todo esto, básicamente, lo aprendemos en la relación con nuestros padres, gracias a lo que concientizamos sobre ellos y con lo que aprendemos de ellos sin darnos cuenta de que lo estamos aprendiendo: los secretos. Nos guste o no, terminamos por parecernos tanto física como emocionalmente a las personas con las cuales crecimos, y acabamos por repetir su comportamiento, aunque provenga de la oscura vida secreta de alguno de nuestros padres. Es imposible no repetir lo que aprendimos, sea consciente o inconscientemente, sea doloroso o disfuncional. Todos, al final, repetimos lo que aprendimos en nuestros sistemas de origen, replicamos la manera de enfrentar nuestros conflictos y de saciar nuestras necesidades, tanto físicas como emocionales. En toda familia hay reglas; los miembros —y especialmente los padres— las crean, pues son necesarias para una sana convivencia.

¿Qué es una familia funcional? Lo que se considera una familia sana, aunque esté lejos de ser una familia perfecta. En la familia funcional las reglas son congruentes, racionales y se adaptan a las necesidades reales de la familia. Ya que la familia es un sistema vivo, sus reglas internas se modifican y se adaptan a los cambios que los miembros del sistema experimentan con el paso del tiempo. Existe la expresión abierta de las necesidades básicas y de los afectos de los miembros. Las diferencias individuales pueden ser aceptadas. Los conflictos son vividos únicamente como discrepancias en las opiniones entre los miembros y no amenazan la estabilidad familiar. Los conflictos, así como los acuerdos, se expresan abiertamente y con muestras emocionales.

En general, el manejo del conflicto es lo que determina la salud o la enfermedad de un sistema familiar. Aceptarlo como parte inherente de la vida y permitir que se dé en la familia de manera natural es parte de la existencia saludable de un sistema. Negarlo, esconderlo o volverlo un secreto o un tema tabú refleja un nivel alto de disfuncionalidad dentro del sistema familiar.

En una familia funcional, los mensajes verbales y no verbales son congruentes entre sí. Existen límites claros en los roles y manifestaciones emocionales dentro de los miembros; se promueve la individualidad y también el respeto entre los integrantes. Los padres funcionan como un equipo que asiste y respalda a sus hijos, y esto promueve que los hijos se relacionen en términos de afecto y apoyo mutuo. Existe a su vez un nivel balanceado entre el proceso de dar y recibir. Es tan importante recibir del sistema familiar como cuidar de él. La lealtad hacia este sistema es primordial. Cada miembro necesita de su propio espacio (físico y psicológico) y esta independencia nutre a la familia. Cuando algún miembro familiar tiene un problema, se pide ayuda al sistema y la familia pide ayuda al exterior.

¿Cómo es una familia disfuncional? Las reglas se establecen a partir de caprichos irracionales de los padres; son rígidas y, en consecuencia, evitan la expresión de los sentimientos por parte de los miembros. No se permite la individualidad de la personalidad, no se permite la expresión afectiva y no se permite la manifestación de las propias necesidades. En este tipo de familias, el conflicto se percibe como un reto a la autoridad y como un riesgo inminente de desestabilización del sistema, por lo que se rehúye o se reprime; aquí cunden los secretos, y los miembros tienen la obligación de reprimir, evadir, ignorar o mantenerlos bajo la superficie. Los conflictos se niegan y la paz se mantiene a expensas de la individualidad de cualquiera de sus miembros. Generalmente un esposo se somete al otro y se alimenta el miedo al abandono y la poca valía del individuo; los hijos aprenden a ser tiranos con los derechos de sus padres, o bien, a someterse a los deseos de los demás.

En estas familias, hay incongruencia entre la comunicación verbal y la no verbal. Hay contradicciones constantes entre lo que se dice y el comportamiento de los miembros, particularmente por parte de los padres. Los progenitores no actúan como un equipo, aunque establecen alianzas con sus hijos y los utilizan para atacarse entre sí; lo anterior promueve relaciones agresivas y de competencia entre los hermanos.

Se aprende a que no hay un balance en el proceso de dar y recibir dentro del sistema; los miembros tienden a no sentirse merecedores de afecto y estabilidad por parte del medio, o bien, a ser egoístas y centrados en sí mismos. La lealtad al sistema deja de ser un valor. La dependencia se vuelve excesiva, tanto la autonomía del niño como la del padre se limita a niveles extremos, la protección o la disciplina parecen descomunales y los padres provocan (directa o indirectamente) una disfunción en el desarrollo de sus hijos. No se permite el espacio físico ni psicológico de cada uno de los miembros, de tal forma que se insertan en círculos viciosos donde no hay ayuda del exterior. Cuando se presenta un conflicto en alguno de los miembros, se esconde tanto dentro del sistema como fuera de él, y todos los miembros de la familia actúan «como si no pasara nada». Es por eso que, en una familia disfuncional, la verdad se niega y los secretos abundan hasta arrastrar a sus miembros a vivir entre una gran hiedra de verdades a medias.

John Bradshaw, en su libro *Family Secrets: The Path to Self Acceptance and Reunion* (1995), explica la importancia de descifrar los secretos de nuestras familias de origen, ya que son estos los que nos impactan y nos influencian con mayor fuerza a lo largo de la vida. Son ellos los que nos pueden señalar el camino para modificar nuestras dinámicas tóxicas de relación. Bradshaw habla de la importancia de la búsqueda de nuestra esencia en el descubrimiento de la verdad de nuestras raíces y nos recuerda que la anatomía de una vida secreta está diseñada para ser desvelada en algún momento determinado. Expandir la conciencia con respecto a nuestra familia de origen nos brinda la oportunidad para acceder a las fortalezas, las debilidades, la verdad y la mentira en la que se fundamentó la base de nuestra personalidad.

Muchos de nuestros patrones disfuncionales de relación tienen su origen en la repetición de la vergüenza causada por los secretos que ha cargado nuestra familia de generación en generación. Entre más lejano sea el secreto, entre más generaciones hayan cargado con esa vergüenza y con esa carga emocional reprimida, más arraigada estará esa vida secreta en nuestro inconsciente y más peligrosa se volverá para nuestra integridad. Las familias son paradójicas: guardan información oscura para proteger a sus niños y adolescentes, pues parece altamente peligrosa para ellos, sin darse cuenta de que ellos la replicarán cuando sean adultos; tal vez no en esta generación, pero sí en la que sigue, o en la que sigue, o en la que sigue...

> *Porque nada hay oculto que no haya de ser manifestado;*
> *ni secreto, que no haya de ser descubierto.*
> MARCOS 4:22

Quizá lo escrito por Marcos en el Nuevo Testamento no se refería a los secretos de familia; sin embargo, estoy convencido de que sus palabras reflejan muy bien la razón por la cual ciertos patrones de conducta se repiten una y otra vez dentro de las familias. Lo oculto será manifestado repetidamente hasta que no haya sido totalmente descubierto, confrontado y resuelto.

Recibo a Mariano por primera vez en el consultorio. Mi nuevo paciente tiene veinticinco años y está a punto de titularse de la carrera de Medicina. Después de terminar las materias curriculares y la residencia hospitalaria en la capital, encontró una plaza en La Paz para realizar su servicio social y así poder terminar con los créditos universitarios y obtener su título profesional. Mariano proviene de una familia de médicos. Su bisabuelo, su abuelo y su padre eligieron la misma carrera y todos se especializaron en ginecología. Él está considerando hacer el examen general de residencias en septiembre y así formalizar su educación primero como cirujano general y después, siguiendo con la tradición familiar, como ginecólogo. No pude pasar por alto que Mariano tenía los nudillos de la mano derecha deshechos y marcas azules en el ojo izquierdo, claramente debido a un derechazo. Mariano se dio cuenta de cómo observé su mano y asintió: «Sí, justo por eso estoy aquí... El destino me traicionó llevándome a La Paz», dijo antes de suspirar. «He pensado hasta en quitarme la vida... no sé ni por dónde empezar». Me miró entonces fijamente con una sola lágrima que rodó por su barba hasta caer sobre la camisa azul cielo que portaba. «Empieza por el principio, compadre; siempre es más fácil empezar por ahí», alcancé a decirle mientras le daba un leve apretón en el antebrazo. Ahí estaba, sentado enfrente de mí, con la necesidad de confesar lo que claramente era una carga demasiado pesada para sí mismo. Y así lo hizo. Mariano inhaló y me platicó en esa primera sesión cómo el secreto de su padre lo había alcanzado hasta atravesarlo, como una lanza, para dejarlo totalmente devastado. «Mi familia parecía normal, mi abuelo es todo un don, un hombre de familia», comenzó, con la voz entrecortada. Irse a La Paz para él representaba un doble reto: hacer su servicio social como médico y certificarse como buzo profesional, que es su pasatiempo favorito. Solo había una plaza disponible en el hospital y él tuvo la fortuna de que lo aceptaran. Apenas llegó a la costa, buscó en la Universidad Autónoma de Baja California el curso de certificación como buzo profesional. El primer día de clases conoció a Eugenia, una chica de veintidós años que estudia la carrera de Biología Marina en la universidad. «Yo pensé que eso del amor a primera vista era una cursilería, una metáfora, pero con Eugenia algo sucedió; parecía que la conocía de toda la vida», me confesó con un claro aire de confusión. Ella es de Tabasco, pero desde que terminó la preparatoria se fue a vivir a La Paz para poder estudiar la flora marina y sus propiedades nutricionales, que es en lo que se quiere especializar. El médico y la bióloga comenzaron una relación amorosa y antes de los tres meses de conocerse decidieron irse a vivir juntos. Todo parecía marchar sobre ruedas. Mariano resolvió no decirle nada a sus padres, pues al ser tan conservadores no tomarían bien su decisión de vivir en unión libre. No obstante, les dijo que tenía una novia y que estaba muy contento. No ahondó en el tema. «Mi mamá quiere estar en todo, opina de más y por eso decidí no platicarles casi nada acerca de mi noviazgo. Seguro le encontraría algún pero a Eugenia y me desmotivaría de cierta manera». Luego de un tiempo, Eugenia le confesó a Mariano que era hija de madre soltera, ya que su padre biológico no la reconoció y solo sabía de su existencia por algunas fotos que su madre guardaba a escondidas en el último rincón del bar de su casa en Villahermosa; en ellas se ve a un hombre cargándola cuando ella tenía dos o tres años. El romance entre Eugenia y Mariano transcurrió con éxito, entre clases en la universidad, guardias hospitalarias, sesiones intensas de buceo, fines de semana en la playa y noches intensas de vida sexual. Mariano me comentó que para cuando llegó el verano llevaban seis meses de conocerse y ya trataban de encontrar un esquema para combinar las vidas académicas de ambos, con el fin de mantener su relación cuando Mariano terminara su servicio social a principios del año venidero. Adoptaron a un cachorro en la playa al que llamaron Camarón; parecía que ambos estaban viviendo una luna de miel. Mariano seguía sin comentar prácticamente nada acerca de Eugenia con su familia, pues no quería que emitieran ningún juicio sobre su novia, por lo que decidió que no quería que sus padres lo visitaran en La Paz. Él vino solamente dos veces al DF en el año en que estuvo fuera.

El tiempo pasó y llegó la Navidad, y con ella las vacaciones de fin de año. Mariano solo tenía libre la última semana del año, por lo que vino a la capital a pasar Nochebuena con su familia y después voló a Villahermosa para pasar año nuevo con su novia. Decidió quedarse en un hotel, pues no quería incomodar ni a la madre ni a la abuela de Eugenia hospedándose en su casa. «Eugenia fue por mí al aeropuerto y con ella estaba Camarón; me emocioné al verlos, pues los extrañaba. Fuimos al hotel a dejar mis cosas, hicimos el amor y me preparé para ir a conocer a su madre y a su abuela, que me invitaron a cenar a su casa esa misma noche», me relató con detalle. «Cuando entramos a su casa y su madre me vio, abrió la boca como si hubiera visto a un fantasma. Era evidente que algo vio en mí que le asustó, y hasta Eugenia le preguntó si se sentía bien. La señora dijo que se había mareado súbitamente y que necesitaba tomar algo de aire fresco. Eugenia me miró desconcertada y se dirigió a la terraza donde estaba su madre. La abuela, mientras tanto, concluía los detalles de la cena, donde Camarón la acompañaba. Entré a la cocina y me presenté; después de saludarme con cariño me miró con ojos de intriga y me dijo que mi rostro le parecía familiar, que en algún lugar me había visto. Yo le dije que no podía ser, que era la primera vez que iba Tabasco, y entonces me preguntó por mi apellido. Le dije mi nombre: Mariano Aguilar. Entonces la abuela reaccionó igual, como si fuera yo un muerto viviente. Dejó sobre la mesa el pastel de manzana que estaba a punto de hornear y salió como bólido. Claramente algo no estaba bien con mi presencia». Mariano tomó un respiro, se tapó la cara con las manos y murmuró. «Aquí comenzó la pesadilla de la que no despierto». Siguió adelante con su relato: después de unos minutos, Eugenia regresó y le pidió a Mariano que se fuera al hotel, que algo muy malo acababa de sucederles a su madre y a su abuela, y que necesitaba hablar con ellas. Ni la bióloga ni el médico sabían lo que estaba sucediendo. Se abrazaron y Eugenia le prometió que en la mañana lo buscaría para explicarle lo que había ocurrido en su casa; seguramente era un malentendido que las tres mujeres necesitaban aclarar. «Yo sabía que algo no estaba nada bien, que mi visita había removido algo muy lejano, pero no entendí todo lo que se iba a destapar». Al día siguiente Mariano despertó temprano y buscó a su novia por celular. Ella no contestó; de hecho, no volvió a contestar jamás. La madre de Eugenia se presentó en el hotel antes de las diez de la mañana y le llamó a Mariano al cuarto desde la recepción, le pidió que bajara al restaurante, pues necesitaba hablar con él.

Todos tenemos derecho a una vida privada, a vivir nuestra sexualidad sin tener que dar detalles de ella. Es sano para la familia que existan divisiones generacionales entre las descendencias, pues esto permite que exista unión entre los padres, intimidad en su relación de pareja, complicidad entre los hermanos y una diferenciación de la autoridad. Ni los hijos queremos compartir nuestras primeras relaciones sexuales con nuestros padres, ni los padres deben compartir sus experiencias sexuales con sus hijos, mucho menos cuando se trata de una infidelidad. Las relaciones más sólidas entre hermanos tienden a ser las que se dan entre los hermanos del mismo género, aunque es muy común que los hermanos y las hermanas cercanos en edad tiendan a compartir secretos. Cuando los padres cruzan las líneas generacionales, cuando cometen la imprudencia de confiarles a sus hijos sus problemas de pareja, los meten en terribles conflictos de lealtad, pues les exigen tomar un bando y los obligan a cargar información que seguramente no podrán manejar. Los padres necesitan tener claro que su matrimonio debe ser la relación primaria a cuidar. Nadie debe ser más importante para el padre que la madre y viceversa; si alguno de los hijos comienza a ser más importante para alguno de los padres que la pareja, las líneas de lealtad se rompen y un sistema familiar sano empieza a convertirse en uno tóxico. Los padres deben reservarse el derecho a guardar ciertos secretos hasta que los hijos tengan la edad suficiente para manejarlos. Aunque los hijos sean mayores, un matrimonio tiene el derecho de guardar para sí cierta información que solo les compete a ellos y que permitirá que su relación de pareja siga adelante. Parece ser que los padres de Mariano y la madre de Eugenia apelaron a estos principios, pero nunca imaginaron que sus hijos vivirían algo similar a una tragedia griega.

Mariano me contó que se bañó en menos de cinco minutos y cuando bajó, Amelia, la madre de Eugenia, ya lo estaba esperando en el restaurante, tomándose un café. «Cuando la vi sola, sabía que algo muy malo había pasado. Le pregunté por Eugenia y ella me pidió que me sentara, y que contestaría todas mis dudas». Entonces, de su bolsa sacó dos fotos de Eugenia, tomadas cuando tenía dos y tres años. «¿Lo reconoces?», le preguntó Amelia. «Ahí se me revolvió el estómago y tuve hasta náuseas», manifestó Mariano. «¡Claro que lo reconozco, es mi padre!», respondió. «Ese es el problema, hijo, lo lamento con todo mi corazón. Tu padre también es el padre de Eugenia, ustedes dos son medios hermanos», remató Amelia, revelando el secreto familiar. ¡Ya imaginarás lo que fue para Mariano recibir esa noticia! Supongo que fue algo similar a cuando Hefesto cayó desde el Olimpo. ¡Así descubrió Mariano que tenía una media hermana de la cual se había enamorado y con la cual tenía un proyecto de pareja en común! Me llevaría todo el libro describirte este caso que parece más mitológico que real; sin embargo, lo significativo fue que Amelia, al ver a Mariano la noche anterior, había descubierto el «inconfundible sello Aguilar» y había pasado toda la noche explicándole a su hija la verdad sobre su origen y la razón por la cual la pareja no podría volver a estar junta nunca más. Amelia durante años fue la jefa de enfermería del hospital donde trabajan el abuelo y el padre de Mariano. El médico y la enfermera comenzaron una relación extramarital que se extendió por más de tres años. Ella deseaba tener un hijo, así que decidió quedar embarazada con la esperanza de que su amado dejara a su familia para estar con ella. El padre de Mariano no reaccionó bien ante la noticia y la presionó para que abortara. Amelia se negó y entonces llegaron a un acuerdo: ella se regresaría a su oriundo Tabasco y él, a través de su padre, le conseguiría un puesto importante en el IMSS estatal, y seguirían adelante con su relación de pareja. Amelia aceptó el acuerdo con la condición de que el médico reconociera a su hijo; pero cuando Eugenia nació, el padre de Mariano no estaba ahí y no se presentó en los siguientes dos meses. Amelia entonces la registró como hija de madre soltera.

Aunque el médico no cumplió con la promesa de reconocer a su hija, viajó en varias ocasiones a Villahermosa para visitarlas. A los cuatro años del nacimiento de Eugenia, la pareja terminó su relación, ya que el médico confesó que jamás se divorciaría de la madre de sus hijos. Amelia exigió que se olvidara de ella y de su hija, y juró que jamás le confesaría a Eugenia quién había sido su padre. Pasaron los años y Amelia y Eugenia dejaron de hablar del tema. «¿Cuáles eran las posibilidades de que esta tragedia sucediera?», le preguntó Amelia a Mariano con lágrimas en los ojos. «Si yo hubiera imaginado que había una posibilidad de que se enamorara de su medio hermano, no la habría dejado salir de Tabasco, pero siempre pensé que mientras no fuera a la capital no tendría que enfrentarse a su padre o a su familia. Mi hija al igual que tú está destrozada; quiere que te regreses, que te vayas para siempre de su vida. Se dará de baja de la universidad y no volverá nunca a La Paz». Mariano le suplicó a Amelia que lo ayudara, que le permitiera a ver a Eugenia, pues ambos eran víctimas de la misma situación y necesitaba pasar por esto junto a ella; pero Eugenia le había dejado claro a su madre que no volvería a ver a Mariano. Su gran amor era ahora un amor prohibido. Eugenia decidió que terminaría su carrera en Argentina o en Barcelona; se iría para siempre de México y se llevaría a Camarón con ella. Mariano terminó llorando en los brazos de Amelia. Regresó a la ciudad con la idea de golpear a su padre, gritarle en la cara que era un cobarde, que su doble moral le había destrozado el corazón. Quería echarle en cara que le había desgraciado la vida para siempre; sin embargo, cuando lo tuvo enfrente, simplemente no pudo confrontarlo. Se quedó mudo, sin decirle nada, ¿y sabes por qué? Porque a Mariano le da una profunda vergüenza que alguien sepa que tuvo relaciones sexuales con su hermana. Mariano no puede manejar la culpa de haberse enamorado de alguien que lleva la misma sangre que él. No dijo nada, y después de regresar de La Paz y terminar su servicio social, buscó ayuda terapéutica y vino a verme al consultorio.

Es indudable que las familias necesitan de los secretos para seguir adelante. No obstante, cuando los secretos son oscuros, cuando encierran información traumática, cuando tienen el potencial de destruir a la familia, la mente inconsciente de los miembros de la familia se une y de alguna manera protegen el secreto que tanta vergüenza ha generado. Todos saben que sucedió algo que es mejor no saber y que prefieren ignorar. «No sé cómo, pero sabía que algo no iría bien. Nunca quise que mis papás conocieran a Eugenia, no permití que me fueran a visitar a La Paz, nunca les dije que vivíamos juntos, cerré mi Facebook para no distraerme en el servicio social por lo que no subí fotos a las redes sociales... Lo peor de todo es que estando en la playa, el día que recogimos a Camarón, le dije a Eugenia que su sonrisa me recordaba mucho a la de mi hermana, que es mi consentida. ¡Nunca me quise dar cuenta de que son igualitas, Dios mío, son hermanas!».

La vergüenza tóxica es el origen de muchos secretos oscuros. No solo afecta nuestra manera de actuar, sino también nuestra manera de ser. Muy dentro de nosotros sentimos que hay algo que está mal, realmente mal, y por lo mismo no solo negamos la verdad, sino las emociones asociadas.

Negamos también la realidad a la que estamos expuestos para seguir manteniendo el secreto familiar a nivel inconsciente y así protegerlo. Los secretos familiares son destructivos cuando, además de proteger la confidencialidad del matrimonio o la privacidad de alguno de sus miembros, ponen en riesgo la seguridad y la integridad de los demás (tal y como sucedió con Mariano y con Eugenia). Esto ocurre porque tienen el potencial de generar un daño irreparable cuando la verdad sale a la luz. Los secretos tóxicos generan dinámicas disfuncionales en las familias, debilitan la intuición y la capacidad de los miembros para «darse cuenta»; les impiden actuar con libertad y bloquean la independencia en la toma de decisiones. Mariano tenía derecho a saber que afuera, en el mundo, existía una sola mujer de la cual no podía enamorarse. Desconocer esta información, además del pasado que compartía con Eugenia, lo llevó a exponerse al peor trauma de su historia. Su padre, al tratar de proteger su imagen, su matrimonio y a su sistema familiar, ocultó el hecho de que tenía una hija fuera del matrimonio y veintidós años después, dos de sus hijos vivieron una relación incestuosa. Eugenia no se suicidó como lo hizo Yocasta ni Mariano se arrancó los ojos como lo hizo Edipo; pero ninguno de los dos volverá a ser el mismo. La vida los marcó para siempre y ahora cargan la vergüenza tóxica de haber mantenido relaciones sexuales entre hermanos. Mariano guarda este secreto protegiendo, a su vez, el secreto de su padre. Un secreto protege al anterior, y este al anterior, y aquel al anterior...

John Bradshaw (1995) agrupa los secretos familiares tóxicos dependiendo del contenido de los mismos. Mencionaré los que en mi práctica profesional han sido los más significativos:

a) **Cultos que implican secrecía.** Práctica de cultos con sacrificios de animales o hasta de humanos, usar alguna religión como máscara para obtener dinero, sexo o poder; mantener ritos secretos que no son socialmente aceptados, pertenecer a alguna secta que maltrata, discrimina o asesina a algún tipo de personas (Ku Klux Klan, neonazismo, ritos satánicos).

CARLOS TIENE VEINTISIETE AÑOS y llegó conmigo a terapia hace casi un año y medio, debido a un serio problema de agorafobia que le había impedido viajar en avión los últimos tres años de su vida. Su problema era tal que, en dos ocasiones, cuando el avión estaba cerca de despegar, se paró del asiento gritando para que le permitieran bajarse del avión, pues sentía que le estaba dando un infarto al miocardio. Él sabe que es irracional, que la probabilidad de que el avión en el que viaja se estrelle es mínima; sin embargo, la sensación de sentirse en el aire, a kilómetros del suelo, sin nada a lo cual asirse, lo hace sentirse en profundo peligro. Poco a poco, esta sensación de peligro se extendió a las carreteras y, por último, a manejar. Carlos llegó al extremo de tener que estar de vuelta en casa antes del anochecer, y de no poder permanecer solo en casa durante la noche, pues temía que «algo le sucediera», sin que hubiera alguien para ayudarlo. Todo lo anterior se complicaba con un serio abuso de marihuana y alcohol, sustancias que le generaban grandes estados de ansiedad, hasta llevarlo a tener una vida prácticamente discapacitada. Carlos es hijo de un respetado empresario y una devota ama de casa, cuyo matrimonio se ha mantenido unido por más de treinta años. Sus dos hijos habían cursado sus estudios preuniversitarios en colegios religiosos y parecían ser una familia modelo. No obstante, Carlos era el «chivo expiatorio», el que todo el tiempo daba de qué hablar, el que siempre ocasionaba problemas, el que no había podido independizarse ni «sacar la casta»: no había terminado la carrera, no podía tener relaciones estables, no podía tener un trabajo fijo, consumía drogas y ahora «echaba a perder» los viajes familiares bajándose súbitamente de los aviones. Después de seis meses de terapia y de medicación con un tratamiento para controlar la ansiedad y la depresión, la agorafobia de Carlos no parecía disminuir. Él aceptó intentar técnicas hipnóticas para dejar se sentirse «en peligro» y evaluar si sus síntomas se relacionaban de alguna manera con un trauma. En nuestra primera sesión de hipnosis, apareció un evento que le generó pánico y que lo hizo palidecer aún más. Algo totalmente reprimido apareció en su conciencia.

Tenía once años cuando un sábado en la madrugada, en el rancho que su familia tiene en Querétaro, despertó a causa del sonido lejano de tambores, cantos y algunos gritos. Se asomó por la ventana de su cuarto, y al final del gran terreno vio una inmensa fogata. Intrigado, se vistió y bajó hasta la última terraza del jardín que lo separaba del ritual que presenció. Alrededor de la fogata, varias personas bailaban completamente desnudas. Sus padres, sus padrinos, dos hombres desconocidos y otra pareja más de adultos eran guiados por un hombre que tocaba el tambor y marcaba el ritmo de la ceremonia. Todos cantaban algo que Carlos no entendía, y de vez en cuando había una veneración en la que gritaban «Orunmila, Orunmila, Orunmila». La luna llena alumbraba el evento y Carlos dejó de sentir intriga y empezó a experimentar un profundo pavor cuando la persona que lideraba el ritual detuvo los tamborazos y los cánticos para que una mujer, desnuda también, le entregara lo que parecía ser un bebé. Carlos está seguro de que se trataba de un bebé pues, cuando los tamborazos cesaron, lloraba como uno. Aterrorizado, observó cómo el guía, ante la presencia de los demás, tomó un cuchillo y, al grito de «Orunmila», degolló al bebé de un solo tajo. Todos los participantes se acercaron uno a uno para recibir la sangre fresca sobre sus cuerpos desnudos. En esta regresión, lo que más le impresionó fue ver a su padre, recibiendo la sangre del bebé, mientras tenía una erección. Carlos recuerda haberse tapado la boca para no gritar y haber corrido con todas sus fuerzas de regreso a la casa; en la oscuridad, tropezó con la raíz de un árbol de tejocote, cayó al suelo y se abrió la frente con el camino de piedra. Se puso de pie y siguió corriendo hasta llegar a su cama. Se acostó, convencido de que lo que había visto era solo una pesadilla, que no había sucedido. Sin embargo, a la mañana siguiente, el chichón y la cicatriz sanguinolenta estaban ahí, lo mismo que la almohada llena de sangre seca. Carlos recordó entonces que al medio día bajó con cautela al fondo del rancho solo para descubrir los restos de la hoguera y una mancha oscura en el lugar exacto donde él recordaba que habían degollado al bebé.

¿Puedes imaginar lo que fue para él recordar toda esta información que hasta entonces se había mantenido reprimida? ¿El miedo que experimentó al rememorar los cuerpos desnudos de sus padres recibiendo la sangre que brotaba a borbotones del cuerpo sin vida de un bebé? ¿Cómo explicar lo que simplemente no tiene explicación? ¿Cómo no desarrollar un trastorno de ansiedad y miedo constante a la muerte, si fue testigo de un crimen en un ritual que aterrorizaría hasta al más valiente? Después de que toda esta información aflorara a su conciencia, entendió por qué sus padres hacen tantos viajes secretos a Cuba: pertenecen a una secta que, entre otros ritos, ha sacrificado por lo menos a un ser humano. Al igual que con el caso de Mariano, podría dedicarle todo este libro al caso de Carlos; puedo asegurar que ha sido uno de los retos terapéuticos más difíciles a los que me he enfrentado. Nos llevó mucho tiempo aceptar que lo que vivió no fue producto de su fantasía y que, desde entonces, nunca se ha vuelto a sentir cómodo o tranquilo en compañía de sus padres. Del mismo modo que Mariano, Carlos no se ha atrevido a confrontar a sus padres, pero después de un arduo trabajo terapéutico, su ansiedad ha empezado a disminuir. Lleva cuatro meses sin consumir alcohol o drogas y ya logró viajar en avión, aunque no a un viaje familiar al que no quiere ir, sino a un viaje con sus amigos de la preparatoria. Carlos sigue su proceso terapéutico y no ha superado del todo lo que presenció aquella madrugada de otoño.

b) **Secretos relacionados con el nacimiento.** Embarazos no deseados, adopciones, problemas de infertilidad en la pareja, abortos, hijos fuera del matrimonio, hermanos no reconocidos.

CLAUDIA, UNA CHICA DE VEINTICUATRO AÑOS, es la menor de tres hijos de un matrimonio que duró más de treinta y ocho años. Buscó terapia por problemas serios de insomnio. A diferencia de Carlos, ella sí tenía claro el motivo de su ansiedad: cuando murió su padre, después de una leucemia que terminó en una terapia intensiva, su madre le pidió que mientras ella y sus hermanos resolvían los trámites del hospital se fuera a la casa y buscara en el archivero del despacho de su padre su acta de nacimiento, la de matrimonio y la póliza del servicio funerario que ya habían contratado. Claudia se despidió entre sollozos del cuerpo sin vida de su padre e hizo lo que su madre le pidió. Ese día no solo tuvo que comenzar a procesar el duelo de la muerte de su padre, sino el de haber crecido en una familia en la que había secretos estructurales. En ese archivero, siempre bajo llave, se escondía la verdad: sus dos hermanos mayores no eran hijos biológicos de sus padres, sino que habían sido adoptados en San Antonio, Texas, con dos años de diferencia, hacía más de tres décadas.

Ella sabía que sus dos hermanos mayores habían nacido allá, pero hasta ahora la verdad sobre su adopción había permanecido oculta. Cuando su hermano mayor tenía diez años y su hermana ocho, su madre logró embarazarse y entonces nació ella. Ahora Claudia entiende por qué solo existen fotos del embarazo de la tercera hija en el álbum familiar. En el archivero, Claudia descubrió las actas de adopción de sus dos hermanos mayores, y cuando buscó sus actas de nacimiento mexicanas, comprobó que habían sido registrados a los tres meses de nacidos, como hijos biológicos de sus padres, quienes habían nacido en Estados Unidos. En ese momento, Claudia entendió la razón de que su padre se negara rotundamente a que sus tres hijos se sometieran a los análisis de médula ósea en aras de convertirse en candidatos para un trasplante. Ahí se habría hecho patente que la única hija biológica del matrimonio era ella. En medio del dolor y del luto, Claudia ha cargado con la culpa de saber que quizá su médula era compatible con la de su padre, que quizá podría haberlo salvado. Claudia tomó la decisión de jamás decirle a su madre que descubrió la verdad, mucho menos a sus hermanos, por lo que hizo añicos las actas de adopción. «Es lo que debió haber hecho mi padre desde el primer momento», concluyó entre lágrimas. «Quiero que la figura de mi padre se mantenga intacta para mis hermanos y para mis sobrinos». Ahora, Claudia experimenta una ambivalencia emocional hacia su padre: gratitud y añoranza por un lado, y por el otro resentimiento y dolor por haberle heredado un secreto que ahora cargaría ella sola. «No era necesario ocultarlo. ¿Lo más chistoso? Su adoración siempre fue mi hermano el mayor. A la que más consentía era a mi hermana y en la que siempre se apoyó fue en mí, aunque reconozco que con los tres siempre fue parejo. ¿Por qué la mentira? No era necesaria», afirmó mirándome fijamente.

c) **Secretos relacionados con la muerte.** Suicidios, asesinatos, crímenes pasionales, sida, el proceso de una enfermedad terminal.

HACE UN PAR DE AÑOS LLEGÓ CONMIGO A TERAPIA JERÓNIMO, un diseñador gráfico de veintinueve años que creció en provincia y que llegó a terapia a causa de una profunda depresión después de enterarse de que estaba infectado con VIH. Él sabe muy bien que fue infectado por su primera pareja estable. Jerónimo en esa época era muy joven y no le exigió ninguna prueba que le mostrara estar libre del virus. Eduardo, su expareja, dieciocho años mayor, le escondió la verdad: mantuvo con Jerónimo relaciones sexuales sin protección por más de siete años, pese a estar consciente de ser seropositivo. Cuando Jerónimo decidió terminar la relación, Eduardo le confesó que era portador del virus y que seguramente Jerónimo también lo era. «Nadie más te va a querer estando infectado de sida», le dijo Eduardo ante el shock de la noticia. «Estamos hechos para vivir y para morir juntos», añadió como respuesta ante el horror de Jerónimo por la traición. Sin embargo, no es la primera vez que este joven diseñador se enfrenta al rechazo y a la traición: fue totalmente repudiado por su madre y sus dos hermanos por ser homosexual, y ahora vive con miedo a la muerte y a la soledad.

«Cuando murió mi padre, le dije a mi mamá que yo era gay, que me gustaban los hombres. Ya para entonces tenía veintiún años y mantenía una relación con un tipo que era dieciocho años mayor que yo. Ella me corrió de la casa, no me dejó ni siquiera hablar con mis hermanos y en ese momento fue como si yo hubiera muerto para la familia. Mis hermanos nunca me buscaron y nunca he vuelto a ver a mi mamá. Entonces, me fui a vivir con el que entonces era mi pareja. Él me terminó de pagar la carrera y me mantuvo mientras yo empezaba a trabajar. Ocho años después, hace apenas año y medio, terminé mi relación con él, y me avisó que seguramente yo era seropositivo, pues él tenía VIH desde hacía doce años. Nunca me lo dijo. Murió en diciembre de 2015, de sida. El rechazo de mi familia y el que Eduardo me haya infectado a propósito son las dos traiciones más grandes que han marcado mi vida. Ahora vivo con pánico de que la gente se entere de que porto el virus. No quiero perder mi trabajo, no quiero perder a mis amigos y no quiero morirme».

d) **Adicciones y enfermedades psiquiátricas.** Alcoholismo, trastornos de la conducta alimentaria, ludopatía (adicción al juego), bipolaridad, esquizofrenia, intentos de suicidio, internamientos en instituciones mentales por depresión o por alguna otra enfermedad psiquiátrica.

PAOLA, UNA POLITÓLOGA DE TREINTA Y SIETE AÑOS, madre de dos niñas, acudió conmigo después de que encontraran el cuerpo putrefacto de su padre, cinco días después de que se hubiera quitado la vida. En la carta que dejó antes de morir, responsabilizaba a sus tres hijos del suceso, pues «lo habían dejado a su suerte en su última etapa de vida». Ante una vida rota y disfuncional (incluso le debía tres meses de renta al casero de la pequeña vivienda que rentaba en Querétaro) se colgó de una soga. Lo que el padre de Paola no expresó en aquella carta fue que su alcoholismo terminó con su matrimonio, con todo su capital y con la relación con sus tres hijos. Cierta ocasión, durante su adolescencia, su padre la besó y la tocó sexualmente. Esto sucede en el 10 % de los casos de abuso sexual infantil, pues el agresor confunde el cuerpo del menor con alguien más, principalmente cuando está intoxicado por alcohol, como en el caso de Paola.

«La manera como ocurrió fue que mis papás venían llegando de una cena; supongo que él había tomado de más, ya que era alcohólico, aunque nunca lo aceptó. Mi mamá bajó a la cocina y yo estaba sola, pues a mis hermanos los había corrido de la casa en esa época, no recuerdo por qué tontería. Estaba sentada en la orilla de mi cama, con mis piernitas colgando; bostecé y en ese segundo sentí la asquerosa lengua de mi padre adentro de mi boca, hasta la garganta y su respiración contra la mía mientras me tocaba los senos. Me quedé paralizada. Él siguió besándome. Entonces comprendí lo que estaba pasando y lo empujé con todas mis fuerzas, casi vomitándome, y él se hizo para atrás. No creo que haya dimensionado lo que hizo. Salió de mi cuarto y yo me solté a llorar. Mi mamá subió a darme las buenas noches, pero no pude decir nada, estaba petrificada. Hasta ahora he guardado este secreto. Solo lo he hablado en terapia y a mis treinta y siete años puedo aceptar que se trató de un abuso sexual. A partir de este evento, en ese momento, dejé de respetar a mi papá; la relación entre nosotros se acabó para mí, para toda la vida. Comprendo el alcoholismo de mi padre y puedo visualizar en lo que se convirtió nuestra familia. Además, entiendo que ese abuso sexual le dio en la madre a mi vida. Era una niña normal, obediente, disciplinada, conservadora, con buenas calificaciones a pesar de vivir en una familia disfuncional. Siempre me esforzaba muchísimo por salir adelante y, aparentemente de la nada, de pronto, a mis quince años (edad en la que fui abusada), empecé a reprobar todas las materias, a cambiar a mis amigas por las peores compañías de la escuela, a ahogarme en alcohol de la manera más denigrante; sin absolutamente ningún respeto por mi cuerpo, o más bien odiándolo, me quemaba con cigarros las piernas y los brazos, me cortaba los muslos con navajas, desarrollé bulimia, y después anorexia nerviosa, me hice un tatuaje, todo sin evaluar realmente por qué lo hacía. Evadí cualquier relación sana a nivel interpersonal, tuve uno y otro novio y, entre más complicado y autodestructivo parecía ser él, era mejor para mí. Tuve un aborto, me embaracé consciente de que no me cuidaba y de lo que podía suceder; luego choqué un coche y el resultado fue pérdida total. Todo esto fue mi adolescencia. Mi padre, con su alcoholismo y al abusar de mí, le dio en la madre a mi vida. Nunca entendí por qué estaba tan enojada con mi cuerpo, hasta ahora. Todas las decisiones que tomé, hasta el marido que escogí (que dentro del abanico de posibilidades que tenía, es un buen marido y un buen padre, pero que me lleva veintitrés años de edad y ha tenido hijos con tres mujeres diferentes) estuvieron influenciadas por el alcoholismo de mi padre y el abuso sexual que viví en la adolescencia. Nunca he hablado de esto con mi marido, aunque él también bebe cada vez más. ¡Qué ganas de tener enfrente a mi padre por una última vez! ¡Qué ganas de gritarle: no eres víctima de nadie! Incluso muerto sigues haciendo daño. No te suicidaste por el abandono de tus hijos, como dijiste en tu carta. Ten algo de honestidad por una vez en tu perra vida y acepta, deja por escrito para toda la eternidad, que te suicidaste porque estabas enfermo mentalmente, por alcohólico; que estabas solo porque nunca respetaste a nada ni a nadie, porque creaste una familia que te encargaste de deshacer cada día de tu vida durante treinta años. Hiciste mierda a todos sus integrantes. Estás solo, papá, y estuviste solo tantos años porque nunca valoraste la integridad de tus hijos, ni siquiera eso, lo más sagrado que un ser humano puede tener. Estabas solo porque abusaste de tu hija y porque golpeaste brutal y reiteradamente a tus hijos. Moriste como mueren los alcohólicos: hechos mierda».

e) **Secretos relacionados con el poder, el éxito, el fracaso y la pobreza.** Adicción al dinero, desempleo, que la familia sea mantenida por los abuelos, pérdida de los ahorros, tener un familiar en la cárcel o tener antecedentes penales, esconder el origen inmigrante de una familia, que la familia tenga una manera ilícita de vivir.

JENNY TIENE VEINTIDÓS AÑOS Y ES DE CULIACÁN, SINALOA. Estudió sus últimos tres años de preparatoria en un internado en Suiza. Al regresar, sus padres le insistieron que viniera a estudiar su carrera universitaria a la Ciudad de México, y así lo hizo. Ahora cursa el sexto semestre de la licenciatura en Historia del Arte. Jenny siempre ha sabido que su padre heredó unas tierras cerca de la costa y que exporta lo que produce al extranjero. Él le explicó que su familia se dedica al comercio de productos orgánicos. En la universidad, Jenny conoció a Pedro, un estudiante de Economía, originario de Los Mochis, y como los dos son de Sinaloa empezaron a pasar tiempo juntos. Se enamoraron y se hicieron novios. Jenny se sentía plena hasta que fue con Pedro a Los Mochis para conocer a su familia; sin embargo, le incomodó bastante cuando los padres de Pedro insistieron en que ella les diera detalles sobre su familia. Parecía que a sus suegros no les gustaba del todo que se llamara Jennifer Coronel y que su familia se dedicara al comercio de productos orgánicos. Después de ese viaje, a Pedro le prohibieron relacionarse con Jenny y terminaron casi de inmediato. Pedro empezó a evadirla y hasta a negarle el saludo. Si Jenny pedía explicaciones, Pedro respondía que no tenía nada que hablar con ella; sin embargo, luego de las súplicas de ella, él accedió a conversar. Fue así como se enteró de que su padre y su tío eran narcotraficantes y trabajaban para el Chapo Guzmán, el narcotraficante más poderoso del mundo. El tío de Jenny había sido el responsable de la desaparición de uno de los tíos maternos de Pedro, por lo que sus padres estaban dispuestos a enviarlo al extranjero antes de permitir que siguiera involucrándose con la hija de un narcotraficante. Jenny no lo podía creer, pero tuvo que aceptar el rompimiento con Pedro, pues él no volvió a dirigirle la palabra.

Regresó entonces a Culiacán para hablar con sus padres y conocer la verdad: ¿era hija de una familia dedicada al narcotráfico? Su abuela paterna le confesó la verdad: «Sí, y a mucha honra. Tu tío y tu padre nos sacaron adelante cuando tu abuelo nos dejó», le explicó la mujer en el antecomedor de la casa del club de golf que solían frecuentar. «¿Y la familia de mi mamá sabía eso cuando ella se casó con mi papá?», le preguntó, azorada. «¡Claro! Tu padre ayudó a su suegro y a los hermanos de tu madre desde que eran novios, pero para protegerte de la verdad te mandaron a estudiar a México. ¡Tonta! Tienes que hacerte novia de alguien que no nos conozca, que no sea del norte, que no sepa a qué nos dedicamos los Coronel aquí en Sinaloa o que entre al aro sin preguntar», le ordenó casi a gritos. Después de esta conversación con su abuela, Jenny regresó a México y buscó a un terapeuta para poder procesar esta información. «Me siento sucia, me siento humillada, me siento tonta, siento que no valgo nada».

f) **Secretos relacionados con tradiciones familiares rígidas, dinámicas tóxicas, violentas o indiferentes.** Discordias maritales, matrimonios múltiples, relaciones amorosas entre personas de diferentes religiones, violencia de género, abuso físico, verbal, psicológico o sexual por parte de los padres.

«TENGO CINCO, OCHO, TRECE, DIECIOCHO O VEINTE AÑOS, NO IMPORTA. Siempre tenemos que cenar en familia y afortunadamente mi padre no ha llegado de trabajar. Se oye la puerta eléctrica y mi pulso se acelera instantáneamente. Si ya terminamos, mi primera reacción y la del Enano será correr hacia la cocina y subir por la escalera de servicio para no toparnos con mi padre, que entrará por la puerta que da al garaje. Si no hemos terminado de cenar, automáticamente siento angustia pues no sé cómo terminará esa noche. La montaña rusa comienza: ¿bebió?, ¿tuvo un buen día?, ¿le habrá ido bien en los negocios?, ¿estará de malas?, ¿hubo tráfico?, ¿se habrá peleado otra vez con alguno de sus socios? ¿Cuál será su estado de ánimo? Si entra y chifla amablemente, me relajo un poco: es posible que pida de cenar y que después vayamos a la cama tranquilos. Si azota la puerta de la entrada, pisa fuerte los cuatro escalones que suben al nivel del antecomedor y vocifera es indicador de que está de malas y buscará cualquier pretexto para que empiece la batalla. "¡Vengan a saludar a su padre!", grita desde el baño de visitas donde se lava las manos y, alertas, corremos a darle un beso. Ahí comienza la tortura, pues seguramente pedirá una cerveza y encontrará la forma de desquitar su coraje con nosotros. Después, empezará a hablar de la mierda de país en el que vivimos y cómo tenemos que salirnos de él. "Ya lo decía tu abuelo, no te lleves ni el polvo de este pinche país"; los demás, incluida mi madre —que nunca hizo nada para defenderse, mucho menos a nosotros—, solo permaneceremos en silencio. Me vienen a la mente decenas de escenas de platos que se revientan en las paredes porque las quesadillas están frías, porque pidió sincronizadas y no hubo jamón, tarros de cerveza que rompen la vajilla y se estrellan en mil pedazos en el suelo porque "esto huele a carne, carajo", o bien, los sermones eternos de que somos unos mediocres porque ese día no fuimos a nadar, o porque no sacamos diez de promedio o porque no estamos leyendo algo de literatura que él considere valioso. Te puedo decir que la llegada de mi padre en la noche fue siempre el peor momento del día y de todos mis días mientras viví bajo su techo. Lo único que recuerdo sentir hacia él en el pasado fluctuaba del miedo al odio y del odio al miedo. De un momento a otro se podía convertir en un monstruo cuyos ojos azules se inyectaban de ira, hasta volverse rojos (literalmente hablando). Nunca había una explicación lógica que nos pudiera preparar para la violencia, ni algo que pudiera hacernos predecir cuál sería su estado de ánimo. El sonido de la puerta eléctrica simplemente era la alarma máxima de tensión: todo, lo digo en serio, todo podía suceder. Como siempre, no importaba lo violento que hubiera sido la noche anterior: los vidrios se recogían, las paredes se lavaban, se limpiaba la casa y nada había sucedido. Nunca hablé nada de esto con nadie, ni siquiera con mis mejores amigos, hasta que estaba cerca de casarme y le expliqué a la que sería mi esposa por qué me sentía tan incómodo ante la presencia de mi padre. Ser hijo de un padre violento provoca tanta vergüenza que la violencia que se vive en casa se esconde y, de alguna manera, todos los que pertenecemos a esa familia nos acabamos volviendo cómplices del abusador. No es ningún secreto que no he vuelto a tener contacto con mi padre desde hace más de ocho años».

Lo más significativo de este capítulo es entender que los secretos de familia causan diferentes disfunciones en la vida de cada uno de sus miembros. La vida secreta organiza la manera en la que los miembros de la familia perciben la realidad. Ciertos temas se vuelven tabúes y hay reglas no verbales que se instauran para proteger situaciones que se salen de los límites aceptados por la sociedad. Estos secretos crean y mantienen niveles crónicos de ansiedad. Por lo mismo, pertenecer a una familia que guarda secretos oscuros implica ser cómplices de la apariencia que se busca mantener y que demanda ser velada. Es muy difícil que los miembros de la familia se separen de esta vida secreta para vivir en libertad. La cohesión inconsciente a la vida oculta de la familia es tan grande, que rara vez alguno de sus miembros puede dejar atrás por completo la carga del secreto que todos comparten. El que un secreto familiar siga escondido impide que los conflictos del pasado entre todos los integrantes sean resueltos. Esto además imposibilita que cada miembro de la familia pueda confiar y creer en lo que los otros miembros digan, escuchen y hagan. Generalmente un secreto protege a otro que a su vez protege a otro, que protege al secreto original. Los secretos a nivel familiar generan rituales obsesivos y compulsivos, no permiten la libertad de pensamiento ni de imaginación y hacen más rígidos los roles de los miembros que la conforman. De alguna manera, existe ya una vida programada para todos en la que lo más importante es la lealtad a esta vida oculta, protegerla del mundo exterior a toda costa. Sin embargo, tarde o temprano estos secretos son los que terminan por dividir a la familia: siempre habrá alguno de los miembros que acepte la verdad y decida revelarla.

VI. SECRETOS ANCESTRALES

Cursé todos mis estudios preuniversitarios en un colegio marista, conservador, tradicionalista, donde todos los alumnos éramos varones. Los maristas no son una orden sacerdotal, sino una hermandad católica dedicada a la educación. La educación marista le da mucha importancia a la formación de sus alumnos dentro de profundos preceptos católicos, al mismo tiempo que los instruye en las principales áreas del conocimiento clásico. Una de las materias que demandaba nuestra atención cada ciclo escolar era Religión, y teníamos que contestar muchos de los exámenes solo a través de la memoria, recordando la «palabra de Dios». La mayoría de los preceptos religiosos que nos inculcaron eran rígidos y dogmáticos: todo era cuestión de fe y, por ello, rara vez se nos permitía cuestionarlos. Tan solo debíamos memorizarlos y repetirlos, aunque no los entendiéramos. «¡Así es porque así es, porque así lo dicta tu religión!», me contestó iracundo mi titular de cuarto de bachillerato —con el que tenía una relación tensa— cuando le pregunté si era relevante, para términos del catolicismo, que la Virgen María hubiera quedado embarazada con vida sexual o no. En ese mismo tenor, a los adolescentes poco se nos hablaba de sexualidad; la castidad antes del matrimonio era un valor inculcado. A mí nunca me quedó muy claro por qué la Iglesia vinculaba la espiritualidad con la vida sexual, y menos aún por qué hablar de ello era un tabú, sobre todo cuando me daba cuenta de que todos los jóvenes que estábamos ahí sentados teníamos las hormonas a tope. Durante esos doce años de educación con los maristas entendí que, para la Iglesia católica, el celibato es un estado de gracia en el cual el soltero se comporta a través de la abstinencia de actividad sexual. «Pero, hermano, si usted me está diciendo que los apóstoles eran pescadores, incultos, que no sabían ni leer ni escribir y que dejaron a sus mujeres y a sus hijos para seguir a Jesús, no eran célibes», debatía yo con el hermano marista. «Sé célibe hasta el matrimonio y deja de enchinchar». Así terminó la profunda discusión maestro-pupilo con respecto a las relaciones sexuales antes del matrimonio que mantuvimos en aquella clase de Religión en cuarto de bachillerato.

Después me enteré de que mi cuestionamiento no era ni nuevo ni original. Henry Charles Lea, en su libro *History of the Inquisition of the Middle Ages* (1867), había escrito mucho acerca del trasfondo de los intereses económicos que hubo al imponer el celibato para la vida clerical y la civil. Henry Lea explica cómo, contrario al pensamiento general, los sacerdotes católicos son célibes porque la Iglesia les niega el sacramento del matrimonio. En *History of the Knights Templar* (2012), Charles Addison aclara que el celibato no tiene relación doctrinal con ningún dogma impuesto por Jesucristo y es considerado como una simple ley disciplinaria y no un asunto de fe. Añade además que el celibato para los sacerdotes fue incluido en el Código del Derecho Canónico en 1917.

Hoy entiendo muy bien el peso de los introyectos. Anna Freud dedicó todo un libro a explicar los mecanismos de defensa que utilizamos los seres humanos. En su libro *El yo y los mecanismos de defensa* (1961) define, entre otros mecanismos, el de la introyección. En este, la mente asume como propios las creencias, los pensamientos, los valores y los sentimientos de alguien más, sean los de otra persona o grupo social, familiar o religioso. La introyección, según Anna Freud, implica la imposibilidad para diferenciar entre el yo ideal y el yo real. Involucra depositar expectativas demasiado altas en el propio desempeño con base en lo que se ha aprendido que la sociedad (especialmente la familia) y las personas loables creen que se «debe lograr» en la vida. Alguien que vive con altos niveles de introyección olvida que una «existencia ordinaria», llevada con generosidad, logra una trascendencia importante. No se requiere ser extraordinario para ser un ser humano sobresaliente, pero lo que nos ha enseñado la educación conservadora judeocristiana es que tenemos que renunciar al placer, a los instintos básicos del ser humano, para ser «buenos» y lograr la trascendencia. Gran parte del estilo de vida que llevamos, nuestras decisiones cotidianas y nuestras creencias están basados en introyectos y no en lo que necesitamos genuinamente. El peso de la vida célibe hasta el matrimonio es un ejemplo de ello.

El doctor Murray Bowen (1913-1990) fue el creador del genograma, un mapa visual de nuestros ancestros que incluye mucho más que solo nuestro árbol genealógico. Está diseñado para obtener información sobre las relaciones interpersonales a nivel familiar durante varias generaciones y ofrece un marco de referencia dentro del cual los síntomas y los problemas de comportamiento pueden ser analizados bajo una luz más amplia de entendimiento. Es útil sobre todo para comprender el lugar que ocupamos en nuestra familia y los patrones de conducta que se han repetido una y otra vez en diferentes generaciones. Los comportamientos que insisten en aparecer a lo largo de generaciones pueden ayudarnos a explicar los temas emocionales que no son obvios para nosotros y que se encuentran escondidos en áreas profundas de nuestro inconsciente, junto a los secretos familiares, debido a la culpa y la vergüenza que ambos provocan. Este marco de referencia nos ayuda tanto a los terapeutas como a los pacientes a examinar con mayor detalle y alcance la realidad de una familia determinada y, sobre todo, descubrir la información inconsciente que cargamos a través del tiempo.

Un genograma es un formato para esquematizar un árbol genealógico que registra información sobre los miembros de una familia y sus relaciones durante al menos tres generaciones. El objetivo principal de los genogramas, expresó Murray Bowen, es mostrar la relación existente entre un problema clínico, el contexto familiar y la evolución del problema a lo largo del tiempo y de las generaciones. Los genogramas son muy útiles para los psicólogos clínicos debido a que son representaciones gráficas y tangibles de la dinámica de una familia, lo que nos permite «mapear» su estructura de manera clara en una ficha clínica, pues resume gran cantidad de información sobre los miembros que la integran y los problemas potenciales que estos pueden tener en el presente y en el futuro. Por ejemplo, un síntoma muy común al realizar un genograma es la presencia de alcoholismo. Se puede saber la tendencia de un paciente a ser alcohólico mediante el análisis del comportamiento de sus abuelos paternos, los maternos, sus padres, los tíos, los primos y los hermanos del sujeto en cuestión. De este modo, es posible determinar si existe un patrón de comportamiento que lo incline a repetir esta enfermedad. Lo mismo sucede con cualquier otro fenómeno psicológico. El análisis familiar mediante el genograma facilita la visualización respecto a patrones y eventos significativos y recurrentes en la situación actual de la familia. En este sentido, Bowen asegura que «familia es destino», y solo mediante el conocimiento de los secretos y las flaquezas de una familia podemos evitar reincidir en los patrones de conducta que no son funcionales para nosotros.

¿Y cómo evitar repetir algo que desconocemos porque es secreto? Al igual que el lenguaje que potencia y organiza nuestro proceso de pensamiento, los diagramas familiares nos ayudan a visualizar sistémicamente cómo los eventos y las relaciones entre los familiares están vinculados con patrones de comportamiento claramente establecidos. La información generada por el genograma se puede comprender mejor desde una perspectiva sistémica, es decir, entendiendo que la interacción de uno de los miembros afectará a la totalidad del sistema, tanto en el presente como en el futuro. Murray Bowen propuso que el comportamiento de cada uno de los miembros de la familia se conecta a la mente inconsciente de todos los demás y hay una clara relación entre este y el comportamiento subsecuente del resto. Pese a ello, no existe escala cuantitativa para hacer predicciones clínicas a partir del genograma, es más bien una herramienta de interpretación subjetiva que sirve para formular hipótesis tentativas y encontrar el origen de algunos de nuestros síntomas, creencias y paradigmas de pensamiento más arraigados. La información que proporciona el genograma puede ayudar a un miembro de la familia a verse a sí mismo de una manera diferente, con más perspectiva del origen de lo que está viviendo. Esto permite que los eventos de los cuales se siente responsable e incluso culpable puedan ser procesados; los hechos que conllevan pesadas cargas emocionales, traumas o culpas, serán revalorados desde una perspectiva sistémica que ayude a darles otra perspectiva, de manera que la responsabilidad se distribuya adecuadamente entre los miembros de la familia; dicha distribución incluye también a los ancestros, los que ya no están vivos, pero que dejaron un legado que, aunque no siempre es evidente y claro, continúa afectando en la actualidad.

¿Por qué ser mujer en casa de los Ramírez era una maldición? Esto fue lo que descubrimos Maricarmen y yo cuando analizamos su genograma...

Su abuelo paterno fue hijo de un ganadero importante en tiempos de la Revolución, aunque se vio obligado a huir con su madre y sus dos hermanas a San Antonio Texas tras el asesinato de su padre. Se convirtió en el hombre de la familia con apenas nueve años de vida. A través del trabajo arduo, lograron hacerse de una panadería y una repostería, que atendían las mujeres. Aunque no era el hermano mayor, decretó que la familia jamás volvería a diluirse y que donde fuera uno, tendrían que ir los demás. Su madre lo apoyó. Cuando el abuelo de Maricarmen tenía veintitrés años, ya era dueño de varias panaderías con sus respectivas reposterías y había comprado un pequeño hotel en el centro de la ciudad. Su madre se encargaba de la calidad del pan y de los pasteles, mientras que él administraba los negocios con el apoyo de sus hermanas. La vida parecía mejorar para ellos; no obstante, desde el asesinato del padre, la familia no hacía otra cosa además de trabajar. En el negocio de las panaderías, así como en el hotel, no había días de descanso; parecía que ninguno tenía vida más que para el trabajo. Maricarmen me contó que, en una ocasión, una de sus dos tías abuelas se acercó a su madre para decirle que uno de los chicos que trabajaba en la construcción de una de las nuevas panaderías la había invitado a salir, y que quería pedirle permiso para que la dejara ir. La matriarca fue categórica: «En esta familia no hay tiempo para el amor, solo hay tiempo para trabajar». Desde entonces, ante la negativa del permiso, los tres hermanos se enfocaron solo en eso: trabajar. Las dos tías abuelas de Maricarmen tuvieron pretendientes que quisieron casarse con ellas; la única condición que les pedía su hermano, el hombre de la casa, era que se quedaran a vivir en

San Antonio, pues la familia jamás se rompería. Maricarmen cuenta que los jóvenes de la época emigraban de ahí, pues San Antonio era apenas un pueblo y no había mucha infraestructura.

Pasó el tiempo y los tres hermanos llegaron a la década de los treinta solteros, viviendo con su madre, pero, eso sí, con mucho trabajo diario. Llegó un momento en el que las cosas en México mejoraron, volvió a existir estado de derecho, y los Ramírez tomaron la decisión de regresar a Ciudad Victoria, donde estaban sus raíces. Así lo hicieron, y después de haber vivido durante veintiséis años en Estados Unidos, estaban de vuelta en Tamaulipas. Cuando el abuelo de Maricarmen tenía treinta y seis años y sus hermanas estaban cerca de los cuarenta, tuvo la fortuna de conocer a una mujer veracruzana, muy joven, de apenas veintidós años, que había ido a pasar la Navidad y a recibir el año de 1946 con sus primas hermanas, quienes vivían en Ciudad Victoria. El abuelo de Maricarmen quedó prendado de la joven y, con previa autorización de su madre, le pidió al padre permiso cortejarla; no obstante, fue claro desde el principio: si la relación funcionaba, la joven se mudaría a vivir con él a Tamaulipas. Y así sucedió. Para la llegada del 1947, los abuelos de Maricarmen festejaban su primer Año Nuevo como un matrimonio. Las dos tías abuelas no se casaron, aunque fueron dos tías maravillosas y consentidoras para sus sobrinos: dos hombres y dos mujeres. El padre de Maricarmen y su hermano menor se hicieron cargo de los prósperos negocios que heredaron y fueron los primeros de la familia en conseguir dos títulos profesionales: Ingeniería Civil y Derecho. Las dos tías de Maricarmen terminaron la preparatoria, pero ocurrió algo similar a lo que ella me relató acerca de su propia historia: ninguno de los hombres que se acercaron a ellas parecían ser dignos de pertenecer a la familia. El abuelo, un hombre que se encargó de su madre y de sus dos hermanas solteras era implacable con la regla familiar: todos tenían que vivir en la misma ciudad. Y así como San Antonio en su momento no era el lugar más cosmopolita para conocer a una pareja interesante, Ciudad Victoria en los cincuentas tampoco lo era. El abuelo no permitió que sus hijas estudiaran en otra ciudad, aunque apoyó a sus dos hijos para que realizaran una maestría en el extranjero. La historia se repetía: nunca llegó el hombre adecuado para ninguna de las dos, que aún viven en Ciudad Victoria, compartiendo una hermosa casa en el centro de la ciudad, herencia de la bisabuela que jamás se volvió a casar. Solo los hijos varones se casaron y tuvieron descendencia: el mayor, cuatro hijos y una hija menor; el tío Álvaro, por su parte, tuvo dos hijos y una hija que, al terminar la preparatoria, decidió que su vocación eran los hábitos e ingresó al Opus Dei como numeraria. De los ocho nietos que le sobreviven a aquel abuelo que se fue a trabajar a San Antonio, cinco son profesionistas y los seis varones tienen pareja. Maricarmen es la única que depende económicamente de sus padres y que no ha conseguido formalizar una relación. «Por lo menos mi prima se casó con Dios y nadie le da lata», bromeó conmigo hace poco. ¿Será realmente que las mujeres con apellido Ramírez tienen una maldición, o que hay un patrón familiar en el cual los hombres se sienten con el derecho de sabotear la libertad y la felicidad de las mujeres? Yo me inclino más por la segunda opción.

Aunque creemos hacerlo libremente, ahora sabemos que gran parte de lo que elegimos es producto de nuestra mente inconsciente. La realidad es que todos repetimos algún patrón de conducta. Seguro has escuchado esta afirmación. Pero ¿qué es exactamente un patrón de conducta y qué significa repetirlo? Hay un sinnúmero de autores que han hablado de ello a lo largo de la historia de la psicología clínica; Theodore Millon, en su libro *Psychopathy: Antisocial, Criminal and Violent Behavior* (2008), lo hace de manera precisa: define a la conducta como la manera de comportarse (de conducirse, de portarse) de un ser humano frente a los estímulos que provienen del entorno. Millon afirma que todas nuestras conductas están influenciadas por una serie de elementos entre los que se encuentran la genética, la cultura a la que pertenece el sujeto, las normas sociales que rigen su entorno, su nivel de inteligencia intelectual y emocional, su nivel de aculturación y la actitud que tiene en cada momento de la vida. De tal manera que la conducta no se puede atribuir a una sola condición; en realidad es el resultado de la combinación de múltiples factores.

Millon añade que el comportamiento de un individuo también estará mediado por sus creencias y por los aprendizajes conscientes e inconscientes que adquirirá a través del tiempo, los cuales se relacionan también con los secretos conscientes e inconscientes que guarda a sí mismo y a los demás. Millon define al comportamiento consciente como aquel que se realiza tras un proceso de razonamiento e incluye la minoría de las decisiones que tomamos a lo largo de la vida. El comportamiento inconsciente, en cambio, se produce de manera casi automática, ya que el sujeto no se detiene a pensar o a reflexionar sobre las acciones que está llevando a cabo. El comportamiento es todo lo que hace un ser humano frente a su medio ambiente y cada interacción con él, de acuerdo con ciertas normas o pautas, se conoce como patrón de conducta. Según Millon, durante toda nuestra vida tomamos decisiones, algunas conscientes, la mayoría inconscientes, y ambas están vinculadas íntimamente con lo que nuestros padres, nuestros abuelos y nuestros ancestros eligieron en su momento. Lo anterior conlleva una paulatina rigidez en nuestro abanico de elecciones, por lo que tendemos a repetirlas una y otra vez. Esto es justamente lo que se conoce como repetición de patrones generacionales de conducta. Y esto es lo que le está sucediendo a Maricarmen en su vida, como a ti y a mí nos sucede en otras áreas de nuestra existencia.

¿Y por qué repetimos patrones de conducta, aunque estos no sean necesariamente benéficos para nosotros? Esto se explica mediante la ecología del comportamiento humano, una disciplina cuya propuesta dicta que un individuo tiende a utilizar las herramientas cognitivas, emocionales y conductuales con las que está familiarizado, pues son con las que se siente cómodo, aunque no sean necesariamente sanas para él. Un ejemplo de esto es el fumar. Hoy en día, cualquier fumador, sin importar la edad que tenga, tiene información suficiente para saber que con cada bocanada de humo que lleva a sus pulmones existe la posibilidad de desarrollar cáncer, enfisema pulmonar y serias enfermedades cardiovasculares; sin embargo, el conocimiento de esta información no es suficiente para evitar que fume. Las personas fuman conscientes de que el camino final para un fumador es la muerte, pero lo elige en vez de modificar sus hábitos y obligarse a superar el síndrome de supresión de la nicotina.

Lo mismo sucede con la repetición de otras conductas, por ejemplo los embarazos no deseados, la infidelidad, el alcoholismo, la homosexualidad encubierta, el abuso físico, el abuso verbal, la codependencia o la traición, la sumisión ante una figura de autoridad y, en general, seguir viviendo bajo las reglas de nuestra familia de origen, aunque estas vayan en contra de nuestra felicidad. Saber que algo no es «conveniente» para nosotros no es suficiente para dejar de repetirlo; parecería que lo elegimos porque aprendimos que era lo que nos tocaba vivir por destino. Al parecer esto es lo que le sucede a Maricarmen. El patrón de conducta generacional que ha repetido es el esperar lo que tal vez nunca llegará: el hombre que su familia considere suficientemente bueno para ella y sea aceptado en el clan familiar.

¿Todos los patrones de conducta que se repiten son negativos? Por supuesto que no. Cualquier sistema familiar tiene muchas conductas que vale la pena replicar. Aún el peor clan de narcotraficantes tiene el valor de la lealtad hacia los suyos y la defensa y cuidado de las mujeres, heredado por los miembros que mueren en el camino. La lealtad y la atención hacia los propios son comportamientos positivos, aunque incurrir en conductas delictivas no lo sea. Maricarmen proviene de una familia en la cual las posibilidades de independencia de las mujeres son altamente limitadas y las expectativas sobre ellas, exageradas: renunciar a una vida en pareja, vivir a expensas del patriarca en turno, ser testigo de la felicidad de los hermanos y de los sobrinos; sin embargo, todas las mujeres que han vivido bajo este esquema han compartido la soledad, aunada a una gran ventaja secundaria: vivir bajo la protección económica de la familia y no tener que decidir sobre su propia vida. Las mujeres Ramírez no se casan, pero son sobreprotegidas durante toda su vida. Y en el contexto de esta familia en particular, esto es una muestra de amor. Parecería que para los Ramírez la mujer es como esa buena botella de vino que todos guardamos en la cava para esa ocasión especial: al final nos damos cuenta de que está caduca y terminamos por tirarla a la basura, pues al parecer ninguna situación en la vida fue tan especial como para brindar con ella.

¿Elegimos relaciones de pareja repitiendo patrones de conducta? Millon nos explica que, aunque eso es muy probable, no hay manera de comprobarlo científicamente. Lo que sí es una realidad es que escogemos a una pareja porque nos sentimos atraídos por ella, y lo que nos atrae generalmente es lo conocido, lo que nos parece familiar, con lo que nos sentimos seguros y cómodos. A veces, esta pareja no parece asemejarse en lo absoluto a nuestros familiares; sin embargo, y tomando en cuenta que elegimos con base en nuestra historia, nuestra genética, nuestros valores, nuestra mente inconsciente y nuestro aprendizaje de vida, basta con escarbar un poco en nuestra memoria y en la personalidad de nuestra pareja, o en la de nuestras relaciones anteriores, para encontrar ciertas similitudes con nuestra familia de origen, mismas que nos orillaron a sentirnos atraídos, cómodos y enamorados en un principio, para después caer en crisis o en el caos absoluto. Repetimos un patrón de conducta no solo por nuestra historia familiar, sino por lo que nos gusta sentir cuando nos relacionamos con los demás. Hay quienes deciden relacionarse con personas conflictivas para volver a sentirse necesitados; otros se relacionan con parejas infieles para volver a sentirse traicionados; otros con personas abusivas, para volver a sentirse victimizados; otros con personas incapaces de tomar decisiones sobre su propia vida, para tener la sensación de control; otros que se relacionan con personas sanas, porque les gusta sentir tranquilidad...

Lo que tendemos a repetir no son las características físicas de una persona o su personalidad, sino la manera en la que nos comportamos con ella. Somos nosotros los que repetimos la manera de comportarnos con el otro y nos volvemos controladores, o agresivos, o desconfiados, o celosos, o sumisos, o sobreprotectores, o injustamente tratados, o abusivos, o traicionados, o bien, traicioneros... Somos nosotros quienes igualamos nuestras relaciones con las anteriores, pues es como aprendimos a relacionarnos desde pequeños. Por eso es común que, aunque conscientemente elegimos a una pareja totalmente diferente a lo que hemos vivido en nuestra familia de origen, nos terminemos sintiendo como en el pasado. «Mismo infierno con diferente diablo». Estoy convencido de que Maricarmen no se siente muy diferente a como se sintieron sus tías abuelas cuando regresaron de San Antonio, o a como se sienten sus tías viviendo en aquella espectacular pero solitaria casa en el centro de la ciudad.

La realidad es que no podemos entender a cabalidad nuestra historia sin antes entender la historia de nuestra familia. ¿Cómo identificar los patrones de conducta que estamos repitiendo si no los hemos descubierto y comprendido? Si profundizamos en esto, podremos saber que, de alguna manera, el comportamiento que duplicamos inconscientemente de nuestros ancestros tiene que ver con introyectos, con lo que creemos que «debemos hacer» para seguir siendo leales a nuestra tradición familiar y continuar perteneciendo a nuestro clan. La bisabuela de Maricarmen, después de enviudar con tan solo veintinueve años, nunca volvió a tener pareja, pues primero estaba la familia. Sus dos hijas probablemente heredaron la misma prioridad y tampoco formaron su propia familia, pues eligieron una vida célibe, aunque no clerical, en pro del bien común; quizá sus tías eligieron lo mismo: una vida en la cual aparentemente permanecieron expuestas en una vitrina que nadie fue lo suficientemente atrevido para alcanzar y abrir. ¿Y Maricarmen y su prima hermana? Una vive protegida bajo la orden del Opus Dei y la otra sobreprotegida bajo el ala de los Ramírez. ¿Será que la alianza inconsciente de todas las mujeres que llevan este apellido es con la bisabuela? ¿Aquella que renunció a todo, hasta a ella misma, en favor de sus tres hijos? Es una hipótesis que Maricarmen necesitará explorar.

Monika Mac Goldrich y Rondy Gersan en su libro *Genograms in Family Assesesment* (1985) exponen varios puntos básicos que necesitamos analizar para realizar adecuadamente un genograma. El método que describen para desarrollarlo es bastante detallado, así que mencionaré solo los puntos que considero más significativos para los objetivos de este libro.

El origen

La búsqueda de información siempre empieza con los abuelos, con la realidad que conocemos de su vida. ¿Cómo fue la llegada de tus abuelos a este mundo? ¿Dónde nacieron y cuál fue la situación social que enfrentaron? ¿Provenían de una familia rica, pobre o de clase media? ¿Cuáles eran las condiciones históricas que afectaron sus vidas? En este punto evaluamos la existencia de guerras, dificultades económicas, problemas de inmigración o de discriminación racial, desastres naturales o incluso epidemias. ¿Vivieron algún trauma importante en su infancia? La muerte de un padre a temprana edad, una enfermedad prolongada, hospitalizaciones, el suicidio o el asesinato de un familiar. ¿Cómo fueron educados? ¿De manera estricta o muy permisiva? ¿Fueron criados por sus padres o por alguien más? ¿Cuál era la religión que profesaban? ¿Provenían de una familia muy devota, agnóstica, atea?

Matrimonios

Los matrimonios de nuestros ancestros nos dicen mucho de cómo aprendimos inconscientemente a relacionarnos en pareja. ¿Los matrimonios de tus abuelos fueron sólidos? ¿Eran matrimonios amorosos? ¿Se divorciaron? ¿Permanecieron juntos por presión social? ¿Se quedaron juntos porque en la familia no se toleraban los divorcios? ¿Se casaron a causa de un embarazo no planeado? ¿Era funcional su comunicación o constantemente involucraban a sus hijos en sus conflictos? ¿Había algún hijo consentido? ¿Alguno de tus abuelos mantuvo relaciones extramaritales? ¿Tuvo hijos fuera del matrimonio? ¿Se casaron en un matrimonio arreglado? Hasta hace muy poco, casarse con un embarazo en camino, tener un hijo fuera del matrimonio, las adopciones, las enfermedades psiquiátricas y las rupturas matrimoniales eran motivo de secrecía. Las mujeres estaban destinadas a quedarse con maridos alcohólicos o infieles y los hombres con mujeres farmacodependientes y con trastornos de personalidad porque el matrimonio era para toda la vida.

Religión

La religión de origen marca mucho nuestro destino. Para muestra un botón: solo hay que recordar la que armó el papa Gregorio con eso del celibato y el valor de la virginidad. ¿Cuál es la religión con la que crecieron tus abuelos? ¿Eran familias realmente practicantes o la religión solo era parte de su identidad? ¿Iban al templo o a la iglesia? ¿Celebraban las fiestas y los días de guardar por convicción o solamente porque era «lo que tenían que hacer»? ¿Tus abuelos eran personas espirituales o únicamente se concentraban en los rituales religiosos? Hay familias para las cuales las reglas religiosas son extremadamente rígidas, y otras en las cuales son muy laxas o inexistentes. Hay familias en las que, aunque los padres no son apegados a las tradiciones religiosas, obligan a sus hijos a vivirlas, o viceversa. Hay comunidades, como la judía o la católica conservadora, que se mostrarán sumamente reacios en aceptar a un nuevo miembro de diferente religión dentro del clan familiar, y buscarán que sus hijos abandonen sus planes de formar una nueva familia si no comparten las mismas tradiciones religiosas con su pareja actual. Hay familias donde la fe y la espiritualidad le dan sentido a la vida y a los problemas; en otras, la religión solo determinará las formas de las festividades y los lutos.

Sexualidad

La sexualidad es por mucho el área en la que la familia guarda más secretos. Solo hace falta recordar lo que muchos homosexuales han tenido que sufrir a lo largo de la historia para no ser rechazados por su preferencia sexual. Llevamos siglos de hipocresía y doble moral en la vida social con respecto a la sexualidad. El abuso infantil, el incesto, la violación a las mujeres (aun a las propias esposas), la homosexualidad y la infidelidad son los terrenos donde se extienden los secretos. Hay familias cuyos límites en el contacto están plenamente delimitados generacionalmente y hay otras en las cuales se permite tener un acercamiento más abierto, incluso inapropiado, con los menores o con las mujeres. Existen familias que terminan mirando a las mujeres solo con fines sexuales y reproductivos; otras, en cambio, las convierten en ídolos o diosas. En algunas familias se sabía que el abuelo era «tremendo», que no se le «iba una viva», y que fue «coqueto hasta el final»; irónicamente, hay otras para las cuales el abuelo era un «pan de Dios», «un caballero», «un santo». Cualquiera de estos dos extremos puede ser un foco rojo para identificar un área de grandes misterios. ¿Sabes de la existencia de alguna situación sexual incómoda que hayan vivido tus abuelos? En términos de la sexualidad, ¿qué crees que tus abuelas o abuelos nunca se hubieran atrevido a experimentar? ¿Qué es lo que no hubieran aceptado en ninguno de sus hijos, o de sus nietos? ¿Qué les hubiera horrorizado saber de tu vida sexual? Esta pregunta puede ser una clave para entender los niveles de represión y de coerción sexual en los que se educaron tus padres y, por lo tanto, en los que tú fuiste educado. Las fantasías sexuales se pueden arrastrar de una generación a otra, inconscientemente, por diferentes miembros de la familia. Si exploras la apertura o la cerrazón de tus padres ante la sexualidad, podrás entender algunos de los secretos que inconscientemente heredaste de tus abuelos. Probablemente tus ancestros experimentaron las mismas inquietudes y fantasías que tú, pero en una sociedad más rígida y desinformada.

Éxitos y fracasos

Detrás de grandes éxitos y de grandes fortunas, pueden existir grandes secretos que avergüencen a una familia. El origen del dinero de un clan acaudalado puede ser consecuencia de acciones no éticas o amorales. Por otro lado, hay familias que no han sabido equilibrar el éxito con la bondad y la compasión, por lo que han generado altos niveles de resentimiento social a lo largo de los años. Hay familias que, contrario a lo anterior, han logrado brillar con justicia y transparencia y esto puede ser un legado demasiado pesado para sus hijos, pues no solo heredan un apellido relacionado con fortuna y bienestar, sino con grandes expectativas altruistas y de servicio

SECRETOS DE FAMILIA

social. De igual manera, el fracaso también puede ser un gran motivo de vergüenza. Vivir un arresto, una demanda penal, ser culpado de un fraude, ser corrido de uno o varios empleos, la quiebra de un negocio, perder una herencia... En cada generación y en cada cultura existen ciertos indicadores de éxito para una familia. Nos parezca justo o no, la capacidad económica es un indicador de éxito para la sociedad actual. Muchos hombres se sienten inferiores por no tener una economía boyante y aun hoy en día muchas mujeres se sienten avergonzadas de ganar más que sus maridos. La diferencia del poder adquisitivo entre hermanos puede llegar a ser motivo de envida, enojo y competencia. Es común que todos conozcamos por lo menos a una familia que se ha roto por la disputa de una herencia. El dinero tiene repercusiones muy poderosas; a veces se esconde y a veces busca demostrarse, pero siempre da de qué hablar.

Escándalos, crímenes y ovejas negras

Hay familias en las cuales alguno de los abuelos «dio mucho de qué hablar» durante su juventud. ¿Consideras que alguno de tus abuelos haya sido una mala persona? ¿Consideras que alguno de tus tíos, de tus padres, de tus primos o de tus hermanos lo sea? Generalmente, quienes son considerados como las «ovejas negras» de las familias esconden tras su comportamiento altos niveles de dolor y tristeza. En la gran mayoría de los casos, son quienes dan salida a la tensión provocada por la disfuncionalidad del sistema familiar. Esto es lo que le sucede muchas veces a las personas que desarrollan adicciones: detrás de ellas se esconden secretos que avergüenzan al clan familiar. Susan Forward, en su libro *Toxic Parents* (1989), habla de los roles que podemos asumir dentro de la familia para funcionar como vía de escape a los conflictos que ahí experimentamos, a la energía negativa que se acumula en el sistema familiar. En términos de Forward, quien asume inconscientemente la responsabilidad de ser el generador de todos los problemas funciona como un chivo expiatorio y es etiquetado como la «oveja negra» de la casa. Este integrante, de manera inconsciente, se «inmola» para ser la víctima primaria del abuso físico y verbal de sus padres y de sus hermanos. Toda la ira y la injusticia frecuentemente van dirigidas hacia él.

Santos e idealizaciones

¿Alguno de tus abuelos fue considerado tan bueno, que casi era un santo? Si es así, es muy probable que la familia haya idealizado a esta persona. Por supuesto, es muy probable que esta persona sea o haya sido alguien muy bueno; sin embargo, también es cierto que probablemente albergara un sinfín de secretos. Cuando una persona es considerada como una «santa», su comportamiento no se cuestiona y simplemente se alaba y se duplica. Otro de los roles familiares que Susan Forward explica a fondo es el del perfeccionista. Quien adopta este rol, asume la responsabilidad de establecer ciertos límites para contener a la familia, aunque no tenga ninguna obligación de hacerlo. De alguna manera, el perfeccionista rescata a los padres de sus responsabilidades y se convierte en el miembro familiar más «confiable», «exitoso», «recto», y, sobre todo, «maduro» dentro del sistema. El perfeccionista crece muy rápido, es decir, no atraviesa por todas las etapas de desarrollo que una persona en un ambiente sano debería experimentar, y se convierte en «niño adulto» desde muy temprana edad. Se vuelve el «modelo a seguir» de la familia, pues aparentemente sus decisiones están rodeadas por un halo de santidad.

Si bien no siempre es posible tener acceso a toda la información de nuestros abuelos, tíos, primos o hermanos, lo significativo de los descubrimientos de Bowen a través de sus genogramas es que, en la gran mayoría de los casos, los problemas o los síntomas que manifiesta un miembro de la familia son la repetición de la vida secreta de sus antecesores. Así es como generalmente funciona la herencia de los secretos de familia. Saltz asegura que un miembro buscará que su clan refuerce su secreto y se solidarice con él; de tal forma, exige que uno o varios miembros del sistema lo respalden repitiendo el patrón de conducta; si nuestros deseos inconscientes logran vincularse con el contenido de este secreto, el patrón de conducta generacional se repetirá hasta convertirse en uno de los «sellos familiares» que termine por definir a la mayoría de los hombres o mujeres en una familia determinada.

Hay comportamientos que nunca podrán ser normalizados, como el asesinato, la violencia de género, el abuso sexual infantil, el aborto clandestino, esconder una enfermedad psiquiátrica o el estigma de haber sido infectado con VIH. Estas situaciones son difíciles de excusar o justificar y, por ello, todavía son causa de culpa y vergüenza, tanto para quien lo padece como para el resto de la familia. Son los secretos que más arraigados estarán y los que más peso tendrán cuando se trate de repetición de patrones generacionales. Hay conceptos, tradiciones, principios y creencias que introyectamos de nuestros ancestros y que solo por eso los repetimos, sin cuestionarnos realmente si son sintónicos con nuestra manera de entender el mundo, nuestra filosofía de vida, nuestras propias creencias y nuestros valores. La diferencia entre un introyecto y una convicción es el nivel de conciencia con el cual elegimos.

VII. SECRETOS RELACIONADOS CON LA MADRE

Manola, una exitosa chef de cuarenta y tres años, vino a consultarme por consejo de la psicóloga de su hija adolescente, quien tiene un cuadro serio de bulimia. Aunque Viviana cuenta con tan solo diecisiete años, ya ha pasado por dos internamientos en clínicas para los trastornos de la conducta alimentaria; no obstante, ha sufrido una recaída y, en la batería psicométrica que le aplicaron la última vez, la psicóloga detectó que Viviana tiene un conflicto significativo con su figura materna que no ha logrado resolver. «Estoy dispuesta a hacer lo que sea por mi hija, estoy desesperada y si tengo que tratarme yo, pues lo haré, pero no quiero perder a mi chiquita», me dijo en nuestra primera sesión. Y en efecto, con un gran nivel de compromiso, Manola empezó su proceso terapéutico.

Manola es hija de un hombre español que llegó a México cuando era muy niño, en tiempos de la guerra civil española. A los veinte años de haberse instalado en México, conoció a la hija de otros compatriotas que habían sido víctimas de las atrocidades del franquismo, y al poco tiempo se casaron. La infancia y adolescencia de Manola transcurrieron dentro de una familia unida y con holgura económica; estudió en un colegio de monjas que ella recuerda con cariño, con la compañía constante de sus dos hermanas menores. Solo hubo un tema que marcó su vida negativamente: la relación con la comida. «En casa de mis padres todo gira en torno a la comida. Para los dos, el que comiéramos bastamente era sinónimo de salud, por lo que nos acostumbraron a comer y a cenar muy pesado», recapituló Manola. «Entonces, las tres empezamos a subir de peso, y nos convertimos en las "hermanitas chonchitas", como nos decían en la escuela; a los catorce años, cuando empezaron las fiestas de xv años, noté que ningún vestido se me veía bien. Así me di cuenta de que era gorda. Empezó la lucha contra mi peso y contra mis padres, porque yo quería bajar de peso y comer sanamente, pero ellos creían que si bajaba de peso me enfermaría».

Manola asegura que cada comida era una batalla campal. «Tienes la anorexia», «te vas a enfermar», «ningún hombre se fijará en una flaca porque eso significa que sus padres no tienen ni para alimentarla», le echaban en cara frecuentemente. Entiendo, tal como lo hace Manola, que debido a que sus padres vivieron los estragos de la hambruna y de la pobreza, no podían entender cómo alguien podía negarse al placer de comer más allá de la saciedad. Pero también es obvio que el punto de vista de Manola parecía tener sentido. «Tener sobrepeso no era saludable, cenar cordero con papas tampoco; éramos una familia de comedores compulsivos y yo no quería comer hasta parecer modelo de cuadro de Rembrandt o una botarga, pero nunca dejé de comer, nunca vomité, solo no quería atascarme cada vez que me sentaba a la mesa». Para Manola, paradójicamente, la guerra en contra de la comida fue distinta en comparación a la que libraban la mayoría de las jóvenes de la época que experimentaron un trastorno de la conducta alimentaria. «No quería dejar de comer, solo quería comer sano. Insistí tanto que terminamos por hacernos análisis de sangre y, al ver que todos teníamos el colesterol y los triglicéridos en la cumbre, le supliqué a mis padres que acudiéramos a un nutriólogo para que nos enseñara a comer con salud». La realidad es que en casa de sus padres nunca se modificaron los platillos; sin embargo, Manola pudo bajar su sobrepeso, dejó de fumar y empezó a hacer ejercicio, y desde muy joven cuida mucho su alimentación. «Me gusta mucho comer, por eso estudié Gastronomía, pero eso no significa que me guste atracarme o ser gorda. Yo soy de la idea que hay que romper con el refrán que dice: "Nunca confíes en un chef delgado". Saber comer bien también es saber medirse», me dijo, convencida.

Manola tenía razón en su discurso; no obstante, la bulimia de su hija y los resultados de la prueba psicométrica señalaban que había algo en su

SECRETOS DE FAMILIA

disertación que no era totalmente congruente. Cuando la confronté con lo anterior, ella tragó saliva, y me confesó algo que jamás había compartido con nadie: «Detesto a los gordos. Me dan asco. Y cuando veo a mi hija comiendo de más, no puedo evitar sentir enojo, esa repulsión que me da la gente gorda», reveló con gran sentimiento de culpa. Manola conoció a Gabriel en la universidad, otro joven que estudiaba Gastronomía y que comparte la misma pasión que sus padres: la buena comida y el buen beber. Así que cuando se casaron y Gabriel empezó a subir de peso, Manola comenzó a sentirse incómoda, a controlarlo, a buscar el equilibrio de su alimentación. Pero Gabriel es restaurantero y su peso solo parece importarle a su mujer. «Yo lo quiero, pero me siento como con mis papás: convenciendo a un gordo de que se cuide, de que no se atragante, de que no coma de más». Con el paso de los años, Manola tuvo dos hijos: Viviana y Gabriel. Manola decidió que no iba a darles lata a sus hijos con el tema, y se propuso jamás decirles nada a ellos acerca de la comida; sin embargo, la ansiedad y el rechazo que ha sentido hacia los gordos, como su marido y su hija, se hicieron evidentes en su comportamiento. Manola asegura que jamás ha dicho nada explícitamente, pero está consciente de que su fobia al sobrepeso ha contribuido a crear en su hija una enfermedad emocional relacionada con los atracones de comida, el desprecio y la culpa: la bulimia. Estos sentimientos son los mismos que Manola no ha resuelto con respecto a su familia de origen y su manera de comer. El que mi paciente no haya querido transmitirle estos sentimientos a su hija no fue suficiente para que ella no los replicara.

> *Las palabras guían, pero el ejemplo arrastra.*
> REFRÁN POPULAR

Hoy en día todos sabemos la correlación entre tener una relación amorosa, sana y con límites con la figura materna y un adecuado autoconcepto. Las madres sanas experimentan el crecimiento de sus hijos y sus habilidades con orgullo y satisfacción; observan con ternura y alegría el que sus hijos se conviertan en adolescentes y luego en mujeres y hombres atractivos, divertidos, exitosos e independientes. La maternidad es un arte, ya que no solo requiere sentir un amor genuino y total por los hijos, sino también acompañarlos en el proceso de convertirse en adultos de bien. Ser autocrítico y consciente de los traumas del pasado es indispensable para poder ejercer una maternidad o una paternidad responsable.

Melanie Klein (1882-1960) es una de las psicoanalistas más reconocidas por sus importantes aportaciones a la psicología infantil. Ella basó su obra en el marco del más ortodoxo psicoanálisis, ya que su formación vino directamente de los libros de Sigmund Freud. Su teoría más significativa consiste en el descubrimiento de la ambivalencia que siente el niño lactante hacia la madre, que consiste en distinguir el pecho «bueno» de la madre (el que acude al llamado del niño) del pecho «malo» (el que no aparece en el momento que es necesitado y abandona al niño cuando este necesita de su calor y su cuidado). Melanie Klein denominó esta observación como la Teoría de las Relaciones Objetales, misma que analiza las primeras relaciones interpersonales que tiene el bebé con su entorno y mediante las cuales aprende a relacionarse con los demás. En su libro *The Psycho-Analysis of Children* (1932), Klein explica que los niños utilizan estas primeras experiencias con su madre como parámetro para calificar lo que para ellos será «bueno» o «malo», dependiendo de las emociones que despierte en ellos el tipo de interrelación. Por ejemplo: si una madre brinda cariño y dedicación al momento de amamantar al bebé, el niño considerará a ese pecho como «bueno», mientras que lo calificará de «malo» y lo rechazará cuando no se haya sentido protegido. Lo irónico, aunque el bebé no lo sepa, es que el pecho que él percibe como bueno es el mismo que a veces percibe como malo. Esta es la razón por la que Melanie Klein definió esta primera etapa como esquizo-paranoide: el bebé no ve objetos totales, es decir, no puede vislumbrar que ese pecho, esa boca, esa voz, ese olor, son parte de un todo, de una misma persona, que es su madre; cada elemento de un mismo objeto es percibido como un ente independiente, y así se relaciona el niño en consecuencia. Además, el bebé no percibe que él es parte del mundo; más bien tiene la sensación de que el mundo entero le pertenece a él, tal como el pecho de la madre.

La segunda etapa, a la que Klein define como depresiva, se desarrolla cuando el niño se da cuenta de que las personas no le pertenecen y son parte de un todo, al igual que él mismo. Es entonces cuando el niño empieza a construir su personalidad con un principio de realidad, pues entiende que un mismo objeto (o persona) puede generar en él diferentes emociones; él aprende a identificarse con quienes le inspiren seguridad, amor y tranquilidad la mayor parte del tiempo. Melanie Klein concentró gran parte de su trabajo en analizar la importancia de las primeras relaciones del niño con sus padres, especialmente con su madre, ya que es ella quien brinda el alimento y el cobijo durante el primer año de vida. Para Klein, la salud de la personalidad de un individuo está íntimamente ligada a la salud de sus primeras relaciones en la vida, particularmente a la de la relación con su madre.

John Bradshaw (1995) enfatiza que, para analizar a profundidad las conductas de nuestra madre que repetimos de manera inconsciente, necesitamos acercarnos a su genograma. Para Manola, por ejemplo, el genograma que mostraba la historia materna fue útil para comprender que, desde el punto de vista de su madre, cuidar bien de una hija incluía, entre otros aspectos, el acceso casi ilimitado a la comida. Si Viviana conociera el genograma de su madre, entendería la razón por la cual se siente rechazada y despreciada, y podría comprender que la repulsión de Manola no es hacia ella, sino hacia sus atracones de comida. Cuando empezamos a trabajar con su figura materna, mis pacientes y yo analizamos la imagen que tienen acerca de ella. Con frecuencia utilizo técnicas hipnóticas para fomentar que los recuerdos hacia ella afloren a su conciencia, acompañados de sus respectivas emociones. No es tan importante rememorar detalladamente una experiencia, sino los sentimientos asociados a ella. A mis pacientes les hago preguntas como las siguientes:

- ¿Cuál es el primer recuerdo que tienes acerca de tu madre?

- ¿Cuál es el primer hogar que recuerdas haber compartido con tu madre?

- ¿Cuál era la vestimenta con la que recuerdas a tu madre con mayor claridad?

- ¿Cómo recuerdas que se siente el ser un niño pequeño y estar cerca de tu madre?

- ¿A qué olía tu madre?

- ¿Cómo recuerdas haber sido tratado por ella?

- ¿Cuál es la actividad que más vívidamente recuerdas haber realizado con tu madre cuando eras niño?

- ¿Cómo mostraba tu madre su afecto?

- ¿Cómo mostraba tu madre su enojo?

- ¿Cómo te premiaba tu madre?

- ¿Cómo te castigaba tu madre?

- ¿Qué es lo que más te gustaba de tu madre?

- ¿Qué es lo que menos te gustaba de ella?

- ¿Recuerdas alguna muestra de afecto que te gustara mucho de tu madre?

- ¿Recuerdas haber sido golpeado fuertemente por tu madre alguna vez?

- ¿Recuerdas alguna o varias veces en que tu madre te haya ofrecido una disculpa?

- ¿Recuerdas alguna o varias veces en las que tu madre te haya mentido?

- ¿Cuáles son los secretos que has ido descubriendo de ella y que ocultó de ti a lo largo de la vida?

- ¿Sospechas de algún secreto que haya guardado hasta tu adultez?

- ¿Hay algo particular que le agradezcas además de haber sido tu madre?

- ¿Hay algo que aún no logres perdonarle a tu madre?

Lo significativo de esta técnica es tomar conciencia de las emociones que se experimentan al responder a las preguntas, es decir, advertir las reacciones del cuerpo ante los recuerdos de la madre. ¿Tuviste alguna reacción emocional intensa tal como tristeza, miedo, angustia, vergüenza, culpa o desesperación? ¿Recuerdas haberte sentido protegido por ella o más bien frustrado, solo y desprotegido? En estos recuerdos, ¿descubriste algo que jamás habías notado de tu madre? Muchas de las mentiras que nos contamos a nosotros mismos tienen que ver con las mentiras que nuestros padres también se contaron a sí mismos. «Fui una madre presente». «Fui una madre justa». «He sido siempre un pilar emocional para mis hijos». Así que es válido preguntarte en este momento: ¿es congruente lo que ella recuerda de su maternidad con lo que tú recuerdas de tu infancia junto a ella? ¿Reconoces algún patrón de conducta por parte de tu madre que claramente estás repitiendo? ¿Qué virtudes compartes con ella? ¿Qué defectos de carácter se asimilan a los suyos?

Sin saberlo, todos tenemos una filosofía de vida, una ideología, una serie de creencias, actitudes, pensamientos y emociones con base en la cual percibimos, entendemos, asimilamos, acomodamos y nos predisponemos a las diferentes experiencias de la vida; nos orientan en nuestra manera de sentir y de actuar. Lo óptimo para nuestra existencia es poseer una filosofía nutritiva que nos impulse a encontrar sentido para nuestro día a día, un sentido para el dolor y el sufrimiento, un sentido para las alegrías y el éxito, y, por supuesto, también para el fracaso. Dado que ninguna existencia humana es perfecta y el «vivir» implica necesariamente tener que sufrir, cada uno de nosotros adoptará una filosofía que represente el pilar a partir del cual construiremos nuestras fortalezas, o bien, el sótano donde esconderemos nuestras debilidades y frustraciones; pero, sobre todo, dicha filosofía será la base sobre la que nos apoyaremos o nos devastaremos durante nuestras crisis, nacidas de nuestras más grandes vergüenzas y secretos. Muchos de los componentes de nuestra filosofía de vida tienen que ver con lo que aprendimos directamente de la filosofía de vida de nuestros padres, esencialmente de nuestra madre. En algunas ocasiones repetimos los componentes que nos hacen sentir seguros y sólidos, y en otras, buscamos una ideología de vida que poco tenga que ver con nuestra madre.

Esto fue lo que le sucedió a Manola. Cuando respondió al cuestionamiento sobre su madre, descubrió que en la gran mayoría de los recuerdos que afloraron ella estaba comiendo, siempre comiendo, sin poder parar. Fue consciente de que, cuando era niña, en varias ocasiones se despertó en la madrugada para acercarse a la cocina y descubrir a su madre teniendo atracones, comiendo con el refrigerador abierto, directamente de las tarteras donde se guardaban los restos de la comida o de la cena. «Mi madre siempre olía a palomitas, o a chocolate, o a papas fritas...», evocó, desaprobando con la cabeza. «Todo en su vida gira alrededor de la comida, y recuerdo que se enojaba mucho cuando decía que tenía hambre y no traía comida en su bolsa», me platicó Manola después de elaborar genograma de su madre. «No todo se resuelve con comida, no todo se alivia con comida, no todo se anestesia con comida». Y con esta frase, Manola descubrió su aversión al acto comer compulsivamente: el poder que tiene para anestesiar lo que no está bien, las emociones que no nos gusta sentir. Fue la pieza que necesitábamos para entender el rechazo excesivo que Manola siente hacia comer en exceso. Sentados a la mesa, parecería que eran una familia con altos niveles de intimidad en la comunicación, pues las sobremesas duraban por horas y, aunque eran comidas divertidas, el invitado más importante nunca dejó de ser el plato fuerte y el postre que delicadamente había preparado su madre esa mañana. «Nada puede ser más importante en la familia que comer: ni una enfermedad, ni la muerte de mi tío, ni el divorcio de mi hermana menor, ni siquiera el infarto que tuvo mi mamá hace nueve años. Ni siquiera su pancreatitis. Solo pensaba en salir del hospital para comer con "dignidad". ¿Puedes imaginar que en terapia intensiva de lo único que hablaba era del cocido madrileño que prepararía cuando regresara a la casa?». Fue como si Manola no pudiera creer lo que estaba recordando.

De este modo me enteré que la madre de Manola pesa ciento diez kilogramos y su padre, ciento veintidós. Ambos son comedores compulsivos, al igual que una de sus hermanas, quien subió más de veintiocho kilos tras su divorcio. Sin embargo, las razones que Manola tenía para rechazar el comer compulsivamente influyeron directamente en el comportamiento y las actitudes que tenía con su hija, lo que tristemente contribuyó a que Viviana rechazara su cuerpo y lo apaleara una y otra vez mediante el vómito y los laxantes, como forma de castigo. «Viviana es la nieta que más se parece a mi madre: tiene esa estructura gruesa, fuerte, vasca, y desde chiquita comía de todo y por su orden». Ni Manola ni yo necesitábamos ser la reencarnación de Freud para entender el hilo conductor entre su madre y el trastorno de la conducta alimentaria que había desarrollado su hija.

Hablando de genogramas y de la madre, Monika Mac Goldrich y Rondy Gersan, en su libro *Genograms in Family Assessment* (1985), hablan del «decálogo de la madre» y del «decálogo del padre» para poder identificar cuáles son esos introyectos, esos «mandamientos» que para los padres son fundamentales y en los cuales basan su filosofía de vida y la educación de sus hijos. Ellos también aseguran que esta información pudo haber sido expresada de manera verbal, o bien, codificada; lo cierto es que la recibimos como algo que teníamos que respetar y acatar para ser considerados unos buenos hijos. Evidentemente, en todas las familias existe una doble moral: una que indica cómo deberíamos vivir, y otra, secreta, que ejemplifica cómo se vive en realidad. Parte de descifrar nuestra historia es entender la filosofía de vida de nuestra madre, sus principios inamovibles, sus dobles mensajes y su doble moral.

Estos pueden ser algunos ejemplos de ese decálogo que proviene de tu madre y que secretamente guardaste en tu mente inconsciente como introyectos que reforzaron tu lealtad hacia ella, que te han llevado a repetir ciertos patrones de conducta que ya no te funcionan y que te dañan más de lo que te nutren en la vida.

- No mentirás, a menos que lo hagas de manera discreta.

- No cometerás adulterio, excepto si lo cometes con alguien que no ponga en riesgo a tu familia.

- Serás célibe hasta el matrimonio, pero solo si eres mujer.

- Honrarás a tu padre y a tu madre al punto de ir en contra de ti mismo.

- Respetarás las fiestas y actuarás como si nada hubiera pasado después de la borrachera de ayer.

- Primero verás por los demás, para anularte totalmente como ser humano.

- Te sentirás orgulloso de tu pasado, a menos que te ponga en peligro.

- Eres una mujer valiosa, siempre y cuando te cases y tengas hijos.

- El dinero no es lo más importante, siempre y cuando te sobre y no tengas que trabajar.

- No permitirás que nadie abuse de ti, a menos que sea tu abuelo al que todos le tenemos miedo.

- Elige libremente a tu pareja, siempre y cuando yo esté de acuerdo con ella.

- Lo más importante es que seas feliz, después de que hayas cumplido todas las expectativas que tenía para ti.

- Sé auténtico, siempre y cuando elijas lo mismo que yo.

La gran mayoría de los mandamientos dictados por nuestra madre los aprendimos de manera totalmente encubierta. Estas reglas no son verbales: se van afianzando con el paso del tiempo a través de su comportamiento, de lo que secretamente aplaude o rechaza de nosotros.

Al hablar de todo lo anterior con Manola, su tarea consistió en analizar y escribir los mandamientos, con todo y sus dobles mensajes, en los que ella basaba su comportamiento y la educación de sus hijos. En nuestra siguiente sesión, Manola, impresionada con lo que había encontrado, me compartió lo siguiente:

1. Disfruta de la vida, pero siempre con medida.

2. Disfruta de tu cuerpo, siempre y cuando tengas un cuerpo delgado.

3. Sé distinguido y cuida tu figura.

4. Ámate a ti mismo y nunca subas de peso.

5. Sé discreto, no llames la atención.

6. Vive tus pasiones, pero que nunca te saquen de control.

7. Sé feliz, pero siempre con control.

8. Sé auténtico, pero escóndete para realmente lograrlo.

9. Fíjate en lo importante, en los valores, siempre que vayan acompañados de un cuerpo estético.

10. Lo más importante es la salud, después de la apariencia, ¡claro!

Para Manola, este ejercicio fue revelador, mucho más de lo que yo hubiera supuesto. Le permitió encontrar el hilo conductor que vinculaba un pasado lleno de hambre y miedo por la guerra, el refugio emocional en el que se convirtió la comida en su familia de origen, hasta llegar a su propio rechazo hacia la gula y finalizando con la enfermedad emocional que desarrolló su hija. Hasta ese momento Manola pudo asimilar el daño que sus creencias y su comportamiento habían generado en su hija mayor. No significa que Manola haya sido la responsable de la bulimia en la que cayó Viviana; sin embargo, las incongruencias entre lo que Manola decía y lo que realmente transmitía de manera no verbal necesitaban manifestarse con algún síntoma dentro del sistema familiar, y un trastorno de la conducta alimentaria es uno de los más comunes que desarrollan las adolescentes.

Por eso es tan importante reflexionar sobre la comunicación que establecemos con nuestra madre. En ella podemos encontrar, como subtextos de un guion de teatro, los secretos que no hemos logrado descubrir acerca de nuestro aprendizaje primario.

Otra manera de revelar las verdaderas creencias incluidas en la filosofía, los principios y los valores de un ser humano es escuchar los dichos o frases que dice a menudo y que lo caracterizan. Los dichos, al igual que los chistes y las bromas que hacemos en la vida cotidiana, nos dan una clara idea del sentido del humor de una persona, pero también son un indicador de sus prejuicios y de lo que considera motivo de burla. Nos advierten también los temas sagrados o tabúes, los que no se pueden tocar, ni de broma, como decimos coloquialmente.

Ciertamente, nuestra madre carga con muchos deseos, expectativas, miedos y secretos que nunca nos ha revelado explícitamente. Al igual que casi todos nosotros, ella también guarda ciertos resentimientos hacia sus padres y hacia su historia de vida. Detrás de muchas de sus decepciones y del peso excesivo que quizá te haya hecho cargar con su rigidez, tal vez exista una enorme insatisfacción secreta con respecto a su vida. A lo mejor, como en el caso de mi madre, debajo de su amargura y sus exigencias irracionales, existe en tu madre un enojo secreto hacia ella misma por la vida que eligió. A menudo sucede que, cuando una madre reprende constantemente a sus hijos de manera física o verbal, está desplazando hacia ellos el enojo que guarda hacia su pareja, sus padres, su economía, o incluso hacia la maternidad que escogió y que en el fondo no deseaba. Al escribir el libro de *Padres Tóxicos: legado disfuncional de una infancia* (2014), descubrí que los hijos buscamos a toda costa satisfacer a nuestros padres para asegurar su cariño y su aceptación. Aun si ellos no han expresado conscientemente sus expectativas, nuestra mente inconsciente las capta y nos esforzamos día tras día tratando de vivir la vida que ellos hubieran querido para sí mismos. Aquí radican los secretos más oscuros de nuestros padres, en la vida que secretamente desean para nosotros y que de cierta manera buscan imponernos. Manola, sin darse cuenta, le enseñó a su hija que, para ser valiosa y respetada por ella, tenía que ser delgada, a toda costa. Nunca se habló directamente, ni siquiera se lo pidió de manera implícita; era un deseo inconsciente, una condición que Manola estableció para que su hija fuese valorada.

Bradshaw (1995) habla también sobre la importancia de la manera en que nuestra madre vive su vida sexual, ya que su opinión en el tema se reflejará en nuestras creencias, actitudes, sentimientos y comportamientos con respecto al sexo. En el mejor de los casos, nuestros padres nos transmitirán que la sexualidad es algo natural, hermoso, cotidiano y libre de maldad o pecado, y al mismo tiempo nos enseñarán a cuidar nuestro cuerpo como si fuera un templo, ayudándonos a establecer límites congruentes y sanos en nuestra relación con los demás. A su vez, en el mejor contexto, serán discretos con su vida sexual y cuidadosos en el contacto físico con sus hijos, encontrando un equilibrio entre la calidez y el respeto. Tristemente, el mejor escenario rara vez ocurre y gran parte de los tabúes, lastres psicológicos y complejos que cargamos en la vida adulta con respecto a nuestra sexualidad tienen que ver con lo que abierta o veladamente nuestros padres creían acerca de su propio cuerpo, de su plenitud sexual y del equilibrio que lograron adquirir con respecto a una vida sexual discreta y satisfactoria a la vez.

De igual manera, Bradshaw propone que quizás valga la pena evaluar cómo era la socialización de nuestra madre y observar si, en este sentido, hemos repetido un patrón de conducta. La madre de Manola, por ejemplo, siempre les hizo saber a sus hijas que «las amigas iban y venían», pero que lo que siempre permanecía era la familia, así que nunca propició que sus hijas invitaran a sus amigas a la casa. Las comidas familiares de sábado y domingo eran totalmente obligatorias, por lo que Manola y sus hermanas se acostumbraron a dejar de pedir permiso para ir a comer con amigas o para pasar fines de semana con ellas en alguna casa de campo durante la adolescencia. ¿El resultado? «Solo conservo a dos amigas de la preparatoria y a dos de la universidad. ¡Claro! Es algo que aprendí de mis padres. La amistad no era valorada, solo importaban los lazos familiares; y veo que mis hijos lo están repitiendo también. Ninguno es amiguero y rara vez van a planes con sus amigos», reflexionó Manola al hablar de la escasa red de apoyo que había desarrollado a lo largo de los años. Intentar comprender los secretos que hemos arrastrado a lo largo de nuestra historia, sin analizar a nuestra madre, será empresa difícil.

Recuerdo que hace muchos años vi una película que dejó una huella importante en mí: *City Slickers* (1991). Fui a verla con Fernando y Ernesto, dos de mis mejores amigos. La trama no es nada del otro mundo; de hecho, es bastante zonza: una comedia en la que tres amigos que enfrentan la crisis de los cuarenta se van a un rancho a olvidarse de todo por un rato. En un momento de la película, uno de ellos les hace una pregunta a sus otros dos amigos: ¿cuál fue el mejor y el peor día que pasaste con tu padre? Me llamó tanto la atención que todavía recuerdo que, después de salir del cine, durante la cena, les repetí a mis amigos la pregunta, y cada uno de nosotros la contestó en voz alta. Hoy en día es una pregunta que frecuentemente les hago a mis pacientes, con respecto a ambos padres, cuando estamos revisando su infancia y la relación con su familia de origen. ¿Te imaginas lo interesante que sería hacerle esta pregunta al escritor de *México negro*? ¿Todo lo que quizá nos podría revelar acerca de su infancia?

«¿El mejor día con mi madre?», repitió en voz alta Manola. «Quizás el día que fuimos a escoger mi vestido de novia. Mis hermanas llegarían más tarde y estábamos ella y yo en la tienda. Se sentó con toda la paciencia en un banco y observó todos los vestidos que me probé con los ojos de una madre que ama. Nunca me presionó, aunque se atravesó la hora de la comida. Con todos decía lo mismo: "Serás la novia más guapa del mundo. Tus abuelos estarían orgullosos de ti". Y cuando finalmente escogí el vestido, se acercó, me dio un beso y me dijo que admiraba la mujer en la que me había convertido. Fue un día que solo me dedicó a mí», me contó con cierto dejo de nostalgia.

«¿El peor día con mi madre?», volvió a preguntarse en voz alta. «Sin duda el día que le dio el infarto y la pancreatitis. Era de noche y yo ya estaba dormida. Me despertaron los gritos de Begoña. Mis padres habían ido a una boda y mi madre había comido y bebido demasiado. Era tanto su dolor que se desvaneció, parecía que estaba muerta. Yo pensé que se nos había caído ahí, muerta. Tuvimos que llamar a una ambulancia, y tardamos una eternidad en llegar al Hospital Español. Le salvaron la vida de milagro. Eran dos diagnósticos graves: un infarto masivo y una pancreatitis aguda. Estuvo casi tres semanas en terapia intensiva y dos más hospitalizada; cuando entraba a visitarla, solo me decía que tenía hambre y que le llevara de comer. Fue horrible, una angustia espantosa», recordó Manola con una mezcla de enojo y angustia. Entonces fue inevitable preguntarle lo siguiente: «Si le preguntáramos a Viviana cuál ha sido el mejor y el peor día contigo, ¿qué contestaría?». Manola me miró fijamente y se soltó a llorar como nunca antes. Puedo decir que esa sesión fue trascendental en su proceso. Ella me dice que con esa pregunta logró ser realmente empática con Viviana y que le quedó claro el camino que tenía que recorrer para poder ayudar a su niña y recuperar la relación madre-hija.

VIII. SECRETOS
RELACIONADOS CON EL PADRE

No cabe duda que, de músico, poeta y loco, todos tenemos un poco, o por lo menos eso dice el refrán. No obstante, hay genios que rebasan el poder de lo creativo hasta llegar a transformar los cánones de lo estético y grandioso. Esto trae a nuestra mente las pinturas de esos famosos relojes derretidos en paisajes desérticos, o las fotos de un hombre delgado con los ojos desorbitados y un par de bigotes afilados. ¿Cómo no pensar en Salvador Dalí y su surrealismo? ¿En su polémica relación con Gala, su musa? ¿Qué sucedía entre Dalí y la muerte, que tanto lo atormentaba? ¿Cómo comprender a un hombre tan valiente que al mismo tiempo vivía con tantas fobias que lo paralizaban? Salvador Dalí, como muchos de nosotros, tuvo una infancia complicada y, en ella, un padre que marcó su vida para siempre.

En su autobiografía, *La vida secreta de Salvador Dalí* (1942), el pintor nos deja entrever desde el comienzo esbozos de la dificultad en la que se vio inmerso su nacimiento. Nació el 11 de mayo de 1904, en el pueblo de Figueres, Girona. Su padre, Salvador Dalí i Cusí, fue notario y se casó con Felipa Domènech Ferrés. El matrimonio Dalí i Domènech tuvo a su primer hijo en 1901, un niño de nombre Salvador. Sí, el hermano mayor de Salvador Dalí también se llamaba Salvador. Dalí relata que él nació nueve meses y diez días exactos después de que sus padres hubieran enterrado a su hermano mayor, a quien dijo parecerse «como dos gotas de agua». El primogénito de la familia murió debido a una meningitis, aún siendo muy pequeño. Cuando el pintor nació, su padre fue implacable: se llamaría Salvador, igual que él y su primer hijo, y así lo bautizaron: Salvador Domingo Felipe Jacinto Dalí i Domènech. Cuatro años después, el matrimonio Dalí i

Domènech tuvo a su única hija: Ana María. En su obra *Sex, Surrealism, Dalí and Me: A Biography of Salvador Dali* (2011), Clifford Thurlow habla sobre los orígenes del surrealismo del pintor expresando que, desde la niñez, su vida parecía ser una película llena de anécdotas difíciles de creer. Thurlow narra, por ejemplo, que los padres de Dalí lo llevaron a la tumba de su hermano, y su padre le dijo que él era la reencarnación de su hermano mayor. ¿Imaginas el impacto que fue para un niño de cinco años llevar el mismo nombre de su hermano fallecido y creer que eran la misma persona? Ahora es ampliamente conocido que el padre de Dalí sufría de paranoia.

Amparo Belloch Fuster y Héctor Fernández-Álvarez detallan de manera accesible y clara lo que implica este padecimiento en su *Tratado de trastornos de la personalidad* (2010). Según lo indican, en la psiquiatría se describe con esta condición mental a quienes sufren de delirios autorreferentes, lo que implica que el individuo tenga ideas irracionales acerca de lo que está viviendo. Esto conlleva una marcada pérdida del contacto con la realidad, un notable detrimento de la autocrítica y la arraigada creencia de que la propia percepción es un reflejo fidedigno del mundo real, cuando de hecho solo se trata de la conjunción de coincidencias y de ideas falsas que, aunque pueden parecer lógicas y congruentes, consisten solo en hipótesis sin fundamento. La paranoia es una enfermedad crónica que avanza lentamente. Los paranoicos tienden a apelar al mecanismo de la proyección para enfrentar sus frustraciones y sus insatisfacciones, y responsabilizan a los demás de sus tensiones, sus miedos y sus fantasías. Belloch Fuster y Fernández-Álvarez aseguran que una mente paranoica no acepta opiniones diferentes a lo que dictan las propias, sino que, por su rigidez e irracionalidad, se limitan a interpretar signos que les permitan confirmar sus prejuicios.

La manía persecutoria, uno de los síntomas clave que padecía el padre de Dalí, es uno de los pensamientos más angustiantes que afectan a las personas con paranoia: estos individuos tienen la sensación de ser perseguidos y acechados por fuerzas poderosas e incontrolables que, en muchas ocasiones, son supernaturales. Esta es la razón de que a menudo se encuentren a la defensiva, se sientan inseguros aún en situaciones cotidianas y crean que el mundo es un lugar peligroso en el que es necesario siempre anticiparse a la traición. ¡Pues con menudo padre tuvo que lidiar Dalí! Dentro de su paranoia, el notario creía que la meningitis de su hijo había sido el castigo divino por haber ido a un burdel: estaba convencido de que él había contagiado a su primogénito. Como consecuencia, obligó a sus dos hijos, durante su niñez, a observar en las ilustraciones de un libro de medicina las malformaciones, las llagas y las fealdades causadas por las enfermedades venéreas. Esta visión persiguió al pintor durante toda su vida. Su padre estaba convencido de que educaría correctamente a sus hijos en materia de sexualidad si los ponía al tanto de lo que podría sucederles si tenían relaciones sexuales; los colmó entonces de imágenes de órganos sexuales llenos de pus, horriblemente deteriorados, recordándoles que el sexo era malévolo. ¿Cómo hubiera podido Dalí aspirar a una sexualidad sana con todo lo anterior? Por si fuera poco, su madre falleció en 1921 de cáncer de útero, cuando él contaba con solo dieciséis años. En su autobiografía, Dalí asegura que fue el golpe más fuerte que recibió en la vida. «La adoraba, era un ángel y la miel de la familia», escribió, refiriéndose a ella. Después de la muerte de su madre, el padre de Dalí contrajo matrimonio con la hermana de su esposa fallecida; el pintor nunca pudo ni aprobar ni perdonar este hecho. Preso por la evolución de la paranoia, el padre de Dalí se quitó la vida en 1950. Jamás pudo construir una relación cercana con su hijo, pues a lo largo de la vida habían tenido muchas desavenencias; la más importante fue la relación que Dalí mantuvo con Gala.

¿Y cómo haber aspirado a algo menos que a la locura con esta infancia? Thurlow explica que, sin lugar a dudas, la relación que tuvo con su única mujer, Helena Diakonoff —a quien bautizó como Gala— fue todo menos convencional. Dalí comenzó a relacionarse con el grupo surrealista de la época, conformado, entre otros, por René Magritte, Paul Éluard, Marx Ernst y René Crevel; este último se convertiría en un gran amigo de Dalí y, de hecho, se sospecha que fueron amantes. Gala provenía de ese entorno lleno de pensamiento mágico, de sesiones espiritistas y de lectura de tarot.

Thurlow afirma que pocos amores han sido tan extremos, exaltados y sinceros como el que Salvador Dalí sintió por la única mujer de su vida.

Dalí y Gala no tenían una relación carnal; era más bien una sexualidad mística, llena de misterio y de la búsqueda de lo paranormal. Gala parecía tener poderes especiales; era médium y conducía sesiones espiritistas en las que Dalí afirmaba haber hablado con su hermano, además de encontrar algo de sentido en su muerte. Dalí se refugió emocionalmente en Gala y aceptó abiertamente que ella tomara las grandes decisiones con respecto a su vida profesional. Dalí nunca pudo liberarse del todo de los miedos que aprendió de su padre, aunque pudo sortearlos de mejor manera con la presencia de Gala y su manejo mágico y supernatural de la vida cotidiana.

Sobre Gala y la muerte, Dalí escribió lo siguiente en su autobiografía:

> En el erotismo hay dos fuentes de creación: el miedo, la angustia de la muerte. Y la pasión erótica. Y las dos están presentes, constantemente, en mi obra.

El estudio de la familia ha evolucionado y el conocimiento que tenemos sobre el rol que tiene el padre dentro de la familia ha ido en aumento. La relevancia del papel masculino en el desarrollo del niño se ha revalorado con el paso del tiempo. Anteriormente, se creía que el vínculo realmente importante con el bebé era el de la madre y que el padre debía concentrarse principalmente en ser el proveedor económico de la familia, la figura de poder y autoridad, aquel que resolviera las crisis emocionales en los momentos más difíciles. Su presencia cotidiana y el contacto emocional no eran considerados indispensables, hasta ahora, cuando la mujer ha logrado alcanzar cierta equidad de género en muchas áreas de la vida, incluyendo la profesional. Ahora sabemos que para que el niño pueda desarrollar una estructura sólida de personalidad, necesita de la presencia, el cariño, la contención y la intimidad de ambos padres. La madre, por muy presente y amorosa que sea, solo podrá ser una buena figura materna. No podrá jamás compensar a la figura paterna, por lo que para que el niño se desarrolle saludablemente, su padre necesita formar parte de la vida cotidiana del hogar y de su cuidado, incluso si los padres están separados o divorciados.

Margo Maine, en su obra *Father Hunger: Fathers, Daughters and the Pursuit of Thinness* (2004), introduce un concepto bastante novedoso para la psicología clínica: el hambre de hombre. Maine usa este término para explicar que los hijos que no tuvieron una figura paterna sólida y amorosa en la infancia, o aquellos que crecieron con un padre ausente o con un padre abusivo, tendrán tanta carencia del cariño de una figura masculina que en la adolescencia y en la adultez buscarán relacionarse de manera complaciente, sumisa y temerosa con la figura del hombre. Aunque Maine dedica gran parte de su libro a la psicología de las hijas con padres ausentes, explica que la ausencia de una figura paterna congruente, cálida y estable afecta tanto a los niños como a las niñas. Los varones tenderemos a desarrollar problemas con la figura de autoridad masculina y las mujeres tenderán a relacionarse de manera dependiente con ella; es decir, con constante miedo al abandono y con la creencia irracional de que habrá que hacer lo que sea para que los hombres permanezcan a su lado.

Kevin Leman es un prestigioso psicólogo y columnista del *New York Times*. Como padre de cuatro mujeres, asegura que aunque durante siglos se minimizó la importancia del padre para las hijas; hoy tenemos conciencia de que la relación de las niñas con sus padres influirá en el desarrollo de una adolescencia equilibrada, sin tanta rebeldía, así como en el cuidado de su cuerpo para no exponerlo a experiencias sexualmente dolorosas.

Leman retoma la tesis de Margo Maine en su libro *Sé el papá que ella necesita: la huella indeleble que un padre deja en la vida de su hija* (2014). Recalca la importancia de una figura paterna en la vida de todo niño, sin que esta sea necesariamente el padre biológico; sin embargo, es necesario que ejerza las funciones de una autoridad masculina, que ofrezca amor y seguridad al niño, le trasmita valores y le señale límites con congruencia. Tanto Maine como Leman enfatizan que el rol paterno es la principal figura de apoyo y de seguridad para los hijos; la sana interacción con su padre propiciará el desarrollo de una personalidad firme, con una sólida confianza en sí mismo y con la capacidad para relacionarse de manera funcional y adaptativa en el mundo exterior. La sana socialización del menor dependerá en gran medida de la relación que tuvo con su padre. Leman asegura que, particularmente para las niñas, la relación más importante durante su infancia es la que establecen con su padre, ya que de ella dependerá su autoconcepto, su capacidad para tomar decisiones, su manera de conducirse en el mundo, su fortaleza de espíritu y la valía de su feminidad. Kevin Leman afirma que, aunque el Día de las Madres posee gran simbolismo en Estados Unidos y Latinoamérica, es el «hambre de hombre» —un padre ausente o uno que no funge su rol como debería— lo que irremediablemente dejará una carencia emocional en los hijos, particularmente en las mujeres, misma que no podrá ser compensada por nadie.

Al igual que ocurre con la figura de la madre, cuando empezamos a investigar los secretos que provienen de nuestra figura paterna, es importante analizar su respectiva historia, su genograma, en aras de comprender a fondo la imagen que tenemos acerca de él. Mucho de lo que necesitamos reincorporar a nuestra conciencia depende de las experiencias que tuvimos con él cuando éramos niños. De nuevo, no es particularmente importante acordarnos detalladamente de las experiencias, sino de los sentimientos que las acompañaron. Muchas de las preguntas que los psicólogos realizamos para el análisis de la figura paterna son muy similares a las que revisamos en el capítulo anterior a propósito de la figura materna. Estas interrogantes sirven para identificar algunos recuerdos bloqueados y las emociones asociadas con el padre.

- ¿Cuál es el primer recuerdo que tienes de tu padre?

- ¿Cuál es el primer hogar que recuerdas haber compartido con tu padre? ¿En qué parte de la casa estaba la mayor parte del tiempo?

- ¿Cuál era la vestimenta con la que recuerdas a tu padre con mayor claridad? ¿Cambiaba su vestimenta los fines de semana?

- ¿Cómo recuerdas que se siente ser un niño pequeño y estar cerca de tu padre?

- ¿Cómo era la voz de tu padre? ¿Recuerdas oírlo cantar?

- ¿A qué olía tu padre? ¿Te gustaba este olor?

- ¿Cómo recuerdas haber sido tratado por él?

- ¿Recuerdas a tu padre dirigiéndose a ti mirándote a los ojos?

- ¿Cuál es la actividad que más vívidamente recuerdas haber realizado con tu padre cuando eras niño?

- ¿Cómo mostraba tu padre su afecto?

- ¿Cómo mostraba tu padre su enojo? ¿Recuerdas haber sentido miedo hacia él?

- ¿Cómo te premiaba tu padre?

- ¿Cómo te castigaba tu padre?

- ¿Qué es lo que más te gustaba de tu padre?

- ¿Qué es lo que menos te gustaba de él?

- ¿Recuerdas alguna muestra de afecto por parte de tu padre que te gustara particularmente?

- ¿Recuerdas haber sido golpeado fuertemente por tu padre alguna vez?

- ¿Era tu padre un buen proveedor?

- ¿Tu padre estaba presente en tu vida diaria? ¿Recuerdas que comiera o cenara contigo cotidianamente?

- ¿Recuerdas alguna vez que tu padre te haya ofendido? ¿Que te haya ofrecido una disculpa?

- ¿Recuerdas alguna o varias veces en las que tu padre te haya mentido?

- ¿Cuáles son los secretos que has ido descubriendo de él y que te ocultó a lo largo de la vida?

- ¿Sospechas de algún secreto que haya guardado hasta ahora, o hasta su muerte?

- ¿Hay algo particular que le agradezcas además de haber sido tu padre?

- ¿Hay algo que aún no logres perdonarle a tu padre?

Dalí arrastró los aprendizajes de su padre, aun después de su muerte. En su autobiografía, entre muchos otros datos, revela que para 1929 él no había tenido relaciones sexuales y no tenía el menor interés en hacerlo: sentía miedo y rechazo hacia ellas. Las imágenes que su padre le enseñó desde niño afectaron irremediablemente su sexualidad. Baudoin, en su libro *Dalí* (2016), explica cómo aun cerca de sus treinta años, la personalidad y la sexualidad del pintor eran inmaduras y patológicas. Era como un niño temeroso en el cuerpo de un adulto. Llegó a tener una amistad muy cercana con Federico García Lorca, quien era abiertamente homosexual. Mucho se estipuló en aquella época acerca de un posible romance entre los dos artistas; sin embargo, Dalí siempre se declaró no-homosexual, y aseguró que nunca experimentaría la sexualidad con un hombre, no tanto por escrúpulos morales, sino por el terrible miedo a la penetración anal y a toda forma de contacto carnal con otro hombre que pudiera infectarlo de alguna enfermedad venérea. Por ello, la gran pasión sexual de Dalí durante toda su vida fue la conjunción de la masturbación y el voyerismo. Por extraño que pueda parecer, la relación entre Dalí y su musa fue prácticamente casta; Baudoin afirma que en el entorno de la pareja se decía que jamás habían hecho el amor, lo que probablemente fuera cierto, dadas las dificultades para el contacto físico que tenía el artista. No obstante, ninguno de los dos develó completamente el secreto de su vida sexual. Nunca sabremos si Dalí murió sin haber copulado.

El miedo de Dalí por el contacto físico alcanzó tal extremo que incluso en sus experiencias voyeristas, a las que era abiertamente adepto, guardaba una prudente distancia de por lo menos tres metros. Dalí aseguraba que, si se acercaba a una mujer desnuda, las imágenes de aquel libro que yacía en el comedor de la casa de sus padres, con todas esas imágenes de órganos sexuales terriblemente infectados, regresaban a su mente. Dalí confirmó esta información en una entrevista que dio al periodista Manuel Del Arco en 1952, en Barcelona. Aun después de la muerte de su padre, sus introyectos y sus fobias lo persiguieron durante toda su vida.

A lo largo de su obra, el doctor Kevin Leman hace hincapié en la importancia que tiene la paternidad en la vida de un menor. Asegura que gran parte de nuestra capacidad de confiar y de caminar libremente por el mundo están vinculadas en gran medida a nuestra figura paterna y a la presencia que tuvo en nuestras vidas. Concretamente, define que un padre ideal necesita transmitir a sus hijos lo siguiente:

- La certeza de que cada uno de ellos es valioso, único y especial.

- Disciplina con amor, no con violencia.

- La verdad de lo que está sucediendo a su alrededor.

- Franqueza y total honestidad en la comunicación.

- La certidumbre de que el mundo es un lugar seguro y que el niño puede confiar en su capacidad de cuidarse a sí mismo.

- Reconocer más los aciertos del niño, en lugar de las fallas.

- La importancia de saber conciliar en un conflicto, ya que el amor siempre debe ser más importante que el orgullo o la soberbia.

- El derecho de elegir libremente sobre su vida, pues cada hijo es responsable de sí mismo y de su felicidad.

- La importancia del amor, la honestidad, la responsabilidad y el respeto para la construcción de las relaciones en pareja.

Claramente, el padre de Dalí no logró el cometido del que habla Leman. El pintor vivió una existencia atormentada, debatiéndose entre la realidad y la fantasía. A lo largo de toda su vida, Gala fue una mujer que se jactaba de su libertad: nunca aceptó sentirse condicionada ni coartada ante nada ni ante nadie, de tal modo que impuso su voluntad donde quiso, aun en la vida del artista. Era sabido que Gala dominaba la vida de Dalí. Frecuentemente se expresaba con modales groseros, bruscos, agresivos y sin refinamiento. Dominaba el arte adivinatorio del tarot, excusa para manejar la agenda y las negociaciones con los galeristas y con los compradores directos de Dalí. Thurlow, quien define a Gala como una mujer altamente manipuladora e interesada, asegura que condicionó a Dalí, día a día, durante cincuenta años. En su autobiografía, Dalí declara que «Gala es una médium de verdad... Gala nunca, nunca, se equivoca. Lee las cartas con una seguridad asombrosa. Le predijo a mi padre el curso exacto de mi vida. Anunció la enfermedad y el suicidio de René Crevel. Ha predicho mis éxitos como también sabe de mis fracasos».

Nuestro padre, al igual que lo que sucede con nuestra madre, tiene una filosofía de vida en la cual sustenta sus principios y sus decisiones, y que nos transmite consciente o inconscientemente aun cuando no nos percatemos de ello. Parte de las tareas que necesitamos llevar a cabo para descifrar nuestro origen, nuestra historia, nuestros secretos y nuestra manera de percibir la vida es tratar de entender la filosofía de vida de nuestro padre, sus creencias rígidas, sus dobles mensajes y su doble moral. No podemos superar algo que no comprendemos.

El 50 % de nuestra carga genética proviene de nuestra familia paterna y junto con ella, una serie interminable de incógnitas y de secretos.

Somos el resultado también de su historia y de sus experiencias. No por nada dice el dicho: «Hijo de tigre, pintito».

ıx. LA INFIDELIDAD
Y SUS SECRETOS

El mundo de los secretos es amplio y apasionante; sin embargo, la gran mayoría de ellos gira alrededor de los mismos temas. Sin lugar a dudas, la infidelidad se posiciona en primer lugar. Ser monógamo no es asunto fácil para el ser humano, y mantener una relación extramarital en el anonimato es aún más complicado. Hay un sinfín de infidelidades que han cambiado la historia de muchos: familias enteras que se han desgranado, vidas profesionales que se han hecho añicos, amistades de años que terminan en desgracia, matrimonios que culminan en asesinatos y, en algunos casos, incluso existieron amoríos que cambiaron el rumbo de la humanidad.

Hablar de infidelidad es abordar uno de los temas más polémicos que existen dentro de las relaciones de pareja. La infidelidad es una traición tan poderosa que puede llevar a un ser humano al límite y destruir el proyecto de vida que ha construido junto a otra persona a lo largo de los años. En algunos casos, logra cimbrar a una pareja herida de tal manera que la obliga a despertar, a activar el motor que en algún momento dejó de funcionar y, de este modo, retomar el compromiso que alguna vez pactaron sus miembros. En otros casos, desencadena sentimientos tan intensos que pueden conducir a una persona herida al suicidio o al asesinato.

La infidelidad es un término totalmente subjetivo, ya que para cada persona —y por lo tanto, para cada pareja— significa algo diferente. Todos tenemos nuestro propio concepto de lo que es ser infiel. La Real Academia de la Lengua Española (RAE) define infidelidad como aquello que se produce cuando un individuo no respeta la lealtad que le debe a alguien o a algo. Un acto infiel es aquel en el que no se mantiene el compromiso asumido o en el que no se actúa con rectitud. Es muy difícil señalar el punto exacto en el cual un individuo deja de ser fiel a su pareja. Para algunos, ser infiel implicará el simple hecho de que su pareja mire de reojo y con deseo a otra persona, mientras que para otros empezará hasta que exista amor hacia un tercero. Para ciertas personas, la infidelidad estará más ligada a la sexualidad que a los sentimientos; mientras que para otras la importancia recaerá en los sentimientos, el patrimonio y el abandono del proyecto de vida en común, con la sexualidad en un segundo plano. Algunas parejas prefieren mantener relaciones abiertas, es decir, permiten que ambos compañeros tengan relaciones sexuales con otras personas; en estos casos, la infidelidad ocurre solo cuando se establece un vínculo amoroso con alguna de las parejas sexuales adicionales; en otros casos, la infidelidad existirá desde el momento en que exista cualquier tipo de contacto físico con un tercero.

El tema de la infidelidad es extremadamente subjetivo y personal. Para abordar de manera pertinente los secretos y las mentiras que conlleva, es necesario que cada uno de nosotros responda y reflexione sobre las siguientes preguntas, pues ayudarán a definir una concepción propia de lo que es la infidelidad y del peso que tiene en nuestras vidas.

- ¿Cuándo empieza para ti la infidelidad en pareja?
- ¿Crees que podrías llegar a perdonar una infidelidad de tu pareja?
- ¿Qué es lo que crees que lleva a una persona a ser infiel?
- ¿La infidelidad es responsabilidad de ambos miembros en la pareja o solo es responsable quien cometió la falta?
- Cuando existe un acto infiel, ¿significa que terminó el amor en pareja?
- ¿La infidelidad es una decisión personal o es un inevitable patrón cultural de conducta ?

Estas preguntas, junto con otras ochenta más, me vienen a la mente cuando pienso en la ruptura de mi matrimonio y en las decenas de parejas con las que he trabajado y que han sido víctimas de la infidelidad. Créeme: cuando se descubre la infidelidad, sufren ambas partes. Es muy doloroso ser traicionado; el dolor te llega hasta el tuétano, pero duele igual darte cuenta del dolor que tu traición ocasionó en tu compañero. No hay «buenos» ni «malos» en la relación de pareja. La infidelidad es una herida profunda que lastima a la pareja y, por lo tanto, a cada uno de los miembros que la conforman. A veces los seres humanos fallamos terriblemente, no por ser malos, sino porque somos falibles, irresponsables, porque nos sentimos desesperados o porque somos inconscientes y no medimos las consecuencias que tendrán nuestras acciones. Francesco Alberoni, en *Enamoramiento y amor* (1979), explica que en la vida cotidiana nuestros verdaderos deseos se manifiestan en forma de fantasías, muchas de ellas sexuales, ya que la vida diaria termina por absorbernos y nuestras acciones se reducen a estar siempre haciendo algo para el otro y no para nosotros mismos. En general, es poco común que nos sintamos totalmente satisfechos o plenamente comprendidos por los demás. Es entonces cuando extrañamos el elixir que bebimos alguna vez en el enamoramiento y echamos de menos ese deseo, esa pasión y esa adrenalina que nos distraían de la cotidianeidad. La verdad es que quien vive la vida rutinaria no alcanza la intensidad pasajera del deseo, ni el fuego que produce el enamoramiento; así pues, para experimentarlo una vez más, suele recurrirse a lo prohibido, y nos permitimos la trasgresión hacia la infidelidad.

En el artículo «Extramarital Sex: A Review of the Research Literature» (1983), Thompson A.P. explica que, desde el punto de vista de la psicología clínica, la infidelidad no se considerada ni una enfermedad mental, ni un acto perverso, ni una conducta disfuncional, ya que es un comportamiento adaptativo hacia la propia insatisfacción sexual. Desde la perspectiva de la psicología evolutiva, es un mecanismo de defensa en contra de la insatisfacción que vive el individuo, por lo que es mucho más útil entender las motivaciones que llevan a una persona a ser infiel en vez de únicamente calificar el hecho con juicios de valor desde una ética propia. El hecho de que la gran mayoría de las personas converjamos en que la infidelidad no es deseable ni loable no es suficiente para que dejemos de cometerla.

Hace un poco más de dos años, Cecilia llegó conmigo a terapia: una mujer guapa, de mirada penetrante, personalidad imponente y con el caminar de una mujer que, se nota a leguas, vive la vida con determinación. La razón por la que vino a verme es que estaba convencida de que se «tenía» que divorciar. Ella empezó por contarme que toda la vida había sido una de esas personas que había vivido «bajo las reglas», controlando todo cuanto fuera posible, buscando ordenar hasta lo que no tenía orden y actuando bajo el «deber ser», en un intento de que su vida fuera perfecta. Sí, Cecilia buscaba la perfección, incluso en su vida amorosa. Para ella solo había una manera de vivir la vida: como tenía que ser, todo siempre en el lugar correcto. Hija de una familia conservadora, estudió en un colegio de monjas. Me contó que hacía años, mientras estaba en la universidad, le presentaron a un chico que era amigo de un compañero suyo y se hicieron novios a los pocos meses. «Él era de provincia, un cuate guapo, buenísima onda, súper sencillo, honesto, chambeador, estudiado y muy echado para adelante. Era todo lo que cualquier mujer podía pedir para pasar el resto de su vida. Poco antes de cumplir un año de novios, me dio el anillo de compromiso. Estábamos súper contentos. Nos casamos a los diez meses. Tuve la boda de mis sueños, lo que siempre quise. ¡Fue la boda perfecta!», me resumió en aquella primera sesión. Después me platicó que el principio de su matrimonio fue como un sueño de hadas: se instalaron en un departamento muy acogedor, los dos trabajaban cerca de casa, convivían muchas horas al día y se divertían la mayor parte del tiempo. «Viajábamos, íbamos y veníamos. Todo era sonrisas. Nos esperamos tres años para tener hijos, éramos muy felices», recapituló con mucha nostalgia. Después, Cecilia se embarazó. Dijo sentirse muy cansada durante su primer embarazo, por lo que ella y su marido dejaron de pasar tanto tiempo juntos. Sin darse cuenta, poco a poco comenzó a distanciarse de él. «Todo el que tenga hijos sabe que la llegada de un bebé representa una crisis para la pareja. Para cuando nació nuestro primer bebé, me sentía gorda, cansada, desvelada, una vaca lechera, y muchas cosas empezaron a cambiar. La desvelada nos partió, nos desestructuró, los dos estábamos cansados y de mal humor», dijo mirándome con tristeza. Cecilia entonces comentó que se había percatado de que su relación claramente no estaba bien; de hecho, su marido le reclamaba que se sentía descuidado y que toda su atención estaba puesta en el bebé. «¡Y claro! ¡Es que el señor de treinta y tantos podía valerse por sí mismo y el bebé de meses de nacido, no!», bromeó con ironía. Cecilia me explicó que la paternidad le «pegó» muy fuerte a su marido, y la vida que habían construido durante cinco años se vino abajo. «Lo desconocí. Lo veía enojado porque no podía jugar videojuegos como antes lo hacía, o porque no podía dormir hasta tarde los fines de semana». Cecilia describió cómo dejaron de ser dueños de su vida para convertirse en proveedores del bebé, en todos los sentidos. Ella, claramente, es muy perfeccionista, entonces todo tenía que estar impecable para el nuevo integrante de la familia. «El bebé perfecto, yo perfecta, mi casa perfecta, recuperar el cuerpo perfecto. Estaba muy enojada. Yo requería apoyo, estaba cansada, y ese apoyo que siempre había tenido de mi marido, lo dejé de recibir. Lo vi débil e inmaduro. Me centré en mí y en el bebé», puntualizó Cecilia, para después suspirar y guardar silencio por varios segundos.

Alberoni (1979) afirma que hay dos sentimientos que parecen contradecirse constantemente: la tranquilidad, que en momentos se vive como aburrimiento, y el deseo de pasión que puede implicar la búsqueda de una nueva aventura amorosa. Deseamos entonces lo extraordinario, lo imposible. Estos dos sentimientos son irreconciliables, pues el enamoramiento y la tranquilidad no pueden ir de la mano. Los cuentos de hadas nunca especifican que la felicidad siempre va acompañada de un poco de tedio, de aburrimiento y de desencanto. La felicidad no es un sentimiento, no es un regalo de la vida, es una elección al sentirnos satisfechos y agradecidos con lo que tenemos. Tristemente para algunos, este aprendizaje llega después de haber roto lo que nunca pensamos que valoraríamos a la larga.

Después de los primeros meses de vida del bebé, luego de los cuales Cecilia se había repuesto del parto y había bajado el peso ganado durante el embarazo, entre su marido y ella ya se había generado un abismo. «No supe en qué momento, ni cómo, pero habíamos dejado de ser pareja para ser solo papás». Para ese momento, Cecilia ya chateaba de más con aquel amigo que le había presentado a su marido. «Él tenía fama de mujeriego, y sí: novia que tenía, novia a la que le ponía el cuerno. Él se había casado con una chava que "no podía tener hijos", por lo que no se cuidaron en su noviazgo y a la mera hora quedó embarazada. Cuando nació su bebé, las dos parejas éramos unidas, formábamos parte de un mismo grupo de amigos y hasta nos pidieron ser padrinos de bautizo de su hijo. Él y yo éramos compañeros del mismo dolor: nuestras parejas estaban ausentes, pues la paternidad les había traído una crisis fuerte. Además, en nuestros chats siempre estuvo presente ese rollo de que habíamos salido en el pasado y que nos gustábamos. Una cosa llevó a la otra. Yo me quise hacer muy güey a mí misma pensando que sería bueno salir con él para cerrar el ciclo, pero solo abrí la caja de Pandora», relató Cecilia a lo largo de nuestras primeras sesiones. Entonces, de un beso pasaron a tocarse, de tocarse a desnudarse, hasta terminar haciendo el amor. Cecilia me asegura que se desconocía. Ella toda la vida había criticado las infidelidades y, cuando menos lo vio venir, estaba metida hasta los dientes en una relación extramarital. «Yo estaba verdaderamente desconcertada y, sobretodo, sola. No era algo que yo pudiera compartir. No sabía qué hacer, sabía que estaba fatal, pero también sabía que me sentía viva. El tiempo pasaba más rápido de lo que yo hubiera querido y seguíamos siendo compañeros del mismo dolor, cada vez más unidos, con mejor sexo. Los dos hablábamos mal de nuestras parejas; él decía que su esposa era una bruja, una mala madre, que estaba gorda; yo me quejaba de que mi esposo era débil, que no era buen proveedor, que yo tenía que llevar las finanzas de la casa, organizar todo, hacer mi chamba de mamá, trabajar y ser de alguna manera el pilar de mi hogar».

¿Es posible amar a una persona y enamorarse de otra? ¿Es posible enamorarse de dos personas al mismo tiempo? ¿Es posible amar a dos personas al mismo tiempo? Son preguntas que la humanidad se ha hecho a lo largo de la historia. Alberoni las contesta con maestría. Todos tenemos una capacidad infinita de amar. Podemos amar a nuestros padres, a nuestros hijos, a nuestra pareja, a nuestro perro... Ninguno de estos amores excluye al otro, ya que ninguno de estos amores les roba energía a los demás. Él explica que un hombre puede llegar a amar a dos mujeres. Una mujer puede amar a dos hombres. Un hombre puede llegar a amar a dos hombres y una mujer puede llegar a amar a dos mujeres. Lo único que *no* puede suceder es enamorarse de dos personas al mismo tiempo. Esto es imposible. A primera vista esta limitación puede parecer absurda, pero no lo es. Aunque es muy común que en mi consultorio escuche cosas como «no sé de cuál de estas dos personas estoy más enamorado» o «no sé quién me tiene más enamorada», lo cierto es que son cuestiones mal planteadas. No podemos estar enamorados de más de una sola persona a la vez.

Las personas a veces confundimos el enamoramiento con un amor maduro, y viceversa; cuando alguien se pregunta lo que se llegan a cuestionar mis pacientes, significa que está enamorándose de alguien nuevo cuando quizás ama ya a otra persona. La diferencia entre enamoramiento y amor es la misma que existe entre el hoy y el largo plazo. La monotonía de la vida abre las puertas para que una experiencia llena de emoción y pasión llegue a nosotros. Esto no significa que el amor real toque a nuestra puerta, es más bien la ilusión de algo nuevo. Entonces, ¿la infidelidad es responsabilidad del que comete la falta o implica una responsabilidad compartida? Hay tantas respuestas para esta pregunta como opiniones en este mundo. El verdadero amor en pareja implica que el enamoramiento terminó y que se fue para dar cabida a la construcción de una relación sólida y madura. Lo que es cierto es que solo hay cabida para un tercero en una relación cuando existe cierto espacio entre la pareja. Ser infiel no es un error, es una elección. Y entonces, ¿el enamoramiento también es una elección? De cierta manera, lo es. Se enamora quien está dispuesto a enamorarse, quien está disponible, quien se abre a esa posibilidad. ¿Quiere decir entonces que nos enamoramos cuando sentimos el deseo de hacerlo? No. No funciona en ambos sentidos. Hay personas que llevan dentro de ellas este deseo durante años y años, que van al encuentro de esa persona que las haga sentir en las nubes y esta persona simplemente no llega. Cuando hay insatisfacción en la pareja, hay quienes nos abrimos a la posibilidad de sentirnos ilusionados con alguien más. En sentido contrario, hay quienes ponen una barrera a sentir algo por alguien más y, por lo tanto, a enamorarse. El compromiso y la lealtad en pareja pesarán más que la ilusión de volver a la experiencia de treparse al carro alegórico del amor. Alberoni explica que el síntoma cardinal de la predisposición al enamoramiento no es el deseo consciente de enamorarse, sino la sensación de vacío y la vergüenza de no ser el objeto de deseo de alguien atractivo. Afirma que los más propensos a enamorarse son los jóvenes, ya que son los que tienen mayor necesidad de una identidad en pareja y necesidad de pertenencia. Sin embargo, Alberoni también explica que en otras etapas de la vida el ser humano también se abre al enamoramiento porque al madurar o hacernos adultos mayores sentimos que vamos perdiendo algo valioso de manera irremediable: la juventud; y tenemos la necesidad de ser atractivos y valorados por una persona a la que percibimos como encantadora y valiosa.

No es la nostalgia de un amor lo que nos hace enamorarnos, sino la sensación de no tener nada importante que perder ante la oportunidad de una etapa mágica en la vida. Por eso es tan difícil perdonar una infidelidad, pues la persona herida intuye que el ofensor arriesgó la historia mutua por sensaciones totalmente pasajeras. A veces, el camino hacia la infidelidad empieza a causa de una desilusión profunda, radical, sobre nosotros o sobre la persona con la que hemos compartido parte de nuestra vida. Poco a poco, dentro de la relación se acumulan un sinfín de frustraciones, desencuentros y desilusiones; nos sentimos ensombrecidos, nos encerramos en nosotros mismos. Solo entonces, en esta ausencia del otro, surge dentro de nosotros la disposición a lo diferente, la disposición al riesgo y la propensión a arrojarnos en ese «todo o nada» que aquellos que están satisfechos con su vida en pareja no necesitan experimentar. Una señal clara de la llegada de esta etapa es cuando miramos alrededor y descubrimos la felicidad de los

SECRETOS DE FAMILIA

demás y la comparamos melancólicamente con nuestra falta de bienestar. Al sentirnos excluidos, proyectamos en ese posible nuevo enamoramiento nuestros deseos intensos de sentir y de gozar.

El tiempo seguía pasando para Cecilia y para su relación extramarital. Poco a poco, la ambivalencia emocional que la acompañaba terminó por irse y se acostumbró a vivir así. Ya no se sentía culpable. Se había habituado a las mentiras y los engaños, a tener un amante que era amigo de su esposo. La vida se volvió complicada porque seguían siendo parte del mismo grupo de amigos.

Cecilia terminó por sentir odio hacia la otra mujer y su amante, odio hacia su amigo... Aunque hablaron varias veces de terminar la relación, no lo hicieron, y las parejas de ambos comenzaron a sospechar de una cercanía inapropiada entre ellos. Llegó el punto en el que Cecilia decidió divorciarse para poder vivir abiertamente la relación con su amante. Él la secundó, y pactaron que cada uno terminaría su respectivo matrimonio para poder estar juntos en el futuro. Cecilia, decidida, le pidió el divorcio a su marido. «Mi esposo, evidentemente, no entendía por qué yo estaba tomando esa decisión. Mi marido no quería divorciarse, y lograr separarme de él fue un calvario. Finalmente lo logré, mientras que mi amante me seguía jurando amor eterno. No se cansaba de decirme que me amaba, pero los meses pasaban y él simplemente no se salía de su casa. Traté de terminarlo dos veces, porque así no podríamos estar bien: ni juntos, ni a medias, solo a lo lejos. Pero fue un desastre. Por lo menos yo tenía claro que no seguiría a escondidas con él y aposté todo para estar juntos», relató Cecilia con los puños apretados.

¿Qué tan frecuente es que ocurra la infidelidad en pareja? Hay muchos debates al respecto; sin embargo, Glass y Wright (1992) realizaron una investigación exhaustiva y en su artículo «Justifications for Extramarital Involvement: The Association Between Attitudes, Behaviors and Gender» expresan que cerca del 40 % de las parejas que tienen un compromiso de fidelidad a largo plazo vivirán por lo menos una experiencia infiel durante su relación. El 25 % de las parejas que solicitan una terapia conjunta lo hacen después de que una infidelidad ha sido descubierta, y el 30 % de quienes se encuentran ya en proceso terapéutico revela que en algún momento del pasado atravesaron por una etapa crítica a causa de alguna infidelidad, situación que no está resuelta del todo. En el mismo estudio, ellos aseguran que la principal tendencia de las parejas es la de rechazar la infidelidad y considerarla como algo repudiable; sin embargo, esto no ha sido suficiente para evitar que siga sucediendo. Las nuevas generaciones (personas que tienen treinta años o menos) tienden a ser más permisivas con respecto al tema, pues su percepción acerca de la infidelidad no es tan negativa como en las generaciones anteriores. Los jóvenes la perciben como el «mal necesario» del amor. Glass y Wright también descubrieron que por lo menos el 90 % de los hombres y las mujeres que fueron infieles en sus matrimonios argumentaron tener alguna razón de fondo, una carencia importante: se sentían infelices en su matrimonio y por ello creían que la infidelidad era justificable. En cuanto al género, estos investigadores descubrieron que la prevalencia de la infidelidad es mayor en los hombres que en las mujeres. La realidad es que los hombres tendemos a ser más infieles que nuestras compañeras. Descubrieron que de todas las parejas que se evaluaron (heterosexuales y homosexuales), el 44 % de los hombres habían tenido por lo menos una experiencia extramarital durante su actual relación formal, mientras que solo el 25 % de las mujeres reportaron haberla experimentado. Lo que Glass y Wright concluyeron nuevamente es que cuando hay infidelidad en una pareja, se debe principalmente a una gran insatisfacción en la vida de ambos. En el estudio se encontró que, cuando ambos miembros de una pareja se sienten satisfechos, no hay apertura a ningún tipo de desliz. Nadie busca una aventura si se siente totalmente pleno con su compañero. Este resultado ha sido probado por varios autores. La infidelidad y la insatisfacción sexual en pareja van de la mano. Con respecto al porcentaje de personas que habían sido infieles, se comprobó que sus relaciones de pareja tenían factores en común al ser inestables, deshonestas, desconfiadas o aburridas y con estilos de vida en los cuales la pareja pasaba poco tiempo junta. Otros se sentían controlados o absortos por la monoto-

SECRETOS DE FAMILIA

nía. Tristemente, las relaciones de pareja en crisis son más propensas a la infidelidad, lo cual hace que la calidad de la relación termine por empeorar aún más. El estudio de Glass y Wright confirmó que, en efecto, existe una relación muy estrecha entre el caos en la relación de pareja y la infidelidad.

En *Infidelity* (2007), el libro más completo que he encontrado sobre el tema, Paul R. Peluso explica que la infidelidad sexual ocurre cuando las necesidades sexuales o de intimidad de uno o ambos miembros de una pareja no están siendo satisfechas, así como cuando el rechazo hacia un acto infiel es débil por parte de uno de los miembros de la pareja. Peluso profundiza en la diferencia entre sexo e intimidad con respecto a la infidelidad, pues identificar cada una es importante para entender la magnitud de la herida en la pareja y, por consiguiente, el pronóstico de la misma. Él describe la infidelidad sexual como un acto que implica contacto físico y erótico que gradualmente llegará al coito y al orgasmo. El sexo no requiere de intimidad. En cambio, la intimidad denota cierto grado de conexión emocional. Así, en una relación íntima los miembros comparten pensamientos, expresan sus sentimientos y buscan el bienestar mutuo. Una infidelidad íntima puede estar acompañada de vida sexual, pero no siempre es así. El sexo no necesariamente depende del amor o ninguna otra forma de conexión emocional. En una relación amorosa donde hay intimidad, el sexo es el medio por el cual una pareja expresa sentimientos como la pasión, el compromiso, el deseo y el interés mutuo. De este modo, hay relaciones que llegan a ser profundamente íntimas sin la presencia de sexo y hay relaciones sexuales que no van de la mano con ningún grado de intimidad.

Glass y Wright explican en «Reconstructing Marriages after the Trauma of Infidelity» (1997) cómo es que la realidad de experimentar una infidelidad constituye una de las experiencias más dolorosas que puede vivir una pareja, razón por la cual rara vez puede permanecer junta después de descubrirla. Esta es una de las situaciones más difíciles a la que los terapeutas de parejas suelen enfrentarse. Algo que deben tener claro tanto los miembros de la pareja como el terapeuta que realiza la intervención es que es imposible que después de la infidelidad la pareja regrese al mismo punto donde estaba antes del evento. Algunas parejas descubrirán una oportunidad detrás de la crisis, trabajarán exhaustivamente en sus debilidades y carencias, y aprenderán a compensar las frustraciones y vacíos de cada uno de los miembros; con amor y trabajo diario enmendarán la herida tan profunda que se causó. Sin embargo, esto no es garantía de que la pareja regresará a su vida antes de la infidelidad. Es algo así como sobrevivir a un cáncer: se puede haber aprendido mucho a través del sufrimiento, pero la personalidad del sobreviviente nunca volverá a ser la misma. Para algunas parejas, la infidelidad será la gran oportunidad para replantear las bases del amor y del compromiso. Para otras, una infidelidad será la estocada final a una desgastada historia de amor. Peluso afirma que cuando se descubre la infidelidad, el mundo de ambos se torna de cabeza. La seguridad, la estabilidad y el control que alguna vez se sintió en esa relación se pierden a través de la traición. Los sentimientos que acompañan a quien descubre a su pareja siendo infiel incluyen un fuerte impacto emocional, enojo, sensación de estar viviendo una pesadilla, dolor, pesimismo, depresión, confusión y dudas acerca de uno mismo. En la mayoría de los casos, la infidelidad es asimilada como un evento traumático, y la persona herida puede desarrollar un trastorno de estrés postraumático (TEPT) que incluye, entre otros síntomas, hipervigilancia, pensamiento obsesivo, *flashbacks*, dificultad para concentrarse, enojo, irritabilidad, ansiedad, trastornos del sueño, aumento o disminución del apetito y un estado de caos en todas las demás áreas de la vida. En algunos casos se pueden presentar ideación suicida o fantasías de asesinar al compañero o a la pareja sexual del mismo, ya que lo que el compañero herido experimenta en todo momento es el dolor y la sed de venganza que solo una traición puede generar.

Cecilia me platicó que la verdad empezó a salir a flote y ella, ingenuamente, seguía negando lo innegable. Quien había sido su amante desapareció de su vida de un lunes a un martes, literalmente, sin darle ninguna explicación. Ella no entendía nada. «Después de más de cuatro años de relación y doce de conocernos, no pudo terminar las cosas dándome la cara. Después me enteré (como era de esperarse) que andaba con varias mujeres más. Y todavía él quiso invitar a mi esposo a comer para "explicarle" la situación, después de que mi marido ya se había enterado de todo lo que había pasado. Yo me sentía devastada». Fue en ese momento de su vida cuando la conocí. Su matrimonio se había roto y su proyecto de vida parecía caerse en pedazos. Pocos meses después de la separación, Cecilia tenía ya un convenio de divorcio en la mano y estaba a punto de solicitar la demanda de divorcio; no obstante, su marido la invitó a pasar el fin de semana en familia, fuera de la ciudad. Ella accedió. Cecilia llevaba algunos meses verdaderamente sola, y lo había pasado terrible por decir lo menos.

«Y así como cuando éramos novios, vamos a volver a empezar a salir», me comentó un martes de agosto con gran ilusión. Con el paso del tiempo, Cecilia empezó a valorar nuevamente todo aquello que había perdido de vista, lo que estaba «fuera del radar» por estar enamorada de alguien más. Ella me aseguró en su momento que sin la obligación de permancer juntos por sus hijos (dado que ya se habían separado y ya les habían dicho que se divorciarían) pudo ver al hombre con quien eligió casarse como un excelente proyecto de vida. «Evaluamos la posibilidad de volver a ser pareja por nosotros, no solo por no romperle la madre a nuestros hijos. Ya habíamos comprobado —a madrazos— que separados también sobreviviríamos», reflexionó Cecilia en una sesión. Así pues, empezaron a tratar de recuperar su relación.

R. Humphrey, en el artículo «Treating Extramarital Sexual Relationships in Sex and Couples Therapy» (1987), explica que, ya que cada pareja es única e irrepetible, el impacto y las reacciones emocionales ante la infidelidad también serán únicas en cada uno de sus miembros; menciona además las variables de las cuales dependerá la respuesta del compañero herido ante la traición:

- Tipo de infidelidad: sexual, emocional o ambas.
- El tiempo que duró la infidelidad; no es lo mismo descubrir una aventura de una noche que descubrir una relación extramarital de cuatro años de duración.

- La frecuencia del contacto sexual, o bien, de la comunicación emocional.

- El lugar de los encuentros.

- El nivel de riesgo que tomó el compañero infiel; varía desde haberlo vivido en total secreto hasta haberlo hecho de manera descarada.

- Nivel de conspiración hacia el compañero traicionado; no es lo mismo ser infiel con un desconocido que haberlo sido con alguien cercano a la pareja.

- Nivel de decepción del compañero herido; no es lo mismo ser infiel con alguien de la misma edad que con alguien treinta años menor.

- Historial de infidelidades pasadas; puede ir desde revivir algún evento pasado donde hubo infidelidad hasta adicción al sexo.

- Género del amante; la relación extramarital puede ser homosexual, para las parejas heterosexuales, o heterosexuales en las parejas homosexuales, lo que vuelve la infidelidad aún más traumática.

- Relación del amante con el compañero traicionado; entre más cercana sea la relación, más traición se experimentará.

- La percepción acerca del amante por parte del compañero traicionado; si el amante es percibido como joven, atractivo, inteligente o interesante, el impacto emocional será mayor.

- El contexto social y cultural de la infidelidad; hay culturas que son más tolerantes hacia la vida sexual fuera de la pareja. Hay otras que están llenas de tabúes y de restricciones. Buscar entender la infidelidad sin entender la idiosincrasia del pueblo donde se presenta será fútil.

A través de las páginas de *Infidelity*, Peluso recalca la importancia del perdón para que una pareja pueda seguir adelante exitosamente después de una crisis de tal magnitud. La infidelidad que no se trate como el síntoma de una pareja insatisfecha será calificada solamente a través de un juicio de valor, a partir del cual se determinará que el compañero infiel es culpable y merecedor de castigo. Puesto que una infidelidad siempre habla de cierto nivel de insatisfacción por parte de uno o ambos miembros de la pareja, su tratamiento terapéutico debe incluir nuevas estrategias y acuerdos para un reencuentro satisfactorio, tanto sexual como emocional, para ambos. Esto no es posible si no existe perdón por parte de ambos: perdón hacia el compañero que fue infiel y perdón del infiel hacia sí mismo por haber traicionado a su compañero.

Así que Cecilia y su marido volvieron después de algunos meses de haberse separado. Todo iba bien, pero ella no le había dicho toda la verdad. Tres meses después, cuando estaban viviendo una "segunda luna de miel", alguien comenzó a enviar correos anónimos muy agresivos al marido de Cecilia para contarle toda la verdad, con evidencia de fotos y de *e-mails* que ella y su amante habían intercambiado. Cecilia había mentido en cuanto a la duración de su relación y la cantidad de encuentros sexuales que habían tenido. Su marido se encolerizó al darse cuenta de que no había sido una relación de semanas, como ella le había dicho, sino que se trataba de una relación de cuatro años. Cecilia trataba de no hacer más daño, diciendo verdades a medias, pero aún guardaba numerosos secretos: los detalles íntimos, las fechas dolorosas en que ella se había escapado mintiéndole a su marido, el hecho de que había fotos de ella, desnuda, en manos de un tercero. Y como es costumbre, la verdad siempre sale. Cecilia experimentó el miedo absoluto cuando su marido le exigió la prueba de paternidad de su segundo hijo. Afortunadamente, el hijo menor del matrimonio era de él. «Hablamos mucho, le pedí que por favor me perdonara una y otra vez, pero también le dije que lo pensara bien, que si terminábamos sería definitivo, porque no podríamos regresar si él decidía cobrarme la infidelidad todos los días de mi vida; y por segunda vez estuvimos a minutos de firmar el divorcio. Estuvimos hundidos en una tristeza indescriptible, pero calmos. Lo invité a cenar y resolví todas y cada una de sus dudas. Respondí a todo, como si fuera un tribunal. Le pedí reconsiderar su decisión. Nos fuimos de viaje solos, hubo más preguntas y respuestas dolorosas, pero que tenían que salir a flote. Fui totalmente honesta, decidí no mentir en nada, no guardarme ningún secreto para mí», detalló Cecilia cuando me platicó que tanto ella como su marido habían decidido luchar por su matrimonio.

F. Diblasio explica en «Decision-Based Forgiveness Treatment in Cases of Marital Infidelity» (2000) que, para que pueda iniciarse un proceso de perdón, ambos compañeros necesitan desarrollar estas habilidades:

- **Empatía.** Si cada uno de los miembros de la pareja permanece ensimismado en sus propios sentimientos y en su propia percepción de la realidad, se polarizará el conflicto y se quedarán absortos en su propia versión de la verdad. Es tan importante que el compañero infiel se «ponga en los zapatos» del compañero herido como que este, por muy lastimado que se sienta, logre entender que el compañero infiel se sentía insatisfecho y que, aunque traicionó el acuerdo inicial, se siente culpable y avergonzado de haber fallado.

- **Disposición para una disculpa sincera.** Para el compañero herido, la disculpa por parte del compañero que traicionó puede sonar banal y superficial. Por esta razón, quien traicionó necesita mostrarse vulnerable y dejar en evidencia que no solo acepta la responsabilidad de haber elegido ser infiel, sino que se siente apenado, arrepentido y comprometido con la pareja. Así, para que se pueda llegar a reparar el daño, el compañero que ofendió necesita expresar dolor, tristeza y arrepentimiento genuinos. Aquí no hay lugar para el orgullo. El compañero ofendido estará lastimado, enojado y humillado, y tal vez necesite escuchar cientos de veces cuánto lamenta el ofensor haberle fallado. Sin embargo, para que la herida de la infidelidad comience a sanar, el compañero ofendido necesita en algún momento aceptar la disculpa. De poco servirán las continuas muestras de arrepentimiento y las sinceras disculpas del compañero que traicionó si el compañero ofendido decide nunca aceptarlas.

- **Humildad.** La empatía por sí sola no puede llevar a una pareja al perdón. Slo a través de la humildad, el compañero infiel puede aceptar el daño que provocó no solo a su compañero, sino a la pareja. Sin la aceptación plena de esta responsabilidad y, sobre todo, sin dejar atrás las justificaciones de por qué abrió la puerta a una tercera persona, el compañero lastimado no dejará de estar a la defensiva. La ofensa del compañero herido es comprensible y necesaria, pero no puede ser eterna. La humildad en el compañero lastimado se manifestará al entender que todos los seres humanos fallamos, mentimos y traicionamos, porque somos imperfectos. Solo a través de esta aceptación de la realidad, el compañero lastimado dejará el rol de víctima para que ambos puedan volver a caminar juntos.

- **Compromiso y esperanza.** Para que la pareja pueda seguir junta, ambos necesitan manifestar con palabras y acciones el deseo de seguir comprometidos con el proyecto en común. La gran mayoría de las parejas que rompen a partir de una infidelidad lo hacen al llegar a este punto. Ya no creen posible reparar el daño cometido. Obviamente, es natural que exista un periodo donde ambos se cuestionen seriamente la posibilidad de caminar en solitario a partir de este momento; pero si ambos manifiestan compromiso y esperanza hacia el futuro, pueden lograr atravesar la crisis tan seria y profunda que experimentan. Este punto es de vital importancia porque tanto el compromiso mutuo como la esperanza de que la relación de pareja se puede consolidar en un futuro serán fundamentales para atravesar la tempestad de la crisis. Enmendar la herida de la infidelidad es posible. Así, mientras ambos en la pareja asuman que vale la pena luchar unidos a pesar de todos los sentimientos negativos que se vivieron después de la infidelidad, sumados a la empatía y a la humildad, se abrirá la posibilidad de construir una relación íntima y sólida. Irónicamente, para las parejas que logran sobreponerse al evento traumático de esta crisis, la infidelidad es lo mejor que les pudo haber sucedido, pues a raíz de ella logran unir los hilos del amor, compromiso, lealtad, sentido de vida y comunicación que se fueron zafando a lo largo del camino; uniendo y enmendando llegan a una relación honesta, amorosa y comprometida.

Cuando estaba muy cerca de publicar este libro, Cecilia quiso anexar esta última reflexión acerca de las mentiras, la angustia y la incertidumbre que experimentó a raíz de la relación extramarital que vivió durante cuatro años y que durante tanto tiempo mantuvo en silencio: «Ahora soy libre al cien por ciento, no tengo nada que ocultar. Mi vida es totalmente transparente y vivo en una paz que hace años no tenía. Recuperé su confianza y él la mía, pero, sobre todo, recuperé la confianza en mí y en lo que sé que realmente quiero. Evidentemente yo había olvidado lo que era vivir en paz y en libertad porque una doble vida implica estar atrapada en un mundo de mentiras. Confío en lo que he aprendido y en que puedo amar y respetarme a mí y al compañero de vida que elegí años atrás y que sigo eligiendo día a día».

x. LA HOMOSEXUALIDAD
Y SUS SECRETOS

Esteban Borguetti, en su libro *Homosexualidad y juventud* (2008), empieza por señalar que a pesar de que la homosexualidad ha estado presente durante toda la historia de la humanidad, no fue sino hasta mediados del siglo XIX cuando se presentó un estudio científico y sistemático acerca del tema. En 1886 se editó el primer trabajo en forma sobre sexualidad humana, por parte del sexólogo alemán Richard Von Krafft-Ebing, bajo el título de *Psychopathia Sexualis*. Además de introducir los términos de sadismo y masoquismo, el doctor Krafft-Ebing propuso que la procreación era el único propósito válido del deseo sexual y, por esta razón, cualquier forma de conducta sexual recreativa era sinónimo de perversión. Así que, dado que un acto homosexual jamás podría terminar en la concepción de una nueva vida, quienes lo practicaban sufrían de un alto nivel de perversión sexual. Hasta el siglo XX, en las sociedades de tradición cristiana dominaba la visión de las relaciones homosexuales como *contra natura*, una perspectiva basada en la Biblia: «Por eso los entregó Dios a pasiones infames; pues sus mujeres invirtieron las relaciones naturales por otras contra la naturaleza», expuso San Pablo en su carta a los Romanos, añadiendo en los versículos siguientes que también los hombres habían abandonado «el uso natural de la mujer». Este panorama antiguo de la sexualidad humana matizó negativamente la percepción de la humanidad sobre el tema.

En el texto *Biological Exuberance* (1999), Bruce Bagemihl documenta de manera sólida las conductas homosexuales que se han observado en cientos de especies animales: desde gusanos, patos, peces, osos, primates, felinos, carneros, lobos, hasta aves exóticas y jirafas. Los pingüinos adelaida no son la excepción a la homosexualidad animal. Las conductas homosexuales se observan cotidianamente en la naturaleza, y en este panorama la calificación de *contra natura* al hablar de homosexualidad es ya indefendible, incluso para quienes argumentan que la sexualidad solo debe ser utilizada para procrear. Para muchos animales, así como para los seres humanos, la sexualidad no es solamente un mecanismo de reproducción. A través de las páginas de *La homosexualidad: compasión y claridad en el debate* (2008), Thomas E. Schmidt aclara de manera tajante un aspecto de la vida homosexual: no se elige ser gay. Este es uno de los grandes mitos perpetuados a lo largo de la historia entre los desinformados. Nadie elige ser homosexual, aunque se sienta totalmente cómodo con esta identidad. Nadie elige ser señalado ni mucho menos rechazado socialmente. Nadie elige sentir atracción por una persona de su mismo sexo. ¿Es lo mismo ser homosexual que ser gay? La respuesta es categórica: no. Ser homosexual implica tener deseos, fantasías y atracciones homoeróticas. Tener fantasías homosexuales no convierte a una persona en homosexual. Ser homosexual es aceptar conscientemente estas fantasías y empezar a actuar con base en estos sentimientos. Ser gay es sentirse cómodamente identificado con el estilo de vida en una comunidad homosexual determinada. Todos los gays son homosexuales, aunque no todos los homosexuales son gays.

Hace un par de años me invitaron a dar una conferencia sobre detección y tratamiento de problemas de adicciones en el Colegio Francés del Pedregal para las alumnas y los padres de familia de secundaria y preparatoria. Después de que terminó la conferencia, un padre de familia, Ricardo, se acercó para pedir mi contacto e hizo cita para comenzar un proceso terapéutico. Ricardo tenía en ese entonces treinta y seis años, llevaba nueve años de casado y era papá de dos gemelas que iban en segundo de primaria, y de una niña más pequeña que acababa de entrar a preescolar. Ricardo estudió Mercadotecnia y es director de esta área en una de las cadenas hoteleras más importantes del país. Es un hombre culto, inteligente, prudente y leal, que después de nueve años de noviazgo se casó con Mariana, su novia desde la preparatoria, para irse a estudiar una maestría al extranjero. «Mi familia es muy conservadora. Católica y panista de hueso azul. Soy el

SECRETOS DE FAMILIA

mayor de seis hermanos y estudié en el Opus Dei toda mi educación preuniversitaria. Por convicción y por consenso con Mariana, decidimos llegar vírgenes al matrimonio. Me casé convencido de que estaría con ella toda la vida, como he permanecido hasta ahora. Pero ese día no acabó como yo hubiera querido: nuestra noche de bodas fue un desastre. Esa noche no pudimos hacer el amor. No pude tener una erección», me confesó con vergüenza y culpa. Durante la luna de miel, Ricardo trató de acercarse en varias ocasiones a su mujer, pero el resultado era el mismo: podía lograr una erección, pero no lo suficientemente fuerte y larga para mantener una relación sexual. «A las dos semanas de la luna de miel, estando en Madrid y siendo aún vírgenes los dos, hice una cita con un urólogo. Le expliqué mi desesperación y me recetó sildenafil (Viagra). Gracias a eso pude hacer el amor con mi esposa por primera vez. Tomé una pastilla diaria durante los diez días restantes y aunque hicimos el amor todas las noches, no podía engañarme ante el hecho de que no me gustaba el olor íntimo de mi mujer».

Ricardo y Mariana se mudaron a Boston, en Estados Unidos, y él comenzó la maestría en Administración y Dirección de Empresas. «Vivir en Boston fue un sueño, la ciudad está llena de estudiantes, la arquitectura es increíble, ir a correr en las mañanas a orillas del río Charles era espectacular, y tener los encantos de las cuatro estaciones del año fue una experiencia nueva para nosotros que veníamos del Distrito Federal, donde realmente solo existe la primavera y el otoño. En Boston no existía el aburrimiento. Todo era perfecto, excepto por algo: yo no deseaba sexualmente a mi esposa», recapituló Ricardo con preocupación. «Ya me sabía la receta, así que pedí unos viagras por internet y cuando sentía que la cosa iba a explotar, me tomaba uno y teníamos relaciones. Malas, pero las teníamos. Mariana se deprimió mucho durante el invierno, la temperatura llega a bajar tanto que era imposible estar en el exterior, y el curso de fotografía que había tomado ya se había terminado, así que creí que lo mejor era que se embarazara. No habíamos tomado ningún método anticonceptivo, ¡claro, no había sido necesario!, pero a partir de ese enero, que fue particularmente frío y lluvioso, busqué tomarme la pastillita azul dos veces a la semana hasta que quedara embarazada y, gracias a Dios, así fue. A finales de febrero nos confirmaron que estábamos esperando un embarazo gemelar», continuó Ricardo con su relato.

«Mariana se ilusionó y yo me pude concentrar más en mi maestría. Nuestra relación de pareja mejoró ya sin la obligación de tener relaciones sexuales. Mariana estaba llena de síntomas de embarazo y se enfocó en la gestación de los bebés. Sabía que tener a dos bebés sería difícil en Estados Unidos, pero confiaba en que podríamos con ello. En marzo tuve que hacer un viaje a la India con mi grupo de la materia de Economías Emergentes. El temario era muy interesante y justamente esa era la asignatura por la que me interesó la maestría: dirección para empresas como las mexicanas, en lugares llenos de pobreza y desigualdad. Ya en Nueva Delhi, durante nuestra primera conferencia, sentí algo que jamás había experimentado en veintiocho años de vida. Mi mirada se cruzó con otra y sentí una descarga eléctrica. No exagero. Se trataba de Mauro, un chico argentino, más joven que yo, que estudiaba también en Boston, pero la licenciatura en Economía. Traté de desviar la mirada, pero no pude. Era como un imán. Él me la sostuvo y, después de algunos segundos, me guiñó el ojo. Me dio taquicardia, empecé a sudar como si estuviera corriendo a toda velocidad y hasta me tuve que salir de la conferencia porque sentía que todos se darían cuenta de mi nerviosismo. Cuando llegué al baño, me di cuenta de algo que me asustó aún más. Tenía una erección y no me había tomado ninguna maldita pastilla azul».

Mike Haley (2005) dedica parte de su estudio a los hombres que se casan o que viven en pareja, de manera totalmente heterosexual, pero que, con el tiempo, empiezan a sentir deseos homosexuales hasta el punto de experimentar una doble sexualidad o llegar a romper su matrimonio para seguir adelante con una pareja homosexual. Él asegura que en estos casos aquellos que se decantan por continuar con una relación homosexual acarrean consigo una serie de problemas que no han sido resueltos y que, en la gran mayoría de las veces, dichos hombres ya sentían algún tipo de tensión sexual hacia los varones, pero la ignoraron, la negaron o la rechazaron. La atracción por el mismo sexo no se elige, así que hay casos en los que un hombre no siente la intimidad, la cercanía emocional o el placer sexual que necesita con su mujer y se abre a la posibilidad de vivir todo eso con otro hombre. Esto fue lo que le sucedió a Ricardo. «Me hice amigo de Mauro desde ese primer día. Él no me dijo abiertamente que era gay, pero yo lo sabía. Yo le platiqué de Mariana y de mis bebés. Desde ahí nos volvimos muy unidos, pero yo sentía algo más que una amistad. Necesitaba estar con él. Veía sus manos y el hoyuelo que se le hacía al sonreír y sentía un calor raro en el pecho. En ese viaje, que duró poco más de dos semanas, fuimos inseparables. Lo buscaba en las conferencias y en los *tours*. Todo fue genial hasta que, en una de las cenas, lo vi platicando con otro compañero, un ecuatoriano. Sentí algo que nunca antes había sentido y que me quemó por dentro: celos», explicó Ricardo, mostrando sufrimiento. «Me empecé a portar como un imbécil. Lo ignoraba, lo trataba mal, como si no supiera nada de la vida por ser más joven que yo, o como si por estar yo cursando la maestría y no la carrera, yo fuera el Premio Nobel de Economía. El ecuatoriano estaba sobre de él y yo no hacía nada más que aparentar que no me importaba y tratar mal a Mauro. Se convirtió en una obsesión para mí. Él me preguntó en tres ocasiones qué era lo que me estaba pasando. Yo le decía: "Nada, extraño a Mariana"; pero los celos me consumían. En el último evento del viaje, la cena de gala, estuvieron juntos toda la noche. Al final, después de la cena, muchos se fueron de copas. No quise ir, a pesar de que Mauro me insistió. Me quedé trabado en mi cuarto. No pude dormir. A la mañana siguiente, mi peor miedo se volvió realidad: en el desayuno, el *roommate* de Mauro me dijo que no había llegado a dormir. Sentí tanta ansiedad que dejé el desayuno y me salí a caminar», detalló Ricardo, aun con signos de tensión. Lo que sucedió después es algo que puedes imaginar. Regresó a Boston afectado, confundido y sin poder dejar de pensar en Mauro. Poco después de eso, Ricardo terminó en dos ocasiones en urgencias, porque sentía que le estaba dando un infarto. Desarrolló ataques de pánico. «Mariana y los directivos de la maestría creían que era por la carga de trabajo de la maestría y por la presión del embarazo, pero yo sabía la verdad: estaba enamorado de un hombre y vivía junto a una mujer a la que no amaba», confesó Ricardo con melancolía.

En 1974, la homosexualidad dejó de ser una categoría diagnóstica de la American Psychiatric Association (APA) y se removió de su sistema de clasificación de trastornos mentales (DSM por sus siglas en inglés). Este hecho fue el resultado de aceptar que la condición homosexual de un individuo no es más que una preferencia y no una patología. Es una práctica sexual y un estilo de vida, y no un trastorno psicopatológico. También se aceptó que se presenta con bastante regularidad como una variante más de la sexualidad humana. Una categoría diagnóstica de «homosexualidad egodistónica» fue entonces propuesta para referirse a los individuos que presentaban malestares debido a su propia orientación sexual. Sin embargo, este término también fue abandonado al considerarse que el malestar era ocasionado por la desaprobación social, más que por tratarse de una situación intrínseca a la preferencia homosexual del individuo. Clellan S. Ford y Frank A. Beach, en su libro *Patterns of Sexual Behavior* (1951), afirman que las actividades homosexuales de todo tipo se han dado en todas las sociedades, pero las actitudes de cada una de ellas ante tales prácticas han variado radicalmente. En 1951, Ford y Beach estudiaron a 76 sociedades distintas y reportaron que en el 64 % de ellas las actividades homosexuales eran consideradas normales y socialmente aceptables, al menos para determinados miembros de las diferentes comunidades. Ellos señalaron también que era muy difícil medir la incidencia de la homosexualidad en una población determinada, ya que los diferentes investigadores utilizaban definiciones de homosexualidad muy discrepantes, que iban desde el juego exploratorio adolescente hasta el coito entre personas del mismo sexo, lo que deformaba la incidencia real de prácticas homoeróticas entre los adultos.

El primer estudio sistemático sobre la incidencia de la homosexualidad fue realizado por Alfred Kinsey en 1948. Se trata de un texto publicado en dos tomos: *Comportamiento sexual del hombre* (1948) y *Comportamiento sexual de la mujer* (1953). El estudio se basa en las historias sexuales reportadas durante la década de los treinta y los cuarenta por más de 12 000 hombres y 8 500 mujeres estadounidenses. Los hallazgos de importancia que se mantienen como válidos en la actualidad (con algunas variaciones según los autores) son los siguientes:

- El 10 % de los hombres se considera homosexual.
- El 37 % de la población masculina ha tenido alguna experiencia homosexual hasta alcanzar el orgasmo.
- El 18 % de la población masculina ha tenido por lo menos una experiencia homosexual intensa entre los 18 y 55 años de edad.
- El 13 % de los hombres tuvo, en el mismo periodo, más experiencias homosexuales que heterosexuales, durante por lo menos tres años.
- Aproximadamente, la mitad de los prepúberes ha tenido alguna experiencia sexual con compañeros del mismo sexo; esta experiencia no se relaciona con el abuso sexual por parte de un adulto.
- La homosexualidad femenina se presenta en el 5 % de la población.

Pasaron los meses y, a pesar de que tomaba medicamento antidepresivo y ansiolítico, Ricardo se sentía devastado. Seguía viendo a Mauro en la universidad y fortalecieron su relación. Ricardo lo amaba en silencio, aunque Mauro lo intuía. Ricardo tuvo que enfrentar el hecho de que su amigo tuviera novio. Mauro empezó a salir formalmente con un estudiante canadiense. A dos semanas de que nacieran sus hijas, Mauro tenía que presentar un examen final de Estadística y le pidió ayuda a Ricardo, pues no iba bien en esa materia. Él se comprometió a ayudarlo a estudiar. «Mauro fue a cenar a la casa. Mariana lo quiere mucho y nos veíamos los tres con bastante frecuencia. Después de que terminara la cena, Mariana se fue a dormir y nos pusimos a revisar el temario del examen. Estábamos sentados uno junto al otro. Yo me sentía pleno de tenerlo ahí. Me encantaba su olor, su risa, cómo se tallaba los ojos metiendo los dedos largos detrás de los anteojos. Lo tomé de la mano. Le dije que lo amaba. Me miró y nos besamos por mucho tiempo. Fue como una droga mágica para mí. Después, él nos separó, miró la puerta de mi habitación y dijo que no estaba bien. Él me confesó que me correspondía, que sentía algo muy grande por mí, pero que nunca se metería en medio de un matrimonio. Nos besamos otra vez y me dijo que, si alguna vez quería luchar por él, dejara a Mariana e hiciera las cosas bien. Se fue del departamento y con él mi felicidad. Han pasado los años y sigo enamorado de él», culminó esa parte de su relato con lágrimas en los ojos. «Mis bebas nacieron a finales de octubre», continuó. «La familia de Mariana fue a pasar la Navidad con nosotros. Mauro terminó su carrera y consiguió trabajo en San Francisco. Lo fui a despedir a la estación del tren, nos dimos un abrazo y me recordó que, si alguna vez tenía "pelotas" para ser feliz, lo buscara, y que lo intentaríamos. Pero que siempre seríamos amigos. ¡Ya ves! No los tuve y sigo tomando antidepresivos», bromeó, y luego guardó silencio por un buen rato.

Llegó el verano y, después de dos años de estudio, Ricardo terminó la maestría. Consiguió trabajo en Nueva York y empezó a trabajar en una empresa tabacalera. «No me gustaba nada la idea de trabajar en una industria que genera cáncer y adicciones. ¿Quién se puede sentir orgulloso de venderle cigarros a los jóvenes para volverlos adictos y que treinta y cinco años después terminen en algún pabellón oncológico?», repuso, ya con menos ansiedad. A pesar de que su trabajo no le gustaba, su experiencia neoyorkina fue muy enriquecedora. Salía de trabajar a las cinco de la tarde, paseaba por Manhattan con Mariana y la carriola doble, tomaban un café mientras él leía y ella le daba de cenar a las niñas, regresaban al pequeño departamento; Ricardo hacía algo de cenar, veían uno o dos capítulos de una serie y se dormían antes de las diez de la noche. Nada particularmente interesante hasta que a su oficina llegó a trabajar Erico, un chico brasileño que recién había tramitado su cambio a Nueva York. «No te voy a negar que me atrajo mucho. Moreno, alto, de pelo muy chino. Nunca he vuelto a sentir lo mismo que con Mauro, pero cuando estábamos cerca de regresar a México, cuando conocí a Erico, firmé el contrato por un año más de trabajo. Yo notaba que me miraba desde su lugar en la oficina, que salía detrás de mí cuando bajaba al Starbucks por un café; empezamos a salir a comer juntos. Nos volvimos amigos. Esta vez él fue quien me confesó que se estaba enamorando de mí», narró Ricardo, como si se tratara de una novela. Al principio, Ricardo negó que la atracción fuera recíproca hasta que, un viernes de cierre semestral, se ofreció a apoyar a Erico para elaborar unas tablas de Excel. «Éramos los únicos en la oficina. Ya era tarde y en el elevador se acercó y me besó. No puse resistencia, lo deseaba desde hacía meses. Fuimos a su departamento y fue la primera vez que estuve en la cama con un hombre. No hicimos el amor, pero hicimos todo lo demás. ¿Sabes cómo confirmé que me atraían los hombres? Con el olor. El olor del sexo entre hombres no me desagradó como el olor que tiene una mujer cuando hace el amor», explicó. Ricardo y Erico se hicieron amantes. Convivían en la oficina y se veían para hacer el amor dos veces por semana después del trabajo. Erico le dio una llave de su departamento y se quedaban de ver ahí. «Erico me enseñó a sentir. Lo pasábamos muy bien, pero yo siempre tenía culpa, remordimiento, y me deprimía al regresar a mi casa. Mi mujer y mis hijas me estaban esperando mientras que yo había estado en la cama con un hombre. En el metro, de regreso de casa de Erico, recordaba lo que mi padre había dicho en varias ocasiones: preferiría tener un hijo muerto que un hijo puto».

Como era de esperarse, Erico, que estaba enamorado de Ricardo, comenzó a pedirle más tiempo. Quería que fueran al teatro y a cenar, que salieran a bares y hasta que se fueran de viaje un fin de semana. Ricardo comenzó a sentirse muy presionado. «No podía inventarme problemas en la oficina a cada rato. No sabía cómo justificar con Mariana el que yo llegara tarde con frecuencia, con regalos y... ¡hasta con flores! Desde que habían nacido las bebas, Mariana y yo no habíamos vuelto a tener relaciones. Erico me decía que había encontrado el amor. Mariana me decía que no se sentía amada y yo tenía otra vez depresión y ansiedad. Una noche de jueves, Mariana, las bebas y yo estábamos cenando en casa y sonó el timbre. Mariana contestó y me dijo: "Te buscan, dicen que es de tu oficina". Empecé a sudar frío, algo similar a lo que me pasó en la India cuando vi a Mauro, pero de puro susto. Bajé y me encontré a Erico, ebrio, pidiéndome que me fuera con él. Gritaba: "*Eu te amo, eu te amo*" (yo te amo). Estaba tan nervioso de que no se callara, que me le fui a los golpes. Le rompí la nariz y le disloqué la rodilla derecha de una patada. Enloquecí. Sabía que debía irme de Nueva York», confesó, asustado. «Le prometí a Dios, nuestro señor, que, si lograba salir de ese problema, no volvería a estar con ningún hombre. Mariana no me dijo nada, pero tuvo que haber oído todo lo que pasó. Mientras me gritaba que me amaba, miré hacia la ventana de nuestro departamento y la vi, observándonos, mientras se mordía las uñas. Fue entonces cuando empecé a golpearlo».

¿Es posible que alguien deje de ser homosexual? La respuesta categórica es no. Elmer Huerta, un conocido sexólogo peruano, escribió en su blog *El abecé de la sexualidad humana*, en marzo de 2015, una noticia sobre Ben Carson, un neurocirujano retirado, psicólogo y escritor, además de uno de los posibles candidatos presidenciales en las elecciones de 2016 en Estados Unidos por el Partido Republicano. Carson, quien es abiertamente homofóbico, tuvo que ofrecer una disculpa pública, pues en un discurso de campaña afirmó que ser gay era una decisión que se podía revocar. En una entrevista para CNN, el precandidato republicano afirmó que muchos hombres entraban a prisión siendo heterosexuales y salían siendo homosexuales. Preguntó entonces a la audiencia: «¿Qué creen que les pasó? Contesten ustedes mismos la pregunta», sugiriendo nuevamente que la homosexualidad en el mundo de hoy era un tipo de conducta contagiosa que se podía prevenir evitando el contacto homosexual. La comunidad gay, la científica y la académica del país norteamericano lo criticaron seriamente, y Carson tuvo que aceptar públicamente que había sido imprudente e irresponsable al declarar que la homosexualidad era una elección. Ante la falta de seguidores, abandonó la contienda y brindó su apoyo a Donald Trump, el actual presidente de nuestros vecinos del norte, quien no ha hecho más que ir en contra de las minorías, entre ellas la comunidad homosexual.

Afortunadamente, Erico no demandó a Ricardo por las agresiones físicas recibidas, pero insistió en que siguieran su relación, aunque fuera a escondidas. «Me sentía entre la espada y la pared. Era tanta la presión que tenía por parte de Mariana y por parte de Erico que renuncié, y en menos de dos meses ya estábamos de regreso en México. Mis bebas llegaron a días de haber cumplido dos años. Ni siquiera me despedí de Erico. No tuve el valor. Lo bloqueé de todos los medios y nunca volví a contestarle un mensaje». Entonces, ya en México, consiguió trabajo en la cadena de hoteles donde labora desde hace ocho años.

El 17 de mayo de 1990, la Asamblea General de la Organización Mundial de la Salud (OMS) eliminó a la homosexualidad de su lista de enfermedades psiquiátricas, señalando que cualquier tratamiento para ir en contra de esta orientación sexual, fuera biológico, psicológico o religioso era una afrenta a los derechos humanos. Lo irónico es que a pesar de aceptar lo anterior, gran parte de la opinión pública sajona insiste que, cuando se pone en manos de Dios, la homosexualidad puede ser controlada. El libro de Mike Haley, (2005), no es la excepción. A pesar de apegarse a estudios científicos y de ser altamente objetivo con respecto a que la homosexualidad no es más que una preferencia sexual, concluye diciendo que Dios todo lo puede y que en sus manos nada es imposible. Increíble, ¿no?

Apenas regresó a México, Ricardo se puso en manos de su guía espiritual y le pidió ayuda. Él lo orientó y lo refirió con un médico endocrinólogo que lo revisó sin encontrar ninguna anormalidad, y con un terapeuta católico que parecía estar de acuerdo con Mike Haley. El psicólogo le aseguró que con la ayuda de Jesús y con una vida heterosexual activa semanalmente, las tentaciones se irían de su mente. «Así estuve un año. La tarea era no masturbarme, rezar y cargar mi cruz como lo hizo Jesús, nuestro señor, y tener relaciones con Mariana dos veces a la semana. El endocrinólogo me recetó otra medicina, tadalafilo (Cialis), que me tomaba lunes, miércoles y viernes. A los cuatro meses, Mariana me avisó que estaba embarazada otra vez. Yo me sentía confundido. Iba a ser papá otra vez, pero como parte de un tratamiento para no fijarme en más hombres. Todo era muy raro», repuso, como si nada pareciera tener sentido. Durante el embarazo y los primeros meses del nacimiento de María, su tercera hija, Ricardo se había relajado. Había suspendido la terapia y el uso del tadalafil, y todo parecía estar en control. Sin embargo, en un viaje de trabajo a Monterrey, conoció en el avión a Sergio, un empresario diez años mayor que él, también casado y con tres hijos adolescentes. Salieron a cenar y terminaron durmiendo juntos. Desde hace poco más de cuatro años son amantes. «No pude evitarlo. No es algo que se quite por encomendarte a Dios o por rezar. Lo que tenemos Sergio y yo está bien. Es una relación segura. Los dos estamos en las mismas, él con sus hijos estudiando con los legionarios de Cristo y yo con mis niñas con las monjas del Francés del Pedregal. Los dos somos espirituales, creemos en Dios, somos católicos, vamos a misa, nos queremos. Sergio no tiene problemas con el tema, lo maneja bastante bien. Yo me sigo sintiendo culpable. No nos ponemos en riesgo y tenemos reglas para que ninguna de las dos esposas descubra lo nuestro. No me preocupa eso, porque en serio que soy cuidadoso, lo que pasa es que a veces me siento cansado y deprimido de vivir mintiendo y a escondidas. Quiero manejar esto de manera que no acabe conmigo. A veces me siento fastidiado y abrumado». Entonces entendí la complejidad del motivo de su consulta. Ricardo necesitaba contar con un confidente que conociera su secreto y a quien pudiera hablarle con toda honestidad. «Es muy cansado vivir con una doble agenda. Así vivo, pero quisiera que fuera diferente», me dijo en nuestra penúltima sesión.

XI. MITOS Y REALIDADES DEL ABUSO SEXUAL INFANTIL

Otro de los grandes tópicos que encierran las familias dentro de su baúl de misterios es el abuso sexual que sufren algunos de sus miembros durante la infancia. La pederastia es un tema que avergüenza, que incomoda y que lastima profundamente el cuerpo, la psique y el espíritu de un ser humano. Delimitar la magnitud del impacto del abuso sexual infantil es complicado, ya que haberlo vivido implica también algún otro tipo de abuso, ya sea físico, verbal o psicológico. Necesitamos entenderlo de esta manera: El abuso sexual afecta profundamente al menor. No es una herida fácil de aceptar, ni mucho menos de limpiar o de sanar. Es por ello que, alrededor de la pederastia hay muchos mitos que nos alejan de entenderla como lo que en realidad es: un crimen que aqueja al 18 % de las niñas y los niños en México antes de que hayan cumplido los doce años de edad. Hay una realidad irrefutable: el abuso sexual infantil rompe el cristal con el que vemos la vida y genera en la víctima síntomas secundarios que tarde o temprano saldrán a la luz: depresión, adicciones, trastornos de la conducta alimentaria, enfermedades que tienen un origen emocional, disfunciones sexuales, autolesiones, dificultad para intimar en relaciones interpersonales, un autoconcepto basado en creencias negativas, desesperanza e ideación suicida. Es solo a través de estos síntomas que, en algunos casos, la víctima encuentra un camino para aceptar y afrontar el impacto del abuso. Los síntomas secundarios del abuso sexual nos señalan las diferentes áreas que fueron lastimadas cuando se rompió aquel cristal de inocencia con el que el niño vivía la vida. Aunque las personas no puedan asociar directamente sus síntomas al abuso sexual, hay un vínculo inconsciente directo. Cuando un niño es abusado sexualmente, en ese momento se originan dos pensamientos que se arraigan como hiedra a la piedra y que lo acompañarán durante toda la vida:

- No merezco amor, merezco sufrir.
- No puedo defenderme, merezco castigo.

Estas creencias, enraizadas desde la infancia, son la razón principal por la cual un ser humano busca mantener a toda costa el abuso sexual en secreto. La humillación, la vergüenza, el miedo y la culpa de haber sido abusado sexualmente son tan grandes que es difícil acercarse a quien necesita ayuda, pues tristemente estas personas tienden a aislarse, autocastigarse, y viven en soledad la angustia de esta herida tan profunda. Esta es la razón por la que es muy difícil estimar con exactitud la cantidad de gente que vive afectada por este trauma. El niño lastimado sobrelleva esta herida en silencio, y por eso nunca imaginarías que tu cuñado, tu sobrino, tu mejor amigo, o peor aún, tu propio hijo, pudieron haber sido víctimas de abuso sexual infantil. Por ello decidí ahondar en el tema y publiqué en 2015 el libro *El cristal roto: Sobreviviendo al abuso sexual en la infancia*.

Los estudios sobre el tema varían mucho; sin embargo, la Organización Mundial de Salud declaró en 2012 que por lo menos 1.8 de cada diez adultos alrededor del mundo fueron abusados durante su infancia. Aún los estudios más conservadores aceptan que el abuso sexual es uno de los problemas sociales más importantes a nivel global. Se da en todas las sociedades sin importar la raza, la cultura o la clase social. Esto significa que, mientras lees este libro, allá afuera millones de personas viven con la herida profunda de haber sido abusadas sexualmente cuando eran niños.

Las estadísticas, según la OMS en México (2012), son impresionantes:

- Una de cada cuatro niñas es abusada sexualmente antes de cumplir doce años.
- Uno de cada seis niños es abusado sexualmente antes de cumplir doce años.

- Uno de cada cinco niños es abordado sexualmente a través de internet antes de cumplir los doce años.

- El 20 % de las mujeres y el 11 % de los hombres a nivel mundial manifestaron haber sufrido abuso sexual.

- La OMS señaló que, en la actualidad, cerca de 4.5 millones de niños y niñas en México están siendo abusados sexualmente.

- Casi el 70 % de todos los asaltos sexuales (incluyendo los asaltos a adultos) ocurren a niños de menos de diecisiete años de edad.

- Hoy en día, existen aproximadamente 59 millones de sobrevivientes de abuso sexual entre Estados Unidos y México.

- La edad media de los abusos sexuales denunciados es de nueve años.

- Más del 20 % de los niños varones que fueron abusados sexualmente tenían menos de ocho años de edad.

- Cerca del 50 % de las víctimas de sodomía, violaciones con objetos y tocamientos forzados son niños y niñas menores de doce años.

- El abuso sexual a niñas se presenta en un 53 % en familias donde existe un padrastro, siendo este el agresor.

- Más del 30 % de las víctimas de abuso sexual nunca revela la experiencia a nadie.

- Más del 80 % de las víctimas niegan o son reacias a revelar el abuso. De las que sí lo revelan, aproximadamente el 75 % lo hace accidentalmente, sin haberlo planeado y no lo hacen en un marco de justicia en contra del abusador, sino como explicación de algún síntoma emocional significativo. De aquellas que lo hacen intencionalmente para pedir justicia, más del 20 % se retracta en algún momento del proceso legal, aunque el abuso ya haya sido comprobado.

Entender cómo se manifestó ese abuso sexual es vital para comprender el origen de la incapacidad que presenta la víctima para confiar en sí misma y en los demás. De igual manera, es un marco sólido para descifrar de dónde provienen ese autoconcepto inadecuado, las depresiones crónicas, los problemas interpersonales constantes en las relaciones más íntimas, o bien, la dificultad para comenzarlas, además de todos los demás síntomas secundarios, incluidas las tendencias al alcoholismo y a la drogadicción, que acechan a ese niño-adulto.

Es útil entonces aclarar el concepto de abuso sexual. Carolyn Ainsough en su libro *Surviving Childhood Sexual Abuse* (1993) define el abuso sexual en la infancia como un acto sexual por parte de un adulto hacia un menor, o un acto sexual inapropiado por parte de un niño hacia otro, en contra de su voluntad. Esto incluye cualquier tipo de penetración (oral, vaginal o anal), que el niño se sienta incómodo por la manera en que el adulto lo toca o que lo persuadan para tocar el cuerpo de alguien más. Esto puede también incluir el introducir objetos en el cuerpo del niño o manipularlo para que mantenga actos sexuales con animales. De igual manera, el abuso sexual comprende obligar al niño a desnudarse, o bien, presionarlo para que vea el cuerpo del adulto desnudo. También, se considera abuso mostrarle al menor pornografía, tener relaciones sexuales en frente de él, fotografiarlo o videograbarlo con efectos de gratificación sexual e, incluso, tener una plática sexualizada con el menor (hablar con deseo acerca de su cuerpo o del cuerpo del abusador).

Esta definición de Ainsough me gusta porque es sencilla, clara, y permite al afectado identificar fácilmente el tipo de abuso del cual fue víctima. El abuso sexual puede ocurrir por parte de una persona o de un grupo de personas. Puede haber ocurrido una sola ocasión o por un periodo prolongado. Finalmente, es fundamental tener claro que, según el Comité Nacional para la Prevención del Abuso Infantil en Estados Unidos, el abuso se define como un daño o patrón de daño intencional hacia un niño. Esto abarca desde abuso sexual hasta la negligencia y el daño psicológico y emocional hacia el menor. Por lo tanto, el abuso sexual será siempre un acto que se llevó a cabo con dolo por parte del abusador.

Hace poco más de tres años, Rodrigo llegó a terapia. Un joven economista de treinta y tres años que buscaba apoyo por tener problemas serios de insomnio y alcoholismo. Su esposa le pidió el divorcio después de que terminara en urgencias cuando, en la boda de uno de sus mejores amigos, casi al final de la fiesta, se cayó en la pista de baile y los vidrios de su vaso de whisky se le clavaron en la muñeca, lo que le provocó una hemorragia bastante severa. Era necesario operarlo para salvar el movimiento de su mano, pues en el accidente se había rebanado los ligamentos de la muñeca, pero los médicos tuvieron que esperar más de seis horas para intervenirlo quirúrgicamente debido a la gran cantidad de alcohol que tenía en la sangre. Según me dijo, estuvo muy cerca de perder la mano. Su esposa ya no podía más, era demasiado cansado vivir con un alcohólico. Rodrigo negoció para que solo estuvieran seis meses separados, sin tener ningún tipo de contacto, puesto que él no quería divorciarse. Fue entonces cuando llegó conmigo, con cabestrillo y la mano totalmente inmovilizada. «Esta vez sí me la volé, ¡que ni qué! No me acuerdo ni de haberme caído. Recuerdo que llegué al hospital lleno de sangre, pero pensé que nos habíamos peleado en la boda, ¡y todavía le di un golpe al camillero que me recibió en urgencias! Imagínate la vergüenza y la cruda moral que traigo», me confesó en nuestra primera sesión. Para Rodrigo, al igual que para la gran mayoría de los pacientes que acuden a terapia por tener problemas emocionales, fue difícil asociarlos con el abuso sexual infantil.

A la par de la terapia, Rodrigo comenzó a asistir a reuniones de Alcohólicos Anónimos. Después de dos borracheras más —una tras la cual terminó arrestado durante treinta y seis horas por conducir en estado de ebriedad—, aceptó que era alcohólico y reconoció su enfermedad como el primer paso hacia la sanación. Dejó de beber. Sin embargo, la ansiedad que lo aquejaba, especialmente por las noches, no cedía. Subió de peso, pues empezó a comer en exceso y volvió a fumar, después de haber dejado el tabaco años atrás. Habíamos hablado sobre su infancia, el divorcio de sus padres, su bajo rendimiento escolar a lo largo de la primaria, su tendencia a pelearse a golpes con sus compañeros en el colegio, su inestabilidad emocional y el abuso constante del alcohol desde la adolescencia. No obstante, había algo que no lo dejaba en paz. Entonces, a través de una técnica hipnótica, Rodrigo pudo reconocer un recuerdo escondido, algo que nunca había considerado como una pieza clave de su ansiedad: el abuso sexual que sufrió cuando era niño.

Rodrigo fue abusado sexualmente a la edad de nueve años por su profesor de natación. Un martes cualquiera, al terminar la clase, Rodrigo se dirigió a los vestidores y se desnudó. Mientras se bañaba, su profesor entró a la regadera donde él estaba y comenzó a tocarlo. Después lo besó en el cuello y en los pezones. Rodrigo se sintió muy incómodo y confundido; recuerda que trató de gritar, pero el profesor le colocó la mano en la boca para evitar que lo hiciera y, después de frotar su pene erecto en el pecho y en la cara de Rodrigo, se masturbó y terminó por eyacular en su cara. Al finalizar el acto, lo amenazó con sacarlo del equipo de natación y con «acusarlo con su mamá» si decía algo al respecto; era un secreto entre ellos, y lo secretos se guardaban entre dos «amigos». Le dio una palmada en la espalda, se subió el traje de baño y salió de la regadera para dirigirse a dar su siguiente clase de natación. Rodrigo tuvo que seguir frecuentándolo durante más de año y medio, sintiéndose profundamente violentado por ello.

Lo realmente significativo del abuso sexual no es su definición, sino la validación del sufrimiento y el dolor que hay detrás de él. Lo serio del abuso sexual es lo incómodo, avergonzado, expuesto, humillado y dolido que se siente el niño después del evento, sin importar qué tan lejos llegó el abusador.

David Walters menciona en *Physical and Sexual Abuse of Children: Causes and Treatment* (1975) que si el menor experimenta miedo, incomodidad, culpa y obligación de tener que guardar silencio después de cualquier tipo de contacto físico o interacción sexual, entonces existió abuso sexual. Concretamente, esto es lo que define al abuso como tal: el miedo y la incomodidad de un menor ante cualquier exposición a un contacto físico de tipo sexual con un mayor.

La clasificación que propone la OMS para el abuso sexual en la infancia es la siguiente:

a) **Abuso sexual abierto.** Es aquel que se da de manera abierta y directamente sexual. Aunque puede existir la intención de ocultar la parte violenta del abuso, no se busca ocultar la parte sexual. Un ejemplo de esto es cuando un adulto se introduce dentro de la cama de un menor y toca sus genitales, sin hacer el menor esfuerzo por ocultar que un contacto sexual se está llevando a cabo, o bien, cuando sucede lo mismo en la regadera, en la que el padre, la madre u otro adulto tocan abiertamente los genitales del menor sin disimular el contenido sexual del evento. Tal y como lo vivió Rodrigo con aquel profesor de natación.

b) **Abuso sexual cerrado.** Es mucho más discreto y por lo tanto más difícil de identificar, ya que el contenido sexual del acto es lo que se busca esconder, aunque no lo violento del hecho. El abusador actúa como si no estuviera ocurriendo una actividad sexual con el menor. La traición y la mentira son dobles: el niño está siendo sexualizado, pero es engañado y manipulado para que no lo viva de esa manera. Es la deshonestidad la que permite que el abuso sexual cerrado sea más difícil de descubrir. La víctima termina por creer que el evento no fue sexual, sino solo agresivo e incómodo y, por lo tanto, no es consciente de los sentimientos negativos del abuso, aunque estén ahí. Este tipo de abuso se puede dar con o sin ropa. Algunos abusadores se bañarán con el niño y entonces lo tocarán de manera inadecuada, disfrazarán el contacto como una forma de ayudarlo a limpiarse, o lo regañarán seriamente, golpeándolo o insultándolo, mientras que lo toca sexualmente sin que él sea consciente de ello.

183

«En un comienzo creí que era absurdo y hasta ridículo admitir que había sido víctima de abuso sexual, ya que me parecía imposible entender que esos pocos minutos de haber sido tocado por mi profesor de natación y haber sentido su semen en la cara por una única vez, me hubieran jodido tanto la vida. Acudí a terapia por tener problemas de insomnio, por problemas con la bebida y por una crisis en mi matrimonio; fue ahí donde las piezas empezaron a unirse y entendí que eso que viví era el origen de tantos y tantos problemas», reflexionó Rodrigo en su libreta de notas después de algunas sesiones.

Rodrigo me aseguró en varias sesiones que, a pesar de que su madre mandaba por lo menos dos trajes de baño en la maleta verde de natación, su maestro siempre le pedía que usara el traje «azul». Rodrigo no quería usar ese porque le apretaba y lo hacía sentir incómodo, y se sentía avergonzado de que se le marcaran los testículos y el pene, pero su maestro lo obligaba, convenciéndolo de que «un buen nadador tenía que usar ropa entallada, para nadar más rápido». Así, durante muchos meses, Rodrigo usó un traje de baño que era por lo menos una talla menor a la suya. Hoy sabemos que al profesor de natación le atraía ver a Rodrigo con el traje ajustado.

Irene Intebi, una prestigiosa psiquiatra infantil española, describe en su libro *Abuso sexual infantil: en las mejores familias* (2008) cómo el abuso sexual infantil afecta la visión del mundo de la víctima para siempre. Intebi explica que el mundo deja de ser un lugar seguro para ese niño; aprende a desconfiar de los demás, pues la figura del adulto, quien supuestamente cuidaría de él, fue quien lo lastimó. En *Trends in Child Abuse and Neglect: A National Perspective* (1984), Alene Russell habla sobre la afección del abuso sexual y sus variaciones en cada caso; afirma que es muy complicado medir la magnitud del daño después del abuso, ya que este se manifestará en todas las áreas de su vida. Obviamente, cada persona es diferente y reaccionará de manera única a su herida física, emocional y espiritual, dependiendo de su personalidad, de sus recursos emocionales, de su ambiente familiar y de su historia de vida. Sin embargo, Russell, en su profunda y acertada investigación, señala los siguientes factores de los que dependerá la respuesta que la víctima de abuso sexual tenga con respecto al trauma:

a) **La edad en la cual comenzó el abuso.** Evidentemente, a menor edad existirá menor capacidad para procesar la confusión del abuso y habrá mayor daño emocional, mayor vergüenza y mayor sensación de culpa al respecto. Por desgracia, los estudios indican que el 41 % de los casos de abuso sexual comienza a los seis años. Incluso, se han reportado abusos sexuales en víctimas menores de dos años. Este tipo de casos se reconocen debido a pacientes que llegan a urgencias con desgarre del recto o de la vagina, indicador de que hubo penetración por medio de un dedo o del pene. Infortunadamente, para el 81 % de las víctimas el abuso sexual empezará antes de que lleguen a la pubertad, lo que indica que se trata de una situación impuesta por el mayor y no un encuentro sexual natural. Cuando los ofensores son los padres, sin importar la edad de la víctima, la herida emocional será terrible; pero entre más pequeño es el niño, mayor será la desestructura en su personalidad y, por lo tanto, mayor será el índice de conductas autodestructivas que se manifestarán en la edad adulta.

b) **El nivel de coerción, amenaza, y violencia que hubo en el abuso.** Hay que recordar que en el abuso sexual también hay un componente importante del trauma, el cual implica que a mayor violencia habrá un mayor nivel de síntomas de trastorno de estrés postraumático. Un abuso sexual violento dejará mayores síntomas de trauma que aquel que se dio por medio de trucos o chantajes. Los registros indican que en el 60 % de los casos, el abuso sexual pudo haber involucrado violencia verbal o física.

c) **El tiempo que duró el abuso.** En la gran mayoría de los casos, el abuso sexual no es un hecho aislado o esporádico; mientras más haya durado el periodo en el que el niño fue abusado, mayores serán las heridas emocionales a sanar. Infortunadamente, los datos recabados por Russell indican que el tiempo promedio de abuso sexual infantil es de cuatro años. Los niños que fueron abusados durante periodos prolongados vivieron todo ese tiempo con miedo, con culpa y con angustia. Es como estar conscientes de que hay un monstruo cerca de ellos, que los persigue y del cual no se pueden defender.

d) **La frecuencia del abuso.** Un episodio de abuso sexual es, en sí mismo, considerablemente traumático, por lo que entre más eventos de abuso existan, mayor impacto tendrá en la personalidad del menor. Aquellos que vivieron un patrón de abuso constante, con eventos muy cercanos unos de otros, nunca tuvieron la oportunidad de estabilizar algo de su personalidad. Durante su investigación, Russell descubrió que en el 48 % de los casos con los que trabajó, el niño fue abusado entre dos y veinte veces dentro de su sistema familiar o escolar, mientras que en el 10 % de estos, el niño vivió eventos sexualmente abusivos más de veinte veces.

e) **La cantidad de adultos que estuvieron inmersos en el abuso.** Entre más adultos estén involucrados en el acto sexual, mayor será el sentimiento de desolación y desesperanza que el niño tenga sobre el mundo en general. Entre más agresores hayan participado en el abuso sexual, mayor será la sensación de descontrol, de minusvalía y de falta de poder por parte del niño para defenderse del mundo exterior. Si el abuso se da solo por un adulto, el niño aún tendrá alguna oportunidad de creer que existen más adultos en los cuales puede encontrar seguridad. Si el abuso se realiza por más adultos, el niño se sentirá totalmente devastado, pues generalizará la creencia de que no puede encontrar ningún tipo de apoyo en el mundo adulto. Esta es la situación de aquellos que son explotados por mundo de la pornografía infantil.

f) **La relación del niño con el agresor sexual.** Evidentemente, entre más cercana sea la relación del niño con el abusador, mayor será el daño emocional. Desgraciadamente, la mayor parte de los abusos sexuales a menores es cometida por un adulto que el niño conoce, con quien tiene algún tipo de cercanía y en quien confía. Russell descubrió que la probabilidad de que un niño sea abusado sexualmente por un familiar cercano es tres veces mayor a que el abusador sea un extraño. Esto destruye la capacidad del niño de confiar en los demás. Debido a que la mayoría de los abusos son cometidos por algún miembro cercano a la familia, el niño se verá forzado a permanecer en silencio, pues hablarlo implicaría traicionar al familiar al que quiere y en el que confía. Algo de lo más doloroso que vive el niño es que, como se trata de un familiar, lo seguirá viendo y conviviendo con él. Por eso, desde mi punto de vista, el incesto es el acto más cruel que puede existir. La desestructura que genera en la vida de cualquier ser humano es enorme. Traiciona los principios y los valores básicos en los que se debe sustentar una sana relación familiar: responsabilidad, honestidad, respeto y amor. Las víctimas de abuso sexual están totalmente atrapadas entre quienes los lastiman: no tienen a dónde ir. El incesto es como una película de terror en donde los «protectores» se convierten en los peores victimarios, es decir, como en las historias de miedo donde los buenos terminan siendo los malos.

El abuso sexual en la infancia implica para la víctima pagar un enorme precio durante la vida adulta; no solo en términos de los síntomas secundarios, sino también al vivir entre los extremos de la culpa, la vergüenza, el autocastigo y el autodesprecio. Es muy difícil alcanzar la capacidad para disfrutar de una relación de pareja, la intimidad con otro ser humano y, sobretodo, mantener la esperanza de que la vida podrá llegar a ofrecer seguridad. La mente de la víctima busca negar el suceso, el espíritu busca reprimirlo, y al final se vive en una gran soledad y una enorme falla de sentido de vida. Como si fuera un laberinto, el camino hacia la sanación no será fácilmente revelado. Al igual que Rodrigo, generalmente la víctima de abuso sexual infantil pasa muchos años de silencio, guardando ese gran secreto, con el dolor y la injusticia como piezas claves de la propia identidad. Además, para sanar se requiere de un compromiso serio y real con el bienestar. El niño que fue abusado sexualmente fue víctima de un crimen. Detrás de ese crimen hay un plan de acción para llevar a cabo el ilícito y un prófugo de la justicia encargado de ello. Es importante entender que las víctimas de abuso sexual muy rara vez son elegidas al azar. El que exista un patrón de acción por parte del pederasta no significa que todos los casos de abuso sexual ocurren de la misma manera, y seguramente existirán algunos que no siguen este patrón; sin embargo, el abuso sexual hacia un menor casi nunca ocurre por casualidad, no es cuestión de azar y no tienen que ver con mala suerte. En su libro *Incest in the Lives of Girls and Women* (1986), Diana Russell señala que solamente cerca del 11 % de los casos de abuso sexual son ejecutados por un extraño; la gran mayoría los efectúa un miembro de la familia (29 %) y el resto una persona relativamente cercana a la víctima (60 %). El abuso sexual tiende a darse a través de ciertos pasos, etapas que se presentan en el grueso de los casos; es, pues, un evento que se da en un contexto determinado. Entender el contexto donde se dio el abuso es fundamental para comprender la magnitud de la herida del niño abusado.

«Ahora entiendo por qué siempre me decía que yo era el que mejor nadaba, que era su consentido, que estaba orgulloso de mí, que podría llegar a las olimpiadas si él me seguía entrenando. Ahora entiendo por qué me daba una paleta al terminar la clase y me guiñaba el ojo cuando pasaban por mí a la alberca. Ahora entiendo por qué enfrente de mi mamá siempre me decía: "Felicidades, campeón". El muy hijo de puta se ganó mi confianza y logró que yo nunca dijera nada. Le creí... Creí que era un secreto que ambos tendríamos que guardar», expresó Rodrigo con los puños apretados una vez que entendió la primera etapa del abuso; en ella, el pederasta seduce de forma gradual a los niños, se gana su confianza y establece un vínculo de intimidad que posteriormente le servirá para amenazarlos y encargarse de mantener el abuso en secreto.

«Odiaba los días de natación. Siempre buscaba algún pretexto para no ir. Obviamente mi mamá siempre terminaba llevándome. Recuerdo ir en el coche sintiendo algo raro en el estómago. Creo que sentía coraje porque me tendría que poner aquel traje apretado y él me miraría de forma penetrante, esa mirada que ponía sobre mí en cuanto me veía entrar... pero, al mismo tiempo, pensaba en que me abrazaría en la alberca, que me daría masaje en la espalda y que me felicitaría en frente de todos los demás llamándome "campeón", y eso, por pendejo que suene, me ilusionaba. Salía de ahí como si la paleta que solo me daba a mí fuera un trofeo», confesó Rodrigo: había entendido la ambivalencia emocional que le generaba el abuso sexual.

Según Dan Allender, esta etapa de abuso sexual implica necesariamente dos sentimientos claros:

- **Odio.** La víctima se siente traicionada, sin poder y sin control, y con sentimientos ambivalentes.
- **Placer.** El menor está experimentando algo prohibido que es excitante, hay momentos de sensualidad y su sexualidad se despierta.

Esta fase no necesariamente implica que el cuerpo del niño sea lastimado. Hay interacciones entre abusadores y menores que pueden dañar seriamente el alma de una víctima, sin siquiera haberle tocado un pelo.

No obstante, es necesario puntualizar que no en todos los casos de abuso sexual hay presencia de placer, especialmente si es violento o frecuente, pues el miedo o el dolor físico bloquearán este sentimiento. Otra razón que explica la ausencia de placer tiene que ver con un mecanismo de defensa conocido como disociación, el cual implica separar lo que se está viviendo de lo que se está sintiendo. Esta reacción de la mente nos protege temporalmente del trauma que estamos experimentando, reprimiendo los

189

sentimientos y enterrándolos en lo más profundo de nuestra mente inconsciente. De este modo, mientras el abuso sexual esté sucediendo, la mente se desprenderá de la realidad, tratará de evadirla, para mantenerse a salvo.

En resumen, el abuso sexual dispara una serie de emociones que el menor no es capaz de asimilar y procesar. En la mayoría de los casos, la confusión entre el odio y el deseo, entre el placer y la culpa, irá debilitando el espíritu de la víctima, pues la experiencia va y viene entre estos dos polos que parecen contraponerse y nunca se encuentran. La ambivalencia de todos estos sentimientos se incrementa por el enojo ante la traición, el terror por ser descubierto por los demás y, al mismo tiempo, el miedo a perder la relación con el abusador y con otros miembros de la familia o del sistema escolar. Al final, esta confusión, toda esta mezcla de sentimientos que no se pueden aclarar, lleva a la víctima a disociarse y a no sentir nada. El daño está generado y en la gran mayoría de los casos, se convierte en un gran secreto que la víctima guardará en lo más profundo de sí.

Un jueves, Rodrigo llegó particularmente afectado a su sesión. La noche anterior había tenido un sueño recurrente del que siempre despertaba sudando. Él se encontraba en un acuario, que describe hecho de vidrio, de esos que rodean por todos lados a los visitantes. Él caminaba por un pasillo y al final de este se encontraba la salida. A Rodrigo le daba miedo ver a los peces, pero le tenía especial pavor a un tiburón. Se armó de valor y trató de llegar corriendo al final del pasillo para poder salir del acuario; no obstante, el tiburón empezó a golpear con fuerza el cristal del acuario hasta lograr romperlo. El agua se filtró, Rodrigo comenzaba a empaparse y, en un abrir y cerrar de ojos, se veía flotando en el acuario, rodeado de peces, consciente de que el tiburón en cualquier momento se lo comería. Se despertó sudando y asustado. En esa sesión de terapia descubrió que el tiburón representaba a aquel hombre que abusó de él en la infancia y que los peces eran todos los peligros que él sentía que lo aquejaban. Desde que lo entendió, dejó de tener esa pesadilla.

Curiosamente, la última etapa del abuso sexual es similar a la primera: comparten el desarrollo de cierta intimidad que favorece el carácter secreto de la relación. Pese a que los días de gloria de la primera etapa han terminado en lo absoluto, el abusador hará lo que tenga que hacer para seguir sometiendo al menor, obligándolo a mantener la lealtad y el miedo en su corazón. El miedo es inducido por amenazas y chantajes, y la lealtad a través de privilegios. El miedo normalmente está basado en la amenaza de que, si el menor le platica a alguien más lo sucedido, el abusador lo negará y lo acusará por todo «lo malo que ha hecho». De igual manera, es común que el abusador torture psicológicamente al niño asegurando que todos creerán en la palabra del adulto y no en la del menor, y que solo se ganará castigos y maltratos. Ya que el niño es egocéntrico, el abusador lo amenazará con revelar a las personas más importantes para el menor todo lo que este ha propiciado. Evidentemente, el niño se siente culpable de todo lo sucedido, por lo que guardará silencio.

Como psicólogo clínico, no dejan de sorprenderme todas las maneras en las que un abusador logra mantener el silencio de su víctima:

- Si dices algo, te juro que mato a tu perro.

- Nadie se puede enterar; si es así, llevarán a tus padres a la cárcel por todo lo malo que has hecho.

- Si se enteran de esto, te correrán del colegio y te mandarán a un internado.

- Como eres un mentiroso nadie te creerá, y me encargaré de que te encierren en un correctivo de menores para que dejes de decir mentiras.

- Si tu madre se entera de esto, la mandaré a un hospital psiquiátrico y nunca la volverás a ver.

- Si me acusas, llegarán unos policías y nos fusilarán a los dos.

- Tu abuelo no podría saber esto. En ese momento le daría un infarto y moriría y tú serías el culpable.

- Si tú dices algo, me suicidaré y serás la culpable de mi muerte.

- Si tú abres la boca, yo mismo me encargaré de matarte.

- Si hablas de esto vas a destruir a toda la familia, y sé que tú no quieres hacerles daño.

Todas estas frases las he escuchado en terapia...

«Mi sexualidad se afectó mucho. Durante años tuve miedo de ser homosexual, ya que había tenido una experiencia sexual con un hombre. Viví siempre esperando a "salir del clóset" en cualquier momento, a la expectativa de que me gustara algún otro hombre; pero ese momento nunca llegó. No soy homofóbico, pero odio haber sido tocado por otro hombre. Me da vergüenza. Me da pena haber tenido mi primera experiencia de ese modo. Me dan pena los gays porque se traicionan todo el tiempo entre ellos. Los hombres estamos bien jodidos. Pobres chavas, las hacemos pasarla bien mal», sentenció Rodrigo, tras reflexionar sobre sus infidelidades y las dificultades que ha experimentado en su vida sexual.

Las heridas emocionales que se originan a través del abuso sexual infantil, sumadas a la falta de protección que experimentó el niño, la falta de guía y de estabilidad al sentirse culpable por el abuso, la tendencia al autocastigo y la falta de amor propio, pero sobre todo, la gran vulnerabilidad emocional que vive un menor al cargar con el secreto de haber sido abusado sexualmente en la infancia, son tan profundamente dolorosas que no solo ocasionan temor y percepciones erróneas, sino también un vacío profundo, aunado a sentimientos de minusvalía y la perspectiva de un futuro desolador. Por eso, es común que quienes fueron abusados sexualmente de niños busquen llenar ese vacío con algo que provenga del exterior: alcohol, drogas, comida, sexo, o incluso alguna otra persona, a quien convierten en el centro de su vida: las víctimas de abuso tienden a establecer relaciones en las que «aman demasiado, hasta el punto de perderse en el otro». Este es el origen de las relaciones codependientes.

Las conductas autodestructivas en las que la víctima del abuso sexual se sumerge no resuelven las heridas del abuso; solo distraen del dolor, anestesian el trauma con un dolor diferente. Surge entonces un círculo vicioso, en el que la necesidad de dolor es cada vez mayor. El sufrimiento se maneja de manera masoquista, repitiendo los patrones destructivos aprendidos en la infancia. «La ansiedad a veces es demasiada. La siento y mi cuerpo se llena de adrenalina, como si algo muy malo estuviera ocurriendo o fuera a suceder. Me siento muy mal, solo quiero irme de donde esté. En esos momentos, en lo único en lo que puedo pensar es en un *shot* de whisky. Sé que con eso me sentiría mejor. Hay veces que hasta creo que me dará un infarto... Este sentimiento es lo más cruel que he vivido, aún peor que lo que sentí en aquella regadera de la alberca». Esta fue la manera en que Rodrigo describió sus ataques de ansiedad.

La víctima de abuso sexual en la infancia es particularmente susceptible a generar y mantener relaciones destructivas; busca anestesiar el dolor emocional ocasionándose, paradójicamente, más sufrimiento en la edad adulta, y repitiendo los patrones que tanto daño le causaron en la infancia. Por eso es tan común que dos personas que fueron abusadas cuando niños (física, verbal, emocional o sexualmente) se relacionen entre sí pero, en vez de nutrirse, se lastimarán. Creyendo que aman, estarán juntas solo para hacerse más daño, aunque no puedan ver la diferencia.

El abuso sexual no es un proceso que se pueda asimilar con facilidad. No se puede comenzar a sanar sin eximir al afectado de la responsabilidad de un crimen que no cometió. Ningún menor es responsable del abuso sexual del cual fue víctima. Rodrigo, después de un periodo largo de separación, regresó con su mujer; lleva cerca de año y dos meses sin beber y ha logrado establecer una relación más cercana e íntima con ella. Para él todavía resulta amenazante hablar del abuso sexual que vivió en la infancia, así que continúa manteniéndolo en secreto. Rodrigo sigue acudiendo a terapia semanalmente y ha podido asumir lo siguiente:

«Nadie a los nueve años puede excitar a un hombre sano. Nadie a los nueve años puede ser culpable de la perversión de un adulto. Nadie a los nueve años puede generar maldad. Yo no tuve la culpa de estar en esa clase, en esa alberca, con ese profesor enfermo de la mente. Yo no tuve la culpa».

XII. EL SIDA:
ENFERMEDAD DE LA VERGÜENZA

A lo largo de mi vida profesional me he enfrentado en varias ocasiones a una enfermedad terrible, que consume poco a poco el cuerpo de quienes mueren víctimas de ella y, para los cuales, generalmente hay poca empatía y compasión: el sida. A finales del siglo XX, la epidemia de la infección por el virus de inmunodeficiencia humana (VIH), causante del sida, se extendió alrededor del mundo y afectó a personas de todas las edades, credos y preferencias sexuales. ¿Por qué si se trata de una enfermedad crónica más, como lo es el cáncer, la diabetes o el enfisema pulmonar, es motivo de tanto prejuicio, rechazo y hostilidad? Esto se debe a que, en un principio, afectó principalmente a la comunidad homosexual; desde entonces, se ha asociado injustamente a la práctica de una sexualidad promiscua y desenfrenada. Randy Shilts, en la edición revisada de su libro *And the Band Played On: People and the AIDS Epidemic* (2007), explica con lujo de detalle la historia de esta enfermedad que transformó por completo los sistemas de salud a nivel mundial. El primer caso del Síndrome de Inmunodeficiencia Adquirida fue diagnosticado en Nueva York en 1979. Los síntomas que presentaba el paciente eran muy similares a los de un enfermo de leucemia; sin embargo, no se pudo encasillar bajo ningún diagnóstico. En ese entonces, se trataba de una enfermedad desconocida para el ser humano; durante los años siguientes, se fueron presentando casos similares, cuyos afectados terminaban por morir irremediablemente. El origen de la enfermedad, es decir, su agente patógeno, fue identificado entre 1983 y 1984 en el Instituto Pasteur de París por Luc Montagnier. Él descubrió que se trataba de un virus que afectaba al sistema inmunológico del ser humano, que con el tiempo lo dejaba desprovisto de células sanas para defenderse de las demás enfermedades. Gracias a los trabajos de Montagnier y sus colaboradores, al poco tiempo se pudo disponer de una prueba para detectar anticuerpos de VIH en el suero de las personas infectadas.

En 1981, en Nueva York, Los Ángeles y San Francisco, se vivió un fenómeno que parecía una maldición: se detectaron varios casos de hombres homosexuales que presentaban infecciones, tumores que parecían malignos y un sistema inmunológico deprimido, síntomas inusuales para su edad. Cuando se descubrió que dichos síntomas se debían una enfermedad de transmisión sexual, el sida se estigmatizó y los grupos conservadores satanizaron a quienes la padecían. A finales de la década de los ochenta y principios de los noventa, tener sida era sinónimo de muerte, lo que radicalizó aún más los prejuicios hacia quienes portaban el virus. En los primeros veinte años de la aparición de esta nueva enfermedad, varios personajes públicos murieron en la lucha contra este cruel padecimiento. Gerald J. Stine, en su libro *AIDS Update* (2014), habla de aquellas figuras públicas que murieron víctimas de la enfermedad. En esos años el sida se llevó al renombrado filósofo y escritor Michel Foucault, quien murió en 1984. Freddie Mercury, miembro de la banda inglesa Queen, murió en 1991. El escritor Isaac Asimov falleció en 1992; el actor Anthony Perkins, quien marcó la historia del cine de terror con su actuación en la película *Psicosis*, murió en 1992; el bailarín Rudolf Nureyev murió en 1993, al igual que el tenista Arthur Ashe, el primer afroamericano en ganar el torneo de Wimbledon. Uno de los grandes galanes del cine estadounidense, Rock Hudson, dejó este mundo en 1985, víctima del sida, y su muerte fue portada de las revistas más reconocidas en el mundo del espectáculo de aquel año. Su homosexualidad, que permaneció en secreto durante casi toda su vida, más el estigma de estar infectado de VIH, lo llevó a escribir su autobiografía, *Rock Hudson: His Story*, que se publicó de manera póstuma en 1986.

Erving Goffman, en su libro *Stigma: Notes on the Management of Spoiled Identity* (1986), explica detalladamente el estigma y la discriminación que se ha vivido ante la epidemia del sida: desde la negación y el silencio, hasta la hostilidad y, en algunos casos, la violencia. Goffman expone que el miedo a ser etiquetado, juzgado y relegado socialmente ha llevado a que muchas personas prefieran no someterse a pruebas de detección del virus, o que eviten el tratamiento adecuado. En la gran mayoría de los casos, quienes tienen o creen tener el virus padecen rechazos o abusos, desempleo, falta de vivienda o exclusión del sistema sanitario. Esta clase de reacciones representan un serio obstáculo frente a los esfuerzos de prevención y tratamiento, ya que han agravado aún más los efectos de la epidemia. Goffman afirma que el estigma y la discriminación son dos cuestiones separadas, pero que están muy relacionadas entre sí. Ambas continúan representando dos de los aspectos más significativos de la epidemia del sida. El estigma tiene a menudo que ver con las actitudes de la gente para con los demás. Goffman declara que el estigma se origina en lo profundo de la estructura misma de la sociedad y en las normas y valores que rigen la vida diaria. El estigma hace que ciertos grupos dentro de una sociedad resulten subestimados y avergonzados, a la vez que estimula sentimientos de superioridad en otros. De esta manera, un estigma hace referencia a aquellos «atributos indeseables», incongruentes con el estereotipo que tenemos acerca de cómo debe ser cierto tipo de individuo. El término discriminación, explica Goffman, se refiere a cualquier forma de diferenciación, restricción o exclusión que puede sufrir una persona a causa de alguna característica personal inherente.

> *En el fondo, el estigma y la discriminación crean*
> *y a la vez son creados por la desigualdad social.*
> ERVING GOFFMAN

Pero ¿qué es el sida? Paul Sax, en su libro *HIV Essentials* (2014), explica de manera muy acertada lo que es la enfermedad.

Según Sax, el Síndrome de Inmunodeficiencia Adquirida (SIDA) es la etapa final de la infección por VIH. En esta etapa del desarrollo del virus, las personas tienen seriamente dañado el sistema inmunológico, lo que los pone en riesgo de contraer infecciones oportunistas. Es decir, lo que puede ser mortal de este síndrome son las otras enfermedades que el individuo adquiere y de las cuales el organismo ya no se puede defender.

Desde hace poco más de cuatro años trabajo con Jerónimo, un diseñador gráfico de treinta y un años que sobrevivió a un intento suicida por sobredosis de benzodiacepinas. Planeó su muerte y, un sábado por la noche, ingirió toda una caja de Rivotril (clonazepam), además de media botella de whisky para potencializar su efecto. En realidad estuvo muy cerca de conseguirlo. Él había dejado la puerta de su departamento abierta para que el lunes que llegara la trabajadora doméstica pudiera encontrar su cuerpo con facilidad. Sin embargo, como si se hubiera tratado de algo providencial, cerca de la medianoche, en la Ciudad de México, hubo un temblor bastante fuerte. Sonó la alarma sísmica y los vecinos empezaron a desalojar el edificio, y una de ellas, al ver vestigios de luz bajo la puerta de Jerónimo, tocó con fuerza hasta descubrir que la puerta estaba abierta. Lo encontró totalmente inconsciente, pálido, sudoroso y con el ritmo cardiaco en el suelo. Llamó a una ambulancia y Jerónimo fue ingresado en el hospital, donde permaneció por nueve días. Ahí fue canalizado a tratamiento psiquiátrico y terapéutico. Lo conocí cuando salió del hospital.

Jerónimo atravesaba por una depresión muy seria. Debido a que no contaba con ningún familiar cercano que lo apoyara, uno de sus mejores amigos se fue a vivir con él durante seis semanas. Necesitaba cuidados y, sobre todo, supervisión para que no intentara volver a lastimarse. Conforme pasaron las sesiones, Jerónimo se comprometió con su proceso de terapia y decidió darle a la vida una segunda oportunidad. Asegura que tomó la decisión de suicidarse después de que diez meses atrás se enterara de que era seropositivo. ¡Fue la gota que derramó el vaso! Pues, como ahora verás, Jerónimo no ha tenido una vida nada fácil.

Nació y creció en Tamaulipas. Hijo de un ganadero trabajador, pero obsesivamente religioso, machista y homofóbico, recuerda que su padre lo golpeaba hasta sangrar, lo humillaba y lo dejaba fuera de la casa cuando no obedecía sus órdenes, especialmente en las tareas del rancho o por faltar a misa uno que otro domingo. El padre de Jerónimo intuía que su hijo era homosexual, así que lo agredía con más saña. Los insultos y las golpizas fueron en aumento. Cuando Jerónimo tenía doce años, un viernes a fin de mes, salió temprano del colegio y llegó a la casa. Nunca imaginó que lo que presenció pudiera ser verdad. Se dirigió a las caballerizas para visitar a Neptuno, su caballo, pero la puerta principal estaba cerrada. Había música ranchera a todo volumen e imaginó que el caballerango estaba bañando a los caballos. Dio la vuelta para entrar por la parte trasera y cuando su mirada se acostumbró a la oscuridad, quedó paralizado. Su padre, medio desnudo, acostado entre pacas, era penetrado por Gilberto, el caballerango. Jerónimo, estupefacto por la imagen, miraba y escuchaba con incredulidad cómo esos dos hombres tenían sexo rudo. Jerónimo dio un paso para atrás y una de las vigas del suelo de la caballeriza tronó. Su padre volteó y lo vio. El niño salió corriendo, mientras su padre gritaba que lo mataría a golpes si decía algo de lo que había presenciado. «Un papá mata-maricones que era más maricón que cualquiera de los homosexuales de esta tierra. Nunca olvidaré que la cara que tenía cuando Gil se lo estaba cogiendo era la misma que cuando me golpeaba hasta cansarse. Sí, mi papá se excitaba mientras me golpeaba. Hoy sé que eso era abuso físico y sexual. Ser gay no tiene nada de malo... Pero tantos insultos mientras me pegaba me hicieron sentir muy poquita cosa: me ha costado aceptarme. ¿Cómo puedes hacerlo si tu padre, que también es homosexual, te golpea porque él no acepta que le gustan los hombres?», reflexionó Jerónimo después de llevar algunos meses en terapia. Me relató que, desde entonces, su padre comenzó a evitarlo. Dejó de golpearlo, pero lo ignoraba, o bien, se levantaba de la mesa cuando el chico se sentaba a comer. Jerónimo vivía presionado, pues su madre le insistía en que hiciera las paces con su padre, que le diera gusto, que lo acompañara al rancho; pero Jerónimo nunca estuvo dispuesto a confesarle a su madre la verdad. Cuando terminó la preparatoria, consiguió irse a Monterrey a estudiar la carrera y, para ese entonces, su padre y él no se dirigían la palabra. «Vas a matar a tu padre de un disgusto», le dijo su madre ante la negativa de despedirse de él antes de marcharse. Jerónimo comenzó la carrera de Diseño Gráfico. En Monterrey consiguió trabajo en un despacho de arquitectos, donde conoció a Eduardo, quien sería su primera pareja formal. Jerónimo tenía veinte años y Eduardo, treinta y seis.

Sax explica que la epidemia del sida sigue presentando una marcada variación geográfica, racial y de composición genérica. Globalmente, se han entendido ciertos patrones de distribución del sida. En los países industrializados, con gran número de casos, la forma de contagio predominante ha sido a través de la actividad homosexual y la aplicación intravenosa de drogas. La proporción en cuanto a género es de diez hombres por cada mujer. Sin embargo, esta información contrasta con algunas poblaciones de África donde predomina la infección heterosexual y la proporción de hombres a mujeres es aproximadamente de uno a uno. En ciertas áreas de Latinoamérica y el Caribe, el patrón de diseminación se asemeja al de los países industrializados, aunque Sax asegura que en algunos poblados, también de Latinoamérica, existen patrones similares al de África y esto está íntimamente relacionado con el nivel de escolaridad y de solidez económica de una comunidad. En las grandes ciudades, el contagio se sigue dando más en comunidades homosexuales, mientras que en las comunidades rurales, el contagio tiende a ser más entre heterosexuales. Dentro de Estados Unidos, la distribución geográfica del sida es muy irregular; se presenta principalmente en los grupos minoritarios; además, el uso de drogas intravenosas como vehículo de la transmisión es un problema cada vez mayor. Conforme la adicción a estas drogas aumenta, irremediablemente aumentan los casos de contagio del VIH.

Cuando Jerónimo tenía veintiún años, su padre murió súbitamente de un aneurisma. En el velorio, su madre lo recibió con una bofetada. «Te dije que matarías a tu padre con los disgustos que le dabas», le gritó a la mitad de la funeraria. Desde entonces, ella adoptó hacia él la misma actitud de rechazo y de indiferencia que tenía su padre. Luego, durante una acalorada discusión, Jerónimo le dijo que era homosexual y ella lo corrió de la casa, le negó cualquier tipo de apoyo económico y nunca volvió a contestarle

SECRETOS DE FAMILIA

el teléfono. «Ella me corrió de la casa, no me dejó ni siquiera subir a mi cuarto por mi maleta, ni hablar con mis hermanos. No me pude ni siquiera despedir de Neptuno o de mi nana de toda la vida. En ese momento fue como si yo hubiera muerto para la familia. Ninguno de mis dos hermanos me buscó. Desesperado, regresé a Monterrey, pero tenía todavía cuatro semestres por delante en la universidad. Eduardo me brindó su apoyo, comenzó a pagarme la colegiatura y me fui a vivir con él», me explicó, con lágrimas en los ojos. El rechazo de su familia definitivamente lo marcó para toda la vida.

¿Y cómo se transmite el VIH? Peter Parham, en *The Immune System* (2009), explica con claridad que existen únicamente tres maneras de contagio del virus:

- **Transmisión sexual.** Ya que el virus se encuentra en el semen, en la sangre y en las secreciones vaginales, puede transmitirse a través del contacto sexual vaginal, anal y bucogenital. Esto puede suceder de varón a mujer, de varón a varón o de mujer a mujer.

- **Transmisión sanguínea.** El VIH se encuentra en gran cantidad en la sangre de una persona infectada y puede transmitirse a través de ella o de sus derivados, como el plasma. Esto es posible mediante una donación de sangre, o bien, al utilizar un objeto punzocortante que esté infectado.

- **Transmisión de madre a hijo.** Una madre con VIH puede transmitirlo a su hijo mediante el embarazo, parto o la lactancia. Parham ofrece las siguientes estadísticas con respecto al momento del contagio del producto a través de una madre seropositiva: durante el embarazo, hasta el 35 %; durante el parto, hasta el 65 %; durante la lactancia: hasta el 14 %.

Paul Sax (2014) hace hincapié en que, aun hoy en día, a más de treinta años de estudiar este síndrome, siguen existiendo mitos acerca de él. Es totalmente firme al expresar que el sida:

- No se contagia a través del aire (estornudos, tos, la lluvia), ya que es un virus que muere al tener contacto con este.

- No se contagia a través de la saliva, por lo que no hay riesgo de ello al besar a una persona infectada, o bien, por compartir la vajilla, cubiertos, la ropa, el baño, el teléfono o por viajar en transporte público.

- No se contagia por compartir albercas, saunas o vapores con una persona infectada.

- No se contagia por el contacto con las lágrimas o el sudor.

- No se contagia a través del contacto físico no sexual.

Jerónimo terminó su carrera en Monterrey, pero la relación con Eduardo era estresante. «Era muy dominante, muy celoso, no me dejaba salir con mis amigos, ya que siempre creía que le iba a ser infiel. Cuando él cumplió cuarenta, yo apenas era un chavo de veinticuatro años y tenía la vida de un ama de casa. Ni siquiera me dejaba tener más responsabilidades en el trabajo, así que hablé con él, renuncié y busqué otro empleo. Quería experimentar en un trabajo en el que yo no fuera el novio del dueño. Me contrataron en el Gobierno del Estado de Nuevo León, en el área de mercadotecnia. Comencé a sentirme más útil y a conocer a más gente, pero Eduardo me seguía controlando. Me depositaban mi sueldo a una cuenta que él manejaba y él me daba un gasto semanal. Entonces, ya no me decía que no podía salir porque le daban celos, sino porque ya no me alcanzaba el dinero. No perdía ocasión para recordarme que él me había mantenido por muchos años y que yo tenía que compensárselo. Mi vida empezó a ser miserable», relató. La relación con Eduardo continuó, pero Jerónimo fue consciente de que necesitaba liberarse: se había convertido en su esclavo. Logró que le pagaran algo de su sueldo en efectivo, consiguió algunos trabajos de *freelance* y ahorró dinero por más de dos años. Cuando se sintió preparado, y ya con un boleto de avión para mudarse a la Ciudad de México con uno de sus mejores amigos que ya residía aquí, confrontó a Eduardo y le dijo que quería terminar su relación con él. Eduardo se negó, le rogó para que no lo dejara, pero Jerónimo no cedió esta vez; la decisión de separarse después de siete años de relación estaba tomada; sin embargo, el joven diseñador se quedó estupefacto con la respuesta de Eduardo: «Yo no te puedo obligar a quedarte junto a mí, pero quiero que sepas que no te vas solo. Te vas con sida. Yo quería que muriéramos juntos, pero tú arruinaste nuestro proyecto de pareja», citó sus palabras con lágrimas en los ojos. Fue así como Jerónimo se enteró de que podía ser portador del virus. «En esa última plática, Eduardo me confesó que era portador del virus desde hacía doce años y que abandonó los antirretrovirales por los efectos secundarios. Me le fui a los golpes, lo insulté, pero él solo sonreía diciendo que morir juntos era nuestro destino. Ni siquiera recogí mi ropa, igual que cuando me fui de casa de mi madre. Me hice una prueba de laboratorio y salió positiva. ¡No lo podía creer! Mi carga viral estaba muy avanzada. El médico me dijo que por lo menos llevaba cinco años infectado. ¿Lo puedes creer? Nunca me lo dijo. Eduardo murió en marzo del 2011, de sida. El rechazo de mi familia y el que él, sabiendo que estaba infectado, me lo haya ocultado y haya decidido contagiarme a propósito, son las dos traiciones más grandes que han marcado mi vida», recapituló con tristeza y resentimiento. «Después de años de su muerte intenté suicidarme. Estaba muy deprimido».

Así que Jerónimo se vino a vivir a la capital azteca. No sabía por dónde comenzar. Se sentía asustado y avergonzado. Tardó algunos meses en conseguir trabajo. Posteriormente, con un empleo y después de casi seis meses de saberse infectado, acudió a un médico infectólogo. El doctor fue muy claro: el proceso de infección estaba avanzado y la carga viral había aumentado considerablemente en los últimos seis meses. Sin un tratamiento antirretroviral adecuado, Jerónimo desarrollaría sida en menos de tres años. «Me sentí devastado. Si no hacía algo me quedarían menos de tres años de vida y yo no había cumplido ni siquiera los treinta. El mundo se me vino encima. Yo creí que Eduardo era conflictivo, pero que me amaba, que había valorado que yo me hubiera entregado a él en cuerpo y alma. Yo nunca le hubiera hecho algo así. No me puedo imaginar contagiando de VIH a quien le digo "amor". Durante esa consulta solo pensaba en que me iba a morir, que me iba a morir muy pronto», explicó Jerónimo con angustia.

En 2001, Montserrat Llinás y sus colaboradores del Hospital Vall d' Hebrón en Barcelona publicaron el *Manual de información para las personas seropositivas*. En él explican que el tratamiento para el VIH consiste en el uso de medicamentos antirretrovirales. El tratamiento puede ayudar a las personas en casi todas las etapas de la infección. No obstante, algo que el manual deja claro es que, aun cuando los medicamentos contra el VIH pueden tratar la infección, no pueden curarla. Los colaboradores del hospital barcelonés recalcan que aunque no existe todavía ningún tratamiento curativo para la enfermedad —es decir, aunque no existe ningún medicamento que elimine por completo el virus del organismo de un ser humano que ha sido infectado—, gracias a las nuevas estrategias de tratamiento es posible mantener al virus bajo control y conservar por muchos años la integridad del sistema inmune; así, las personas infectadas pueden vivir por muchos años y en buenas condiciones.

En aquella cita con el médico infectólogo, Jerónimo se quedó frío al enterarse de lo que costaba el tratamiento mensual para el VIH. De hecho, su médico le sugirió que se tratara en el IMSS, ya que ahí el medicamento se distribuye a los pacientes de manera gratuita. En un principio, Jerónimo se mostraba reacio a acudir al servicio gratuito de salud, pues temía que en su trabajo se enteraran de que era seropositivo y lo despidieran por ello. El costo que implica la detección y tratamiento del VIH en México va de quince a veinte mil pesos, dependiendo del avance de la enfermedad, según datos del Centro Nacional para la Prevención y el Control del VIH/sida (Censida). Esto fue a lo que se enfrentó Jerónimo cuando quiso costear por sí mismo el tratamiento. En noviembre de 2010, el periódico Publimetro difundió la noticia de que el tratamiento para cada paciente con VIH cuesta alrededor de ciento ochenta mil pesos al año. La nota afirma que, según el informe de Censida (2009), el tratamiento idóneo para un paciente con sida es la administración de antirretrovirales por tiempo indefinido. Al costo del medicamento se suman los gastos que implican la atención psicológica y psiquiátrica, la odontológica, las consultas periódicas y las revisiones de cargas virales cada mes o, mínimo, cada cuatro meses.

«No pude más. Trabajaría para pagar mi tratamiento y para subsistir. Fue cuando empecé a pensar en quitarme la vida. ¿Qué hombre me amaría teniendo sida? ¿Cómo le iba a hacer para pagar todo solo? ¿Para qué seguir cuando de todos modos me iba a morir?», se cuestionó Jerónimo sin encontrar respuestas. A lo largo de los siguientes meses, reafirmó su determinación a suicidarse.

Después de algunos meses de terapia y de tratamiento psiquiátrico, la vida de Jerónimo dejó de peligrar. Poco a poco superó la depresión en la que estaba sumido y pudo vislumbrar un rayo de esperanza. Fue difícil que asumiera que su destino no era terminar como Eduardo, quien murió de neumonía en 2011. Así que después de un trabajo terapéutico arduo, se armó de valor para ejercer su derecho al sistema de salud nacional. La experiencia resultó menos traumática de lo que él esperaba. Le hicieron una serie de estudios y, antes de tres semanas, ya estaba tomando un tratamiento antirretroviral. Desde entonces no ha dejado de tomar su medicina, a pesar de los efectos secundarios; sin embargo, había también mucho que sanar a nivel emocional. Había sido engañado, traicionado, y necesitaba expresar el enojo, el miedo y la tristeza hacia quien había sido su pareja por tantos años. «Golpeé un cojín hasta que ya no pude más. Imaginé que le clavaba un cuchillo y que lo volvía a matar. Le grité en la terapia como si estuviera enfrente de mí. En mi mente le escupí, lo ofendí y le hice ver la mierda de persona que fue conmigo. Sin miedo le dije todo lo que lo odio y lo que lo desprecio. Me atreví a decirle que estoy contento de que haya muerto y de que yo esté vivo. Él sí es un puto... Yo solo soy homosexual. Hay una gran diferencia. Yo soy hombre, él no. Me di cuenta de que mi papá y Eduardo eran muy parecidos. Yo me acepto como soy y no le hago daño a nadie, ellos no. Grité en el consultorio que jamás dejaría que nadie más me volviera a tocar sin amor. Nadie. Un hombre me hizo daño en la infancia, otro me infectó con VIH cuando era joven y ahora, como adulto, solo permitiré que otro hombre me toque si me acepta y me ama de verdad», decretó con firmeza. «Ahora entiendo que el intento de suicidio que tuve fue una manifestación de enojo hacia mi papá y hacia Eduardo. Uno me quitó la felicidad, el otro me condenó a la muerte. Los dos hombres más importantes que había tenido en mi vida me traicionaron. Mi papá abusando de mí con su falta de aceptación y Eduardo contagiándome de VIH. Eduardo murió en el 2011. Parte de mi proceso en terapia tuvo que ver con cerrar el ciclo con él. Después de prepararme, me armé de valor y fui al panteón donde está enterrado. Me senté en la tumba de al lado y le leí la carta que escribí con todo lo que siento hacia él; le reclamé lo que me hizo y lo que me ha hecho vivir. Lloré, grité y hasta escupí en su tumba. No lo perdono. Pero siento que me liberé. Al final le dije que era un asco de persona. Me oriné en la placa donde dice: José Eduardo V. (1966-2011)», relató en una de nuestras sesiones, tras su regreso de Monterrey.

En el texto «El impacto del sida sobre el Sistema de Atención de Salud (1990)», Harvey V. Fineberg deja claro que la llegada de la epidemia del sida marcó de manera indeleble la práctica de la medicina en el mundo. De la noche a la mañana, la sangre y el semen de todos los pacientes empezaron a ser considerados como potencialmente infecciosos para el personal médico. Las normas hospitalarias se vieron obligadas a cambiar y se establecieron nuevos protocolos que modificaron la manera de atender a los pacientes. Fineberg afirma que el sida ejerce una presión muy grande sobre el personal de salud. Los doctores y las enfermeras se enfrentan a pacientes jóvenes y desesperados que tienen una enfermedad para la cual no hay cura en el presente. El sistema médico y las compañías de seguros se resisten a proveer los servicios de apoyo psicológico, pues son caros y el tratamiento es de por vida. Las aseguradoras sus servicios a un paciente VIH positivo, y en la medida de lo posible, se deslindan de las cuentas por pagar de las interconsultas que dichos pacientes necesitan. El personal de salud frecuentemente tiene preocupaciones legítimas con respecto al riesgo que corre al exponerse al virus durante sus labores, aunque con los protocolos actuales este sea cada vez más bajo. Todavía al día de hoy hay médicos o enfermeros que eligen no realizar intervenciones con pacientes

SECRETOS DE FAMILIA

infectados. El estigma para el paciente seropositivo se vive aun dentro del sistema de salud al que acude desesperado para pedir ayuda.

«La gente es bien cabrona. En el laboratorio, algunas enfermeras te ven bien feo cuando saben que eres positivo. Me miran como si me lo hubiera ganado, como si me lo mereciera. Lo mismo me pasó en el dentista. Cuando le dije que era seropositivo, me fue dando largas hasta que dejó de darme cita. Ese tipo de cosas son las que me recuerdan que esta enfermedad es algo así como la peste moderna. Hay días en que se me olvida que tengo el virus, pues vivo una vida normal; pero cuando me tocan mis revisiones o tengo que decírselo a alguien nuevo, siento mucha vergüenza. Lo peor de todo es cuando he tenido que confesárselo a un chavo con el que empiezo a salir. Las peores reacciones provienen de la misma comunidad gay. Muchos me han dejado de hablar, así nomás», relató Jerónimo.

Fineberg menciona que cuando el gran médico y maestro William Osler habló a principios del siglo xx a sus estudiantes sobre medicina, les dijo: «Si ustedes saben de sífilis, ustedes saben medicina», refiriéndose a que si un médico verdaderamente entendía cómo la sífilis afectaba a cada órgano del sistema, incluida la mente del infectado, sabría enfrentar la mayoría de sus casos clínicos. Fineberg utiliza esta analogía para referirse a que él cree que hoy en día esto es aplicable al sida: si uno sabe de sida, uno sabe de salud pública: no hay ninguna otra enfermedad que en el presente afecte de manera tan extensa a los aspectos sociales, éticos, económicos y de administración de la salud pública. Fineberg plantea que el sida expone los temores, exacerba las deficiencias y reta al sistema médico a humanizar y sistematizar eficientemente los recursos en la investigación científica para brindar la atención que los pacientes necesitan. También explica que, si no se profundiza en los métodos de prevención, la epidemia seguirá en aumento.

«Sigo en terapia porque quiero ser mejor. Doy gracias a Dios que me haya dado una segunda oportunidad. Me gusta el diseño y lo ejerzo bien, pero tengo una labor y una misión con la comunidad LGBT. Los chavos siguen sin tomar las precauciones que deberían, creyendo que no les va a pasar, y sí pasa; a mí me pasó. La única razón por la cual una pareja debería tener sexo sin protección es porque quiere tener un hijo. Nadie sabe lo que nuestro compañero hace cuando no está con nosotros». Rodrigo insistió para que incluyera este último mensaje de su relato como parte de su testimonio.

El Sistema de Vigilancia Epidemiológica de VIH\sida publicó que, en México, de 1983 a marzo de 2016 se han registrado 181 744 casos de personas con VIH o con sida. De ellos, 149 019 han sido varones y 32 725, mujeres. La tasa de mortalidad es de 3.9 por cada cien mil habitantes. Esto puede corroborarse en el documento *Resumen de la Vigilancia Epidemiológica del Registro Nacional de Casos de Sida* al primer trimestre de 2016.

Gerald J. Stine, en su libro *AIDS Update* (2014), explica que el sida no afecta de la misma manera a las personas de distinta condición socioeconómica. Hay una marcada tendencia a «castigar» más a quienes se encuentran en situación de mayor vulnerabilidad. Se produce, entonces, una especie de hiperexclusión, es decir, la exclusión social de los ya excluidos. Es innegable la existencia de datos duros que indican que la pobreza y la falta de escolaridad son dos factores que tienden a elevar el riesgo de adquirir enfermedades de transmisión sexual, incluyendo el sida. La exclusión social a causa de esta enfermedad se expresa de múltiples maneras, algunas muy sutiles y otras evidentes, que no se pueden ignorar. Todas las formas de exclusión social coinciden en un hecho que, aunque se conoce, es inadmisible para cualquier sociedad o país democrático: la violación de los derechos humanos esenciales de las personas que viven o padecen la enfermedad. Stine afirma que, en la inmensa mayoría de los países, los pacientes seropositivos tienden a vivir en secreto su enfermedad por miedo a que sus derechos más vitales sean castigados: el derecho a la vida, el derecho a la salud, el derecho a la igualdad, el derecho a la educación, el derecho a una vida laboral.

El trabajo personal que ha realizado Jerónimo a lo largo de estos años es digno de admirarse. Al momento de terminar este capítulo, logró abrir y consolidar una empresa enfocada a la mercadotecnia digital. Es un profesionista trabajador y exitoso que además está comprometido con los derechos de quienes están infectados de VIH. Hace pocos meses, en un congreso sobre VIH y sida en Dallas, conoció a un médico veracruzano, dos años mayor que él, con quien está empezando a establecer una relación sentimental.

«Pensé que el amor estaba negado para mí. Estaba ahí, sentado en la fila detrás de mí. Me machuqué con la silla y dije: ¡Ay güey!, entonces él se acercó en el receso y me dijo que yo tenía que ser mexicano. Es infectólogo, trabaja para el IMSS y también trata a pacientes por su cuenta. Es la primera vez que puedo hablar con alguien que no es Dado, sin vergüenza, de que porto VIH. Me invitó a salir y llevamos así algunas semanas. Yo voy a Veracruz o él viene a la CDMX. No sé si vamos a llegar a algo serio, pero me encantaría. Hoy siento ilusión. Me siento en confianza y me siento feliz», me aseguró en nuestra última sesión.

XIII. EL INCESTO

El incesto es otro problema social que ha afectado a la humanidad desde que el hombre es hombre. Si leemos la Biblia, encontraremos que desde los tiempos de Adán y Eva se practicaba, pues desde esta concepción judeocristiana, de no haber existido el incesto la humanidad se habría extinguido.

Gabriel García Márquez fue un novelista, cuentista, guionista, editor y periodista colombiano que en 1982 recibió el Premio Nobel de Literatura. Su obra maestra, *Cien años de soledad*, narra la historia de la familia Buendía y su descendencia, fusionando majestuosamente la fantasía con la realidad. El legado de la familia Buendía Iguarán comienza con la relación de dos primos hermanos: José Arcadio Buendía y Úrsula Iguarán, quienes habían crecido juntos. Ellos mantenían una relación incestuosa, y aunque al principio se negaban a tener relaciones sexuales por temor a que sus hijos nacieran con cola de cerdo, finalmente tuvieron tres hijos (y adoptaron una más). Inmediatamente después de que Úrsula y José Arcadio consumaran su amor, y tras el nacimiento de su primer hijo, tuvieron que pasar cien años para que un Buendía naciera por fruto del amor verdadero entre dos personas. Coincidentemente fue bajo el mismo pecado que condenó a toda una estirpe a la soledad: el incesto. Este hijo, que después de siete generaciones efectivamente nació con la maldición de la cola de cerdo, marcó el fin de toda una familia que llevaba la sangre corrompida y que merecía su desaparición de la faz de la tierra. Así de grave fue que estos primos hermanos se enamoraran.

En la obra *Endogamy: One Family, One People* (2015), Israel Pickholtz explica que la endogamia implica el apareamiento entre individuos de ascendencia común y se asocia con la pérdida de aptitud biológica, especialmente si se prolonga durante generaciones. El resultado es aquello que se conoce como depresión endogámica, o, en otras palabras, la pérdida de la diversidad en la riqueza genética hasta que las crías dejan de tener la capacidad de reproducirse. Pickholtz afima que esta es una medida de la naturaleza para impedir que se siga transmitiendo una genética pobre que no está preparada para la supervivencia. El término endogamia proviene del griego *endon*, 'dentro', y *gamos*, 'casamiento'; con relación a los seres humanos, se usa para describir el matrimonio, unión o reproducción entre individuos que comparten la ascendencia de una misma familia o linaje. De igual manera, se entiende como endogamia al rechazo de la incorporación de miembros ajenos a un determinado grupo social. Pickholtz asegura que hay ciertas comunidades cerradas, como algunas judías, menonitas, árabes, africanas y ciertos pueblos de Latinoamérica en los cuales no es socialmente aceptado que una nueva genética sea introducida a la comunidad. La razón de ser de todo sistema endogámico es defender la homogeneidad de un grupo, de manera que este se mantenga siempre igual para sí mismo y diferente de todos los demás. La unidad del clan es la razón suprema. Aunque puede parecer sustentada en un valor tan loable como la lealtad, cuando la endogamia se lleva al extremo ocurre un efecto indeseable: la malformación y la extinción de ese grupo social.

¿Qué es el incesto? Michael E. Kirsner, en su libro *Incest's Other Victims* (2008), define el incesto como la relación sexual entre personas que están relacionadas de manera tan cercana que su unión está prohibida, ya sea legalmente, o bien, por la ley de usos y costumbres. El término incesto proviene del vocablo latino *incestus*, que en español puede interpretarse como 'lujurioso'. El incesto implicará desde caricias inadecuadas hasta el coito. Puede darse entre padre e hija, padre e hijo, madre e hijo, madre e hija, hermanos, tíos y sobrinos, abuelos y nietos o entre primos hermanos. El límite de este tipo de relaciones está dado legalmente por la prohibición de contraer matrimonio, lo cual implicaría algún tipo de contacto sexual; por ello, se tipifica que aquellos que mantengan vínculos sexuales dentro de una misma familia y no puedan contraer matrimonio, estarán cometiendo incesto, pues se han relacionado ya de manera íntima. Kirsner asegura que, gracias a datos etnográficos, sabemos que hoy en día el incesto se prohíbe en todas las culturas, aunque también sabemos que los límites de la prohibición variarán dependiendo de la definición que cada grupo tiene con respecto a sus parientes próximos. Hay culturas para las cuales la relación entre dos primos hermanos está permitida, mientras que para otras la relación entre dos primos segundos estará vetada. En el terreno del incesto, no siempre es fácil distinguir en dónde termina un lazo familiar biológico para convertirse en uno social. Kirsner afirma que, casi siempre, las conductas del ser humano resultan de una verdadera integración de causas tanto biológicas como sociales. En su libro, el autor declara que, para entender las reglas culturales, necesitamos recordar sus tres características fundamentales:

1) Son creadas por el hombre.

2) Dependen de cada época y de cada cultura.

3) Muchas de ellas son inconscientes.

Kirsner afirma que la ley de prohibición del incesto es universal, propia de toda la especie humana más allá de la cultura, y que las excepciones son en realidad aparentes: la regla se aplica para todas las civilizaciones del orbe, aunque de manera diferente. Este autor concluye que todos los seres humanos sabemos que las relaciones incestuosas son equivocadas, antinaturales y que tienen consecuencias negativas.

Del texto *Structural Anthropology* (1974), de Claude Lévi-Strauss, se desprende una conclusión innegable: el incesto solo ocurre dentro de la familia, y la familia es definida como un organismo con fines propios, distintos y superiores a los de sus integrantes. El incesto, entonces, va en contra del fin familiar, que es un bien común. Pero ¿qué es la familia y quiénes componen a este grupo? ¿Por qué el incesto lastima a los miembros de la familia? Desde el punto de vista antropológico, Lévi-Strauss afirma que la evolución hacia el hombre con conciencia, al hombre cultural, fue sin duda consecuencia de la prohibición del incesto. Según Lévi-Strauss, esta prohibición ayudó al ser humano a coronarse como un ser con conciencia social.

El antropólogo aborda las diferentes ópticas desde las que vivimos los lazos familiares hoy en día. Por un lado, se encuentra el concepto de familia biológica, el cual se entiende como el grupo constituido por la pareja y sus descendientes, sin limitación. Se concibe, entonces, que la familia, como hecho biológico, abarca a todos aquellos que descienden unos de los otros o que vienen de un progenitor o progenitora en común, de tal manera que la unión se origina por los vínculos biológicos que comparten. Biológicamente entendemos, entonces, que la familia está basada únicamente en lazos de consanguinidad.

La concepción social de la familia varía un poco con respecto de la anterior. Lévi-Strauss afirma que para el ser humano no solo los vínculos biológicos son importantes a nivel familiar, sino también los sociales. Su organización trasciende a la estructura de la denominada familia nuclear, que se encuentra compuesta por la pareja y sus descendientes directos. La familia social abarca otros vínculos con otras personas que forman parte de una nueva familia, y que, aunque a veces vivan separados, se encuentran engranados de una forma determinada, en una red de identidad de un mismo clan. Hay una unión familiar, aunque no necesariamente se comparta un lazo sanguíneo. Dentro de este tipo de lazos familiares encontramos a los familiares políticos, conocidos como vínculos familiares extensos, los cuales también implican las relaciones con los padrastros, madrastras, tíos políticos y hermanastros.

Lévi-Strauss incluye otro enfoque: el de la familia jurídica, el cual «es sin duda el núcleo primario y fundamental de la sociedad para el pleno desarrollo físico, mental, moral y social del individuo». Es importante incorporarlo al estudio familiar, puesto que la familia es el vehículo primario para lograr el desarrollo humano y la preparación de la vida en sociedad; es responsabilidad de los adultos enseñar a los menores a respetar los derechos y las propiedades de los demás, y es en esta cuestión donde los principios

SECRETOS DE FAMILIA

de cooperación y auxilio mutuo adquieren relevancia: son la base del éxito y de la armonía de la familia moderna. Lévi-Strauss explica que el Derecho Civil reconoce entonces 3 tipos de parentesco:

a) **Consanguíneo.** Es el que existe entre personas que descienden de un mismo progenitor. Aquí está la relación de padres e hijos, hermanos, medios hermanos, abuelos y nietos, tíos y sobrinos y primos hasta segundo grado.

b) **Por afinidad.** Ocurre por medio del matrimonio, entre el varón y los parientes cercanos de la mujer, y entre esta y los parientes cercanos del varón, y aplica de la misma manera para los matrimonios entre dos hombres o entre dos mujeres. Aquí se ubican las relaciones entre suegras y yernos, suegros y nueras, tíos y sobrinos políticos y hermanastros.

c) **Civil.** Es el que surge de la adopción y solo existe entre adoptante y adoptado.

La endogamia solo considera como incesto a la relación sexual entre personas que tienen un vínculo consanguíneo; sin embargo, para la sociología y la psicología, el incesto incluye también los lazos por afinidad y los civiles. El daño emocional para un ser humano cuando hay una relación incestuosa es enorme, aunque no necesariamente se comparta la genética.

En *Las formas elementales de la vida religiosa* (1912), Emile Durkheim habla de los estudios que realizó sobre el incesto y sus repercusiones, explicando que un gran porcentaje de las conductas incestuosas, probablemente el mayor, permanece en las sombras, escondido, en secreto, sin implicaciones para el exterior del núcleo familiar; no obstante, el daño también permanece oculto en el interior, como un veneno que corrompe el bienestar de los miembros del clan. Este fenómeno daña irremediablemente a quien lo sufre, pues el espacio físico y psicológico que debería ser de contención y protección se convierte en generador de miedo, vergüenza y culpa. Ya desde ese entonces, Durkheim explicaba que la situación económica y social de una familia puede desencadenar esta acción. La exclusión, el hacinamiento y la falta de escolaridad en la familia son algunos de los factores que influyen en la práctica del incesto. Durkheim fue un sociólogo visionario para su época, ya que señaló las implicaciones emocionales, familiares y sociales cuando existe vida sexual entre dos personas del mismo clan.

Hace poco más de cuatro años, comencé a trabajar con Lidia, que en ese entonces era trabajadora doméstica. La razón por la cual me buscó fue porque leyó mi primer libro, *Sucidio: decisión definitiva a un problema temporal* (2013), y quería resolver la constante ideación suicida que la había acompañado durante casi toda la vida. Desde nuestra primera sesión, Lidia me hizo saber que entendía el origen de muchos de sus problemas emocionales. Desde muy pequeña, sufrió un constante abuso sexual por parte de su padrastro, que culminó en una serie de violaciones. Lidia recuerda que él solía entrar por las mañanas al cuarto donde ella dormía con su hermano menor, para despertarlos para labrar la tierra. Entraba desnudo y mostrándoles sin ningún pudor el pene erecto. Lidia tiene un recuerdo en el que, con apenas cuatro años, abrió los ojos al sentir cómo el pene de su padrastro rozaba su boca mientras él la despertaba. En aquella época él todavía no la tocaba sexualmente; sin embargo, el abuso sexual en su infancia ya había comenzado. «Mi padre se fue a Chicago, de mojado, y nunca regresó. Mi madre decía que se largó y nunca mandó ni para que tragáramos. Yo tenía solo meses de nacida y no recuerdo nada de él. Solo llevo su apellido porque mi madre se empecinó en que me reconociera antes de que se fuera. Como no volvió, mi madre se juntó con otro del pueblo. Era campesino y nos fuimos a vivir con él. Yo no me acuerdo que me llamaran por mi nombre. En la casa, yo me llamaba Pendeja», relató en nuestras primeras sesiones. Conforme pasaron los años, el padrastro, al que Lidia tenía que llamar «don Juancho», pasó de acercarle el pene erecto, a tocarla, a introducir los dedos en su vagina, hasta violarla mientras le tapaba la boca para que no emitiera sonido. La primera violación ocurrió cuando ella tenía ocho años. El constante abuso sexual duró hasta que cumplió doce años y quedó embarazada; cuando su madre notó que el vientre de su hija comenzaba a crecer, la llevó a un centro de salud. La mujer, sin poder aceptar que el padre de la criatura fuera el padrastro de la niña, la golpeó con el mango de una pala apenas regresaron a la milpa, mientras la llamaba «puta», «puta pendeja», «puta de mierda»; Lidia no pudo más y perdió el conocimiento. Días después fue víctima de un sangrado vaginal terrible; comenzó a experimentar unos dolores insoportables, pues el bebé que esperaba había muerto. Seis semanas después de la golpiza por parte de su madre, al regresar del colegio, y en medio de dolores de parto, expulsó el cadáver del bebé que esperaba. «Era del tamaño de mi mano y era una niña», me confesó con mucha tristeza. «La envolví en una colchita y la enterré a los pies de una jacaranda que estaba en el fondo del terreno donde se hallaba la casa», concluyó sin derramar una sola lágrima, pero con un dolor que lo habría podido detectar cualquiera, incluso a metros de distancia. Entonces, con apenas doce años de edad, Lidia se dio cuenta de que no estaría segura en ese lugar. Su padrastro la insultaba por haber «inventado una mentira», y su madre la maltrataba constantemente. Una madrugada, Lidia robó el dinero que su madre guardaba en una lata de leche en polvo, se fue a la estación de camiones y tomó el primero que la llevara hacia Guadalajara, la única ciudad grande en la que ella alguna vez había estado. «Me pegó mucho y yo lloraba y lloraba, hasta que me desmayé. "Puta, puta, puta. ¿A quién te andas chingando?". Dije la verdad, pero ella no me creyó que la culpa era de don Juan, mi padrastro. Toda golpeada me seguía jaloneando y pegando, junto a los cerdos. Cuando tuve a mi bebé muerta, pensé que me iban a meter a la cárcel. En el camión iba sangrada, chingada, madreada. Por esos días había cumplido doce años. Llegué a Guadalajara y, gracias a Diosito, en la estación del camión una señora me ayudó. Me llevó al doctor. Estaba muy mal. Ardía en fiebre. Me quedé tres noches en el hospital y ella se quedó conmigo mientras me daban medicinas. Me recibió como si fuera su hija. A esa señora me la mandó la Virgencita. Tenía un puesto de frutas en el mercado y con su dinero pagó el legrado que me tuvieron que hacer y me cuidó por dos semanas más en su casa. Ella me consiguió mi primer trabajo en una casa. Ella es mi madrina, así le digo y así la quiero. Todos los meses le mando su dinerito. Está muy viejita, pero sigue trabajando y yo la visito seguido», me contó con gran melancolía.

Definitivamente, el caso de Lidia ha sido uno de los más impactantes en los que he trabajado a lo largo de mi vida profesional. Aun con ciertos dolores y tomando antibióticos para la infección tan seria que tuvo en el útero, comenzó a laborar como trabajadora doméstica en la casa de una familia acomodada. A pesar de haber sido atendida médicamente a su llegada a Guadalajara, el aborto de más de cuatro meses de gestación y la infección tan seria que tuvo que enfrentar lastimaron su útero de manera que quedó imposibilitada para ser madre.

De algo estoy seguro: el incesto es el acto más cruel y el que genera más desestructura y daño en la vida de cualquier ser humano. Traiciona los principios y los valores básicos en los que se debe sustentar una relación sana entre dos familiares cercanos: responsabilidad, honestidad, respeto y amor. Las víctimas de incesto, sobre todo cuando son niños, están totalmente atrapadas entre quienes deberían protegerlos y sus agresores, por lo que no tienen a dónde ir. ¿Quién es la población que está en mayor riesgo de sufrir incesto? Las mujeres, especialmente las niñas y las prepúberes. Sue Blume, en su libro *Secret Survivors: Uncovering Incest and Its Aftereffects in Women* (2008), señala que la población que está en mayor riesgo son las preadolescentes que viven con un padrastro, ya que, como lo vimos en el capítulo de abuso sexual infantil, en un alto nivel de casos de abuso sexual, el perpetrador es la actual pareja de sus madres. Blume asegura que la mayoría de las víctimas de incesto son mujeres, mientras que la mayor parte de los victimarios pertenecen al género masculino. De igual manera, asegura que las investigaciones arrojan que son muy raros los casos de incesto en el que la madre es la victimaria. Después de los padrastros, los padres de las niñas son los siguientes victimarios de las menores. Tristemente, la investigación en la que Blume sustenta su tesis reveló que el número de agresores es menor que el número de víctimas, lo que indica que, en algunas familias, las niñas que son agredidas por un acto incestuoso en ocasiones son mucho más de una. Blume ofrece una estadística acerca del incesto en Estados Unidos de América. Ella afirma que, desde muy temprana edad, las niñas comienzan a ser víctimas de este mal. Según su investigación, la mayoría de las víctimas (51 %) empezaron a ser abusadas antes de los nueve años, y un 19 % tenían menos de cinco años, como en el caso de Lidia. El 10 % de las mujeres no recuerda con exactitud cuándo inició el incesto. Blume hace énfasis en que esto se explica de dos maneras:

a) El incesto pudo haber ocurrido por primera vez a una edad muy temprana.

b) El efecto postraumático impide que la víctima recuerde su primer abuso sexual por parte de un pariente cercano.

El periodo de duración del incesto se da, por lo general, durante varios años. Blume reporta que aproximadamente el 29 % de los casos infantiles sufrió este acoso por espacio de tres a siete años. La prolongación del periodo del incesto va de la mano de la crudeza del secreto y la angustia de los familiares que, aun conociendo lo que sucede dentro del hogar, lo ignoran, o bien, se convierten en cómplices. Como sucede en el caso de cualquier abuso sexual infantil, los niños sometidos a esta agresión no revelan estas acciones por temor a amenazas o a perjudicar a su familia. Ahora bien, el incesto no implica necesariamente un abuso sexual hacia un menor. Se puede dar entre dos adolescentes o incluso entre dos adultos. Las familias en las que se dan prácticas incestuosas pueden aparentar ser totalmente «funcionales» para el resto del mundo, es decir, no son como en la novela de García Márquez, en la que era evidente la serie de patologías que había generado la relación sexual entre parientes. Te impactarías de cómo muchos de quienes cometen incesto están involucrados en las actividades humanitarias y religiosas de la comunidad. Yo estoy realmente impresionado con cómo una persona puede dar una imagen de seriedad e integridad a nivel social y a su vez vivir una doble moral, intimar con alguien de su propia familia. En las familias donde hay incesto, normalmente se mantiene esta farsa de «normalidad» durante casi toda una vida. Es un secreto que se puede mantener durante generaciones.

Lidia vivió abuso sexual desde los cuatro hasta los doce años de vida. Para ella, ningún lugar en el mundo ha sido plenamente seguro; nunca ha logrado sentirse integrada socialmente, nunca ha podido confiar en nadie. Su contacto con el mundo está matizado por el dolor, la injusticia, la desconfianza y la rigidez emocional. Es una mujer llena de miedos y supersticiones. ¿Imaginas lo que fue para ella haber confesado las violaciones por parte de su padrastro y que las consecuencias hayan sido terribles? Su madre, lejos de apoyarla, contenerla y brindarle amor, la insultó y la golpeó hasta casi quitarle la vida. Lidia vivió el abuso sexual por parte de su padrastro y abuso físico, verbal y emocional por parte de su madre. «Nunca sabré qué fue peor, que me violara mi padrastro o los ojos de odio con los que me miró mi mamá al pegarme así. Sé que ella lo sabía y le daban celos de que él se fijara en mí. Cuando tu propia madre te da la espalda, te das cuenta que ya te llevó la chingada», reflexionó en alguna de nuestras sesiones.

El incesto ocasiona una enorme vergüenza en quien lo experimenta. La vergüenza surge como una compensación de la víctima al sentirse sin control y sin poder dentro de su familia. Algo grave ha sucedido y no puede evitar mantener lealtad hacia su clan. Esta ambivalencia emocional desemboca en vergüenza y culpa. Lidia siempre se ha sentido culpable por no haber podido tener a su hija. No importa que haya sido producto de una violación y que el aborto lo haya provocado la golpiza de su madre. La culpa tóxica que siente (vergüenza) y la responsabilidad que se adjudica por el aborto la han llevado a privarse de una relación de pareja, de una vida sexual y del acceso a una vida económica más holgada. De alguna manera, y aunque sea injusto, Lidia continúa creyendo que debe pagar una condena por un crimen del cual fue víctima.

Como bien plantea Michael Kirsner, el incesto es la manifestación de un «desplome total» de la estructura emocional y de valores de una familia, ya que se origina en un sistema con tan mala calidad en la comunicación y con lazos tan débiles que los miembros de la familia son incapaces de defenderse entre ellos. Los efectos del incesto, especialmente en menores, normalmente son muy severos y duran toda una vida. El incesto no solo le roba la inocencia al niño, sino que ultraja su cuerpo y su mente: aprende a ser tratado como un objeto sexual por un familiar cercano con el que, en la mayoría de los casos, tenía un vínculo de afecto y confianza previos. Esto confunde aún más al menor.

Además del trauma emocional, quien vive una relación de incesto llega a cuestionarse su capacidad de defenderse a sí mismo y puede llegar a desconfiar de manera significativa de su propia mente en momentos de crisis. «¿Cómo fui capaz de tener sexo con mi tío, primo, hermano, padre?», se preguntará inevitablemente. De manera similar al abuso sexual infantil, quien sufre una relación incestuosa vivirá en una espiral de culpa y autodesprecio que se alimentan entre sí. Las relaciones que involucran autodesprecio llevado al extremo son aquellas que implican promiscuidad, riesgo, o algún nivel de sadomasoquismo, en las cuales el placer sigue íntimamente ligado al dolor y al sufrimiento.

Sue Blume asegura que el autodesprecio actúa de dos maneras en cuanto a relaciones interpersonales se trata. Puede conducir a la persona a involucrarse en relaciones abusivas, destructivas y hasta promiscuas (que solo reforzarán las creencias negativas), o bien, como en el caso de Lidia, la llevarán a rechazar cualquier posibilidad de un encuentro cercano desterrando al sobreviviente del incesto a la soledad y a la ausencia de contacto íntimo con el otro. «No entiendo por qué a las demás mujeres les gusta tener sexo. Me parece que es sucio, que es doloroso y que solo nos hace menos a las mujeres. Yo ya terminé la preparatoria abierta, estoy terminando la carrera de enfermería los fines de semana y estoy empezando a estudiar inglés, pero no quiero cambiar de trabajo. Ya veré dónde aplico lo que aprendo. No me quiero mover. Vivo con una familia que me trata muy bien, que me ayuda y que hasta me lleva con el doctor. Me vine de Guadalajara hace doce años y vivo con ellos. Les tengo cariño. Cuido a los nietos de la que fue mi patrona en Guadalajara y me siento tranquila. Los quiero y me quieren. Viviendo aquí, no tengo que vivir con ningún hombre. ¡Los odio! No confío en ellos. Así estoy bien», contestó Lidia cuando hablamos sobre la posibilidad de tener una pareja.

Michael Kirsner dedica un capítulo de su libro a un aspecto que complica la dolorosa situación del incesto: el hecho de que estas relaciones tienden a prolongarse durante varios años; debido a que los involucrados son familiares, el contacto físico y psicológico por lo general se extiende a muy largo plazo. Mientras no se haga pública la relación, será natural que estos familiares sigan conviviendo en los mismos espacios. Cuando el incesto se descubre o se denuncia, básicamente ocurre por una de las siguientes dos situaciones: otro miembro de la familia lo descubre y lo denuncia, o bien, ocurre un embarazo no deseado, que deja en evidencia lo que todos se empeñaban en negar, tal y como le sucedió a Lidia. La familia reaccionará a su vez siguiendo alguno de estos caminos: negará la realidad y culpará al miembro que descubrió el incesto de haber «mentido», o responsabilizará a otro varón, fuera del sistema familiar, del embarazo. En la gran mayoría de los casos, cuando se descubre el incesto habrá una ruptura entre los lazos familiares de por vida al ser consciente de la magnitud de lo sucedido. La familia, avergonzada y con culpa, recurrirá al silencio. Rara vez existirá una demanda legal, en caso de un abuso sexual hacia un menor, y mucho menos se pedirá ayuda al exterior. Kirsner asevera que, en general, es difícil que los mismos integrantes del núcleo familiar den a conocer o informen al resto de la familia de lo que saben que está sucediendo dentro del sistema. Lo más probable es que le confíen el secreto a alguien más, ajeno al sistema, y es esa persona quien toma acción e informa al resto de la familia o avisa a las autoridades sobre el delito.

«Dejar atrás lo que viví en ese pueblo maldito no ha sido fácil. Lloré muchas lágrimas hasta que se me secaron. Una vez pensé en quitarme la vida colgándome con un mecate que usaba para colgar la ropa. Pero pensé en mi madrina y en lo ingrata que sería con ella y con la Virgencita. Ellas me dieron otra oportunidad. Ahí leí el libro de Dado. De todos modos, pasé por quemarme los brazos con carbón y encajarme los fierros para cocinar brochetas. No me gusta el sexo y no lo voy a volver a tener. He querido salir adelante, dejar de sufrir como hasta ahora. Por eso estudio para enfermera, quiero ayudar a los demás. Me da tristeza que, aunque ahora tengo una buena vida, nunca será la de una mujer que no se jodió con esta maldición. Tengo cuarenta y cuatro años, pero me siento ya una anciana», aseguró Lidia al confirmarme que la diversión nunca ha sido, ni será para ella una opción, ni siquiera en sus días de asueto. Ella trabaja o estudia todos los días del año.

El incesto no se podrá jamás entender como un acto natural. Sue Blume (2008) explica que la víctima, en un intento de encontrar racionalidad en algo tan inmensamente irracional, buscará hacer conexiones entre variables absurdas, aunque estén llenas de pensamiento mágico, para poder asimilar lo incomprensible. Justificarán al agresor, creerán que en el fondo no es su padre, o su hermano biológico, y hasta imaginarán que son adoptados o que «fueron cambiados en el cunero» y que entonces no se tratan de los mismos genes. Las víctimas de incesto serán propensos a desarrollar costumbres supersticiosas para sentir que pueden tener algo de control después de que el incesto se los quitó en lo absoluto. Por ejemplo, Lidia no puede dormir sin besar compulsivamente a una pequeña figura de la Virgen de Guadalupe, hecha de una resina similar al alabastro, que le regaló su madrina mientras la cuidaba después del legrado. Está siempre cerca de ella y Lidia no tolera no salir a la calle sin ella. De igual manera, es también muy común que quienes vivieron incesto desarrollen rituales para sentir que pueden tener cierta sensación de protección. «Lo primero que tengo que ver cuando me despierto es un crucifijo, porque si no lo hago significará que tendré un mal día y que algo malo me puede suceder. Por eso tengo un crucifijo enfrente de mi cama y otro en el buró. Si tengo que dormir en otro lado que no sea la casa de mi patrona, me llevó dos crucifijos chicos en mi velís y los pongo donde sea que duerma. Así estoy segura de que Jesusito y la Virgencita me cuidan», aseguró. Lidia no quiere modificar en lo absoluto estas prácticas. Le brindan seguridad, por irracionales que puedan parecer.

Hay un fenómeno particularmente interesante que he ido observando a lo largo de mis años de vida profesional y que muchos cuestionan cuando lo comparto. Paradójicamente, aunque parezca incongruente, en la gran mayoría de los casos en los que he trabajado con el sobreviviente de incesto, él o ella es el miembro más sano de la familia a nivel emocional. Puede ser que tenga todos los síntomas de los que ya hablamos (culpa, conductas autodestructivas, depresión, trastornos de la personalidad, dificultad para confiar en sí mismo, abuso de substancias, incapacidad para intimar con otras personas y, por lo tanto, incapacidad para vivir una sexualidad plena, pensamiento mágico y una personalidad infantil); sin embargo, aun cuando el resto de la familia parezca asintomática, la víctima en la adultez, como en el caso de Lidia, es quien tendrá la visión más clara y honesta de la verdad, de lo que sucedió en casa y de esa dinámica monstruosa de vida. La víctima sabe que, de alguna manera, tuvo que sacrificarse para justificar y encubrir la locura de la patología familiar, y asume la responsabilidad de toda la disfunción y el estrés del clan. La víctima de incesto vivió con un nivel elevadísimo de dolor emocional para poder mantener la imagen de la «familia funcional» y por eso entiende las carencias de todos dentro del sistema familiar. Aunque sea en secreto, la víctima termina por aceptar que aquello que vivió es totalmente disfuncional y que nunca querría repetirlo.

Pero ¿cuál es la principal barrera para que quien ha experimentado una relación incestuosa logre dejar atrás el dolor tan profundo que se generó en su cuerpo, su mente y su espíritu?

El término *disociación* (como se ha revisado de manera breve en «Mitos y realidades del abuso sexual infantil») describe una amplia variedad de experiencias que pueden ir desde un leve distanciamiento de la realidad hasta distanciamientos más graves de las experiencias físicas y emocionales. En *Handbook for the Assessment of Dissociation* (2001), Marlene Steinberg comenta que las experiencias disociativas se caracterizan sobre todo por una «compartimentalización de la conciencia»; es decir, ciertas experiencias mentales que se espera que normalmente se procesen juntas, se encuentren aisladas funcionalmente unas de otras, permaneciendo en algunos casos inaccesibles a la conciencia o a su recuperación mnésica voluntaria. En otras palabras, es como si de una o varias experiencias difíciles, la mente consciente solo recordara e integrara una parte y olvidara o negara las demás.

Así, Steinberg explica que en una disociación se implica:

a) Una sintomatología donde elementos inaceptables para la conciencia son eliminados de ella mediante la negación de la realidad.

b) Una sintomatología en la cual las funciones corporales, ya sea en su totalidad o bien separadas por áreas, dejan de operar o se ven seriamente impedidas sin que ello sea resultado de un daño neurológico. Esto se debe a que evidenciar las funciones corporales (sensaciones) es tan doloroso que el proceso de sentir se vuelve demasiado aversivo y difícil para la psique de la persona. Así, como una estrategia para afrontar la ansiedad, las sensaciones y las emociones se alejan de la conciencia. Esto implica sucesos transitorios somáticos, como dejar de sentir alguna parte del cuerpo, perder temporalmente la vista, incapacidad para ubicarse en tiempo y espacio o perder la memoria de algún suceso, horas o días enteros en los cuales se vivieron altos niveles de estrés, o simplemente no «sentir nada» a nivel emocional.

La característica esencial de los trastornos disociativos, según Steinberg, consiste en una alteración de las funciones integradoras de la conciencia, la identidad, la memoria y la percepción del entorno. Esta alteración puede ser repentina o gradual, transitoria o crónica. La disociación se genera como un mecanismo de defensa del yo ante un suceso que pone en disputa dos ideas o dos pensamientos o sentimientos (ambivalencia emocional). El sujeto evita la asociación entre la realidad consciente y el entendimiento del yo dentro del entorno, insensibiliza las emociones o sensaciones, para que los sentimientos del hecho no se conecten y así aislar en diversos casos la percepción de la situación suprimiendo partes del hecho, o este en su totalidad. De tal forma, la persona no puede asimilar plenamente la magnitud del suceso.

Hace muchos años, cuando Lidia intentó iniciar su vida sexual con el único novio que tuvo cerca de cumplir los treinta años, parecía que algo le sucedía a nivel físico: cuando empezaba a tener sexo «se iba»; es decir, cuando empezaba a ser penetrada, sudaba frío y su mente la llevaba a recordar las hogueras donde quemaban la basura del campo después de la pisca, donde ella podía quedarse por horas. Cuando era niña, a Lidia le gustaba concentrarse en el rojo vivo de las brasas, con las cuales en varias ocasiones llegó a quemarse la piel.

Solo cuando la víctima deje de negar que el incesto sucedió, y aun cuando no recuerde todos los eventos sexuales que experimentó, podrá ser consciente de lo que ha reprimido y emprender el difícil camino a la sanación.

xiv. EL EMBARAZO NO DESEADO Y EL ABORTO

Somos muchos los que hemos mantenido una sexualidad activa sin tener el objetivo de engendrar. El sexo es parte natural de la vida diaria de la humanidad y, para muchos, el resultado puede ser un embarazo que no estaba contemplado. Es, sin lugar a dudas, uno de los grandes problemas que enfrentan muchos adolescentes y jóvenes en todas las sociedades del mundo. El que existan métodos anticonceptivos al alcance de los jóvenes no significa que se evitan todos los embarazos no planeados. El embarazo no deseado es el que se da de manera inesperada, inoportuna o imprevista, debido a la ausencia o falla de métodos anticonceptivos adecuados y la inefectividad o falta de administración de métodos anticonceptivos de emergencia posteriores al coito. Para muchos, la noticia de estar esperando un hijo es todo menos un motivo de alegría. Ante un embarazo no deseado, la mujer, o la pareja si es el caso, puede continuar con la gestación y llevar a término el embarazo, o bien, decidir interrumpir esa gestación. Si la legislación vigente del país o del territorio lo contempla, se puede practicar un aborto inducido, legal y seguro, ya sea mediante el uso de medicamentos o una intervención quirúrgica. Sin embargo, que el aborto no sea legal no significará que una mujer dejará de hacerlo; no obstante, a falta de la asistencia sanitaria adecuada, correrá graves riesgos que pueden incluso terminar con su vida. La Organización Mundial de la Salud, en su publicación *Prevención del aborto peligroso* (2016), señala que, a nivel mundial, el 38 % de los embarazos son no deseados y el 21 % de ellos se da en adolescentes (de los cuales entre el 30 % y el 60 % terminan en un aborto inducido). La OMS también afirma que entre 2010 y 2014 en el mundo:

- Se produjeron anualmente 56 millones de abortos (seguros y peligrosos).

- Se produjeron 35 abortos provocados por cada mil mujeres de 15 a 44 años.

- El 25 % del total de embarazos acabó en un aborto provocado.

- La tasa de abortos fue superior en las regiones en vías de desarrollo que en las desarrolladas.

- Cada año se realizan unos 22 millones de abortos peligrosos en todo el mundo, casi todos ellos en países en desarrollo.

- Se calcula que en 2008 se produjeron 47 mil defunciones a causa de abortos peligrosos. África se ve desproporcionadamente afectada, ya que dos tercios de todas las defunciones relacionadas con el aborto tienen lugar en ese continente.

- Cada año, unos cinco millones de mujeres ingresan en hospitales como consecuencia de un aborto peligroso y más de tres millones de mujeres que han sufrido complicaciones a raíz de un aborto peligroso no reciben atención médica.

- El aborto es seguro cuando lo realizan personas con la capacitación adecuada y emplean técnicas correctas.

- Casi todas las defunciones y discapacidades derivadas del aborto se podrían prevenir mediante la educación sexual, el uso de métodos anticonceptivos eficaces, el acceso a servicios de aborto seguro inducido y la atención oportuna de las complicaciones.

- El aborto peligroso se produce cuando una persona carente de la capacitación necesaria pone fin a un embarazo, o se hace en un entorno que no cumple las normas médicas mínimas, o cuando se combinan ambas circunstancias.

- Se calcula que, en las regiones desarrolladas, por cada cien mil abortos peligrosos se producen 30 defunciones. Ese número aumenta a 220 defunciones por cada cien mil abortos peligrosos en las regiones en desarrollo y a 520 muertes por cada cien mil abortos peligrosos en África.

- Hay un sinfín de complicaciones en el aborto peligroso, entre las cuales sobresalen:

    * Aborto incompleto (no se retiran o se expulsan del útero todos los tejidos embrionarios).

    * Hemorragias (sangrado abundante).

    * Infecciones, que pueden terminar en septicemia.

    * Perforación uterina (cuando se atraviesa el útero con un objeto afilado).

    * Daños en el tracto genital y órganos internos debido a la introducción de objetos peligrosos (varillas, agujas de tejer, vidrios rotos, etc.) en la vagina o en el ano.

En *Abortion and Social Justice* (1972), Thomas W. Hilgers explica que las mujeres, principalmente las adolescentes, suelen recurrir al aborto peligroso cuando enfrentan embarazos no deseados aun en países donde el aborto es legal; esto es consecuencia del miedo al rechazo familiar y social, sobre todo si perciben que su integridad física o psicológica están en peligro. En el mundo, muchas mujeres corren el riesgo de un aborto peligroso ante los siguientes obstáculos:

- Una legislación restrictiva o desconocimiento de una legislación que les permita acceder a un aborto legal.

- Poca disponibilidad a los servicios de salud.

- Costos del procedimiento de aborto que no son costeables por la mujer o su pareja.

- Estigmatización y miedo al rechazo social.

- Largos periodos de espera.

- Necesidad de la autorización de terceros (padres o tutores) para realizarse el procedimiento.

- Pruebas médicas que retrasan la atención.

Nina Zimberlain, en el artículo «Estigma y aborto» (2015), explica por qué aún en pleno siglo XXI y a pesar de que el aborto en nuestro país fue, en teoría, despenalizado, la gran mayoría de las mujeres deciden seguir viviéndolo en silencio y muchas veces en secreto. Parecería que socialmente estamos conscientes de que el aborto asistido es ya un derecho constitucional de la mujer; no obstante, lo cierto es que la sociedad continúa señalando negativamente a quien decide llevarlo a cabo. Con base en los resultados de su investigación, Zimberlain concluye que el estigma asociado al aborto se expresa, de manera no verbal, en el clima sociocultural negativo relacionado con el tema y en el silenciamiento de la práctica, tanto por parte de las mujeres que deciden abortar, como por parte de los profesionales que brindan este servicio. A las mujeres, el estigma del aborto no solo les afecta en términos psicológicos, también condiciona su voluntad para buscar atención médica, sobretodo en contextos de ilegalidad. A nivel profesional, los médicos y enfermeros que se dedican a esta área de la salud son afectados también por el estigma, que los deslegitima y excluye dentro de su comunidad profesional, pues se asocia su rol médico a un «trabajo sucio»; de esta manera, el personal de salud se ve expuesto a situaciones de estrés que los señala como potenciales víctimas de hostigamiento y violencia.

Zimberlain hace hincapié en el hecho de que, para poder entender plenamente el concepto de estigma vinculado al aborto, es indispensable revisar la conceptualización desarrollada por A. Kumar, L. Hessini y E.M. Mitchell en 2009 y publicada en su artículo «Conceptualizing Abortion Stigma». A partir de sus investigaciones, descubrieron que el estigma con respecto al aborto tiene que ver con un atributo negativo asignado a las mujeres que buscan terminar un embarazo, que las marca interna y externamente como inferiores al ideal de una mujer. Los investigadores Kumar, Hessini y Mitchell descubrieron que las mujeres que interrumpen un embarazo rompen con las expectativas sociales dominantes sobre lo que se espera socialmente de una «buena mujer» a partir de tres elementos:

- La sexualidad femenina ligada a lo reproductivo.
- La maternidad como destino.
- El instinto natural femenino de cuidado hacia los vulnerables.

El estigma, por lo tanto, conlleva adjetivos indeseables para esa mujer, ya que es percibida como pecadora, promiscua, sucia, egoísta, irresponsable, descorazonada y asesina, calificativos que se acentúan con las políticas que restringen y criminalizan el aborto, o bien, a través de los grupos religiosos radicales que exponen el aborto como un asesinato digno de ser penalizado moralmente. Zimberlain concluye que el estigma experimentado ante el aborto se refiere a la experiencia real de ser blanco de acciones de discriminación, de agresión u hostigamiento por parte de terceros. Por otro lado, el estigma internalizado se manifiesta a través de sentimientos de culpa, vergüenza, ansiedad, depresión y tristeza, emociones que producen malestar y motivan a quienes lo padecen a ocultar el evento. Una mujer que abortó tiende a mantenerlo en secreto. A lo largo de la historia millones de mujeres han vivido el aborto en soledad y secrecía. Muchas de ellas, al verse descubiertas, son señaladas y juzgadas con dureza; otras, incluso, han sido públicamente demeritadas.

Pat Grogan, en su texto *Aborto: Derecho fundamental de la mujer* (1985), explica que, según la OMS, el aborto es un procedimiento legal en la gran mayoría de los países desarrollados, y la decisión de realizarlo debería competer únicamente a la madre y al médico que va a efectuar el procedimiento. El que exista la posibilidad de realizar un aborto seguro ha disminuido significativamente las cifras de mortalidad materna.

Hace once meses acudió a terapia Fernanda, una chica de veintidós años, estudiante de la carrera de Derecho. La refirió conmigo el médico de

urgencias que la atendió cuando, dos semanas atrás, llegó al hospital asegurando que le había dado un infarto. Fernanda sintió que estaba muriendo,
aunque en realidad se trataba de un ataque de pánico. ¡Uno más! «Recuerdo
que de pronto empecé a ver a la gente como si se hiciera más grande, como
si yo me encogiera; perdí la proporción de las cosas; mis manos empezaron
a hormiguear y mi único pensamiento es que "algo" muy grave me estaba
sucediendo. De pronto empecé a sudar y le pedí a mi amiga que por favor
nos saliéramos de la clase de Derecho Penal; me levanté y salí del salón sin
decirle nada al maestro; ella salió detrás de mí. Sentí que me iba a morir ahí
mismo. Yo no soy del DF, soy de Guerrero y vivo con dos *roomies*, por lo que
mi amiga me ofreció que me fuera a dormir con ella a su casa. Estaba muy
nerviosa y le dije que sí. Llegando a su casa me recosté e intenté quedar-
me dormida, pero cada que estaba a punto de conciliar el sueño brincaba,
asustada, y sentía un vacío enorme en el pecho. Yo sabía que algo desconocido y malo me estaba pasando. Eso que sentía no podía ser bueno y lo
peor es que me sentía muy sola y con ganas de llorar. De repente, dejé de
sentir las manos y los brazos y no pude detener el llanto. Mi amiga y sus papás me llevaron al hospital, pero después de que me revisaron y me hicieron muchos estudios, me dijeron que "no tenía nada". Que era solo estrés y
que tenía que ir a un psicólogo», me explicó.

A los pocos días de ese suceso, Fernanda iba hacia el despacho donde
trabaja y sintió nuevamente que la vista se le nublaba, que los brazos se
le tensaban y que la mandíbula se le rigidizaba de tal manera que no podía ni hablar. Nuevamente sintió que estaba teniendo un ataque cardiaco
o una embolia cerebral. «Me pude bajar de mi coche y paré un taxi; le pedí
que me llevara al hospital más cercano. Llegué otra vez a urgencias y me
hicieron llenar unos formularios. Cuando se acercó la señorita con la hoja
y la pluma, me dijo que me tranquilizara y que todo iba a estar bien. Esas
palabras de consuelo me hicieron llorar y en ese momento volví a sentir mi
cuerpo, mi frecuencia cardiaca se regularizó y comencé a sentirme mejor.
Después de revisarme, todos mis signos vitales estaban bien y la doctora me
dijo que no tenía nada y que lo que necesitaba era la ayuda de un psiquia-

tra, así que me dio los datos de un doctor. Hice una cita lo antes posible, no estaba dispuesta a seguir viviendo de esa manera, sintiendo que de repente me estaba muriendo, pero sin tener "nada". El psiquiatra era alguien mayor, muy canoso y muy serio. Me recetó antidepresivos y tranquilizantes y me citó en su consultorio para la siguiente semana. Su seriedad y frialdad ante mi caso no me gustaron y en mi mente sabía que debía buscar la ayuda de alguien más. Al lunes siguiente le conté a otra amiga sobre lo que me había ocurrido en las últimas semanas y me dijo que ella iba a un psicólogo desde hace años, y me sugirió que fuera a verlo. En esos momentos lo único que sabía era que no quería volver a sentirme así e iba a hacer todo lo que estuviera en mis manos para lograrlo. El psicólogo que me recomendó mi amiga resultó ser Joseluis Canales. Él fue la primera persona que me habló sobre los ataques de pánico y me explicó que no me estaba volviendo loca, sino que estaba viviendo episodios de ansiedad muy elevados. ¡Descansé tanto! ¡Me sentí comprendida! ¡En buenas manos! Me sugirió que comenzáramos a trabajar para saber qué parte de mi historia había desencadenado esto, ya que mi cuerpo estaba gritando lo que yo no había asimilado emocionalmente. Me comprometí a un proceso de terapia y decidí que sería totalmente honesta con él. Él me sugirió que siguiera el tratamiento médico que me había dado el psiquiatra y accedí». Fue así como Fernanda aceptó y se comprometió a un proceso terapéutico profundo.

Cuando le pregunté a Fernanda con qué relacionaba el haberse sentido en peligro, no supo responderme. Desde su punto de vista, aunque sus papás debieron divorciarse hace muchos años y aunque creció con muchos problemas económicos, en general considera que ha tenido una vida feliz. Había conseguido media beca en una universidad prestigiosa en la capital y dejó Chilpancingo, la ciudad donde había vivido toda su vida. Con este logro, sintió que se había liberado de una dinámica familiar disfuncional. Hablamos acerca de su infancia, de su adolescencia, de su vida en Guerrero, y aunque la ansiedad comenzaba a ser menos aguda, Fernanda seguía sintiéndola casi todo el tiempo. «Me cuesta trabajo respirar, como si tuviera algo muy pesado en el pecho», describía frecuentemente. Entonces, con ese síntoma, con la sensación de ahogo y de pesadez en el pecho, trabajamos con una técnica hipnótica para liberación de trauma. En un momento, Fernanda revivió con intensidad un evento que aparentemente había bloqueado de su conciencia: el aborto al que se había sometido dieciséis meses atrás, cuando quedó embarazada de su jefe.

Fernanda me pidió que suspendiéramos la sesión en la que concientizó que sus ataques de pánico tenían que ver con el aborto al que se había sometido. Estaba muy alterada, sudorosa y no podía dejar de temblar. Se sentía demasiado avergonzada para hablar de ello, así que tomó su abrigo y su bolsa y salió llorando de mi consultorio. Pensé que quizá ya no regresaría; claramente, revivir ese trauma había sido demasiado para ella. Sin embargo, a la semana siguiente ella acudió a su cita y, sin necesidad de que yo le preguntara nada, empezó a relatarme su historia con Gabriel. Lo conoció cuando ella iba en segundo semestre de la carrera, ya que había sido su profesor en la materia de Derecho Romano; asegura que apenas lo vio, se quedó prendada de él. «Es un hombre muy guapo, con mucho porte y muy inteligente», describió. Su profesor, que en ese entonces tenía treinta y cuatro años, era catorce años mayor que Fernanda; además, había un pequeño inconveniente: estaba casado desde hacía cuatro años y tenía dos gemelos de dos años de edad. Durante todo el semestre, Gabriel y Fernanda coquetearon en la universidad y al final del curso él le ofreció trabajo en su despacho. Fernanda necesitaba el empleo y Gabriel parecía estar dispuesto a brindarle la oportunidad de comenzar su vida profesional. Al cabo de cuatro meses de convivencia, un jueves en la madrugada, mientras preparaban la defensa penal de un cliente, Gabriel se acercó a ella y la besó por primera vez. Fernanda se sentía en una nube; sin embargo, también con cierta culpa, pues sabía que se estaba involucrando con un hombre casado. Al día siguiente Gabriel la invitó a comer y hablaron de lo sucedido. Él le confesó que estaba enamorado de ella, que le fascinaba estar a su lado, que le encantaría empezar una relación amorosa, pero que por el momento no se podía separar de su esposa, ya que sus hijos estaban muy pequeños y resentirían esa ruptura. Gabriel le aseguró que su matrimonio ya estaba roto y que el divorcio solo era cuestión de tiempo. Fernanda al principio se negó a tener un amorío con un hombre casado, pero antes de que hubieran pasado seis días, fueron a un hotel, el mismo que fue testigo de muchas horas de pasión a lo largo de la relación que mantuvieron cerca de catorce meses.

Fernanda se enamoró completamente de su jefe y se convirtió en su amante. Gabriel es abogado penalista y por lo mismo tiene horarios muy variables. Esto permitía que los amantes se vieran con frecuencia fuera del horario de la oficina y que hasta pasaran fines de semana juntos. «Yo me sentía incómoda, sabía que no estaba bien estar con un güey casado, que el karma no era bueno, pero seguí adelante con la promesa de que él se divorciaría de su esposa y estaríamos juntos sin tener que escondernos», me confesó como antecedente de lo que después sucedió. Por lo que explicó Fernanda, Gabriel no tiene buen carácter, es enojón y es muy demandante. «Empezó a controlar mis tiempos. Yo me tenía que salir de donde estuviera para ir al hotel cuando él quería, tenía que faltar a la universidad para acompañarlo a algún viaje de trabajo dentro del país y dejé de salir con mis amigos de Derecho porque se ponía muy celoso. Era muy cariñoso y me llenaba de regalos, pero si lo contradecía en algo, me gritaba, pegaba en la mesa y me hacía sentir como una estúpida. Un día en el hotel se metió a bañar; yo ya sabía la clave de su celular. Me metí a leer los chats con su esposa y descubrí que no había ninguna crisis entre ellos. Le decía "amor", bromeaba con ella, y lo que más me dolió fue que leí que habían hecho el amor la noche anterior. ¡Yo me había acostado con él a menos de veinticuatro horas de que él había hecho el amor con su esposa! Ahí me di de cuenta que mi lugar no era junto a él», confesó. «Yo me cuidaba con el parche, pero mi ginecólogo me sugirió que cambiara al DIU, porque soy muy sensible a las hormonas y tenía efectos secundarios. Así que me quitó el parche y me pidió que cuando terminara mi menstruación, fuera con él. Insistió en que no tuviera sexo sin protección. A Gabriel no le gustaba el condón, así que, en esas semanas, cuando lo hacíamos, terminaba afuera, pero una vez, un viernes en la tarde, regresó de una comida bastante jarra y estoy segura de que se vino dentro de mí. Le reclamé, pero me dijo que no era cierto, que no había terminado y que, además, faltaba menos de una semana para que me llegara la regla. Era verdad, me bajaría en unos días, así que lo dejé pasar, no me preocupé y no me tomé la pastilla del día siguiente. En menos de diez días me enteré de que estaba embarazada. La muy tonta de mí se ilusionó. Estaba esperando un hijo del hombre que amaba», me confesó con lágrimas en los ojos.

¿Y qué sucede cuando nos enteramos de que alguna mujer tomó la decisión de abortar? Tristemente, la juzgamos, la rechazamos y ponemos su calidad moral en tela de juicio. Marta Lamas (2014), en su formidable ensayo «Entre el estigma y la ley: La interrupción legal del embarazo en el DF», afirma que la mayoría de las agresiones y los insultos hacia una mujer que decidió abortar provienen de otra mujer. En los relatos de las mujeres que abortaron y que Lamas incluyó en su investigación, se reflejó la huella del estigma social predominantemente femenino, el cual dificultó que el proceso del aborto fuera vivido con naturalidad, contención y seguridad emocional. Algunas mujeres que abortaron en clínicas especializadas para ello aseveran que existen médicos, enfermeros y personal administrativo, especialmente femenino, que desaprueban de manera no verbal la decisión de la mujer, y que favorece que el aborto sea percibido como un acto que merece generar culpa, vergüenza, desprecio y tristeza. Ante el estigma social, Lamas asegura que ante el aborto predomina el silenciamiento y el secreto, además de que el peso de la religión católica en la cultura mexicana ejerce una presión que exacerba estos sentimientos negativos, así como el miedo ante la amenaza de un «castigo divino». Lamas también afirma que algunas mujeres aceptan haber vivido un aborto cuando son entrevistadas por el personal de salud o por familiares y amigos cercanos; sin embargo, en la gran mayoría de los casos se refiere a él como un aborto espontáneo, una estrategia para alejarse del estigma que existe alrededor del tema. De igual modo, la autora explica que cuando una mujer atraviesa la experiencia de la interrupción del embarazo, su percepción negativa ante el aborto se transforma, y entonces puede ser verdaderamente empática con aquellas mujeres que pasaron y han de pasar por la misma experiencia. Las mujeres dejan de juzgar a otras mujeres hasta que experimentan esa difícil situación.

«Nunca pensé pasar por eso. Cuando le dije a Gabriel que estaba embarazada, no imaginé la gravedad de su reacción. Estábamos en el hotel, me gritó que eso no podía ser, que seguramente yo lo había engañado con mis días de ovulación y que quería "atraparlo". Me ofendió, me gritó que era una zorra, una inmadura, una pendeja, y que yo no rompería a su familia. Me puse a llorar, desconsolada, y él me dio una cachetada. Me sentía atrapada, con miedo, y como él seguía gritando, me vestí y salí corriendo del hotel. No le contesté el teléfono en toda la tarde y lo apagué durante todo el fin de semana. Estaba aterrada de que llegara el lunes, así que falté a trabajar», detalló Fernanda con miedo. Confesó que jamás había sentido tanta angustia en su vida. ¿Qué haría embarazada de un hombre casado al que le tenía miedo? El lunes a la hora de la comida prendió su celular y se encontró con innumerables mensajes en los que Gabriel le exigía hablar con ella, si no, enfrentaría las consecuencias y sería implacable. Asustada, le llamó y quedaron de tomar un café ese mismo día. Para la sorpresa de Fernanda, Gabriel llegó con actitud cariñosa y comprensiva. Le pidió perdón por haber reaccionado así de mal y después le prometió que ella decidiría qué hacer con el bebé. Él enfrentaría las consecuencias y, si Fernanda decidía tenerlo, él reconocería al bebé y se haría cargo de él. Solo le pedía que, por precaución, fueran lo antes posible al ginecólogo, para confirmar que la salud de Fernanda no estuviera en peligro. «Ese día, me llevó a mi departamento y se despidió de mí con un beso y un abrazo. El martes pasó por mí muy temprano, pues me harían análisis. Fuimos a la clínica de uno de sus clientes, que es ginecólogo y obstetra. Yo sabía que ahí se practicaban abortos, pero no dije nada. Ese día me sentía muy cansada y nerviosa. Al llegar a la clínica, una enfermera me pidió que me desnudara y que me pusiera una bata», continuó Fernanda con resignación. Ya en la camilla, apareció el médico que Fernanda había visto varias veces en el despacho y que sabía que no cumplía con la pensión alimenticia que debía a su exesposa desde hacía meses. Saludó afectuosamente a Gabriel para después preguntar: «¿Procedemos?», dirigiéndose únicamente al abogado, sin siquiera mirar de reojo a Fernanda. «Yo sabía lo que iba a suceder, no me puedo hacer tonta; tenía mucho miedo y no pude decir nada. Me sentía como una vaquita que va hacia el matadero», me dijo, y dos lágrimas del tamaño de uvas recorrieron sus mejillas. Entonces, Fernanda detalló cómo el médico le hizo un ultrasonido vaginal con el que se comprobó el embarazo. «Lo vi, ahí estaba, el embrión, perfectamente formado y pegado a mí. Me puse a llorar en silencio, pero no dije una sola palabra», continuó con su relato. Entonces, como si la decisión hubiera sido consensuada y ya estuviera tomada, una enfermera trajo un suero, le pidió a la joven que apretara el puño, y se lo colocó. Después, el médico le pidió a Fernanda que firmara tres cartas que ni siquiera leyó y la pasaron al quirófano que estaba en la sala adyacente. «Gabriel ni siquiera me acompañó rumbo al quirófano. Yo no dejaba de llorar y el anestesiólogo me dio la mano y me dijo que todo estaría bien, que yo no sufriría y que no corría peligro. Él no sabía que yo no estaba llorando por ese bebé, sino que estaba llorando por mí, siempre me dejé tratar como lo que soy: una zorra, una inmadura y una pendeja», concluyó con mucha tristeza y vergüenza.

Marta Lamas, (2014), asegura que los sentimientos negativos ante el aborto son negativos debido al estigma social que ha sido internalizado. La culpa, la vergüenza y la tristeza se relacionan mucho más con el ser descubierta y señalizada que con la decisión tomada. Lamas, en su artículo asegura que, a pesar de los sentimientos negativos, tanto las mujeres como los varones que fueron entrevistados para su artículo, señalaron que no se habían arrepentido de interrumpir el embarazo no deseado, ya que consideraban que, aunque fue una decisión difícil, era la «mejor opción» que tenían ante esa situación. Hay mujeres que reportaron haberse sentido totalmente satisfechas con la decisión, y algunas hasta empoderadas y sintiendo respeto por sí mismas por haber hecho valer con sus derechos. Marta Lamas asegura que se topó con muchos relatos que reflejaron experiencias solitarias y silenciosas de mujeres solas o de parejas que eligieron no compartir su experiencia con nadie o no buscar apoyo médico o psicológico en su recorrido por el proceso de abortar.

Lamas asegura que el aborto sigue siendo motivo de estigma, ya que la gran mayoría de las mujeres que abortan y lo expresan abiertamente son víctimas de discriminación, de agresión u hostigamiento por parte de la sociedad. Por último, Lamas afirma que la experiencia del aborto se considera como altamente «ocultable»; es decir, que no se sabe de ella a menos que la situación sea descubierta o revelada a los demás. A pesar de los esfuerzos del sistema de salud y de los derechos en favor de la mujer, la percepción del clima social sigue siendo negativo, y ante la posibilidad de ver su reputación afectada con altos niveles de desaprobación, la mayoría de las mujeres y de las parejas que deciden abortar prefieren mantener en secreto su experiencia y su identidad. Silenciar y mantener en secreto la experiencia del aborto conduce a un círculo vicioso que refuerza la perpetuación del estigma. Del aborto no se habla. Esto conduce a que la percepción social sobre la decisión de abortar sea la de un evento poco frecuente, esporádico. Lo que obviamente lo asocia con la idea de una conducta desviada, atípica y antinatural. La consecuencia de este círculo vicioso es lo que se conoce como la «paradoja de la prevalencia». Existen cada vez más mujeres que viven un aborto, pero, irónicamente, lo siguen viviendo de manera secreta y con miedo, por lo que el estigma sigue perdurando.

Fernanda despertó con un grito de dolor. Un dolor que nunca antes había experimentado. Tardó en recordar lo que había sucedido, aunque después se enteró de que estuvo sedada menos de veinte minutos. Una enfermera la ayudó a incorporarse y sintió que se estaba orinando, pero la enfermera le aclaró que era sangre; ya todo había pasado y estaba sangrando. «Me doblaba del dolor, me sentía muy mal, pero me sentía sin un peso encima. Le pregunté a la enfermera por Gabriel; él tenía que estar ahí, conmigo. Pero ella me dijo que no sabía nada, me colocó un sedante en el suero y salió del cuarto. Me quedé dormida. No sé cuánto pasó, pero me despertó el doctor para decirme que todo había salido bien, que "el producto" ya había sido retirado y que solo estaría dos días en reposo total. Mientras me hacía unas recetas de antibióticos y de analgésicos, le pregunté por Gabriel. Me dijo que había tenido que salir, pero que me había dejado a Xavier, su chofer, para que me llevara a mi casa. Si ya me sentía una prostituta, ¡eso me dio todavía más en la madre!», exclamó con humillación. «Me dieron de alta y salí de la clínica a las tres de la tarde. "La cuenta está pagada", dijo el doctor y, cuando salí, Xavier estaba esperándome. ¡Sentí tanta vergüenza! No lo pude ni ver a los ojos, así que me subí a la camioneta en el asiento de atrás y me acosté. Me dolía mucho el vientre. Me llevó a mi departamento y me dijo que el "licenciado" había dejado indicaciones para que descansara y que me presentara a trabajar hasta el lunes. ¿Presentarme a trabajar? ¿Qué no vendría a verme? Xavier no supo qué contestarme y me deseó una pronta recuperación. Gabriel no contestó ninguno de los *whatsapps* que le envié, tampoco ninguna de mis llamadas. En esos días me sentí tan sola y tan triste que me prometí a mí misma que jamás volvería a llorar por ese aborto, ni por ese día, ni por esas horas de soledad, ni por ese güey. Sintiéndome tan mal, tomé la decisión de que terminaría con él», dijo mientras se tocaba el vientre, con la mirada puesta en las gotas de agua que resbalaban por la ventana de aquella noche de verano.

Fernanda pasó esos días sin ir a la universidad. Gabriel no dio señales de vida, así que el lunes estaba más decidida que nunca a romper su relación con él. Sin embargo, ni siquiera tuvo la oportunidad de enfrentarlo. Cuando llegó al despacho, el otro de Gabriel la mandó llamar a la sala de juntas y le notificó que el despacho había decidido «prescindir de sus servicios». La indemnización por parte de los abogados era de un año de sueldo más dos meses de vacaciones pagadas por adelantado. Ya estaba lista la carta de renuncia. «Me sentí muy humillada, ni siquiera me permitió entrar al despacho a despedirme de mis compañeros de trabajo. Escuché la voz de Gabriel hablando por teléfono y cerró la puerta de su oficina cuando me vio entrar, como lo hacía cuando estaba enojado con alguien. Pensé en romper el cheque, pensé en salirme sin nada, pensé en decirles que yo no era una muerta de hambre que dependía de sus miserias. Pero no dije nada. Firmé las cartas, tomé mi cheque y salí de ahí. Fui a depositarlo en ese momento para no romperlo. Sí, era una muerta de hambre que necesitaba de ese dinero para sobrevivir. Salí del banco y me puse a llorar en paseo de la Reforma. Zorra, inmadura, pendeja y prostituta... Me juré a mí misma que nunca volvería a llorar por Gabriel ni por el aborto, y me fui a mi clase de las cuatro de la tarde. Antes de dos semanas ya había conseguido trabajo en otro despacho, ahora de derecho fiscal, y me propuse terminar la carrera cuanto antes. Hice como si nada hubiera pasado, como si solo se hubiera tratado de una pesadilla. No volví a pensar en Gabriel ni en el aborto, y todo iba bien, pero en eso llegaron los malditos ataques de pánico», dijo Fernanda. Por fin había aceptado el origen de sus ataques de pánico. Tenía un arduo trabajo emocional que enfrentar. La angustia del embarazo no deseado, el aborto que vivió, el maltrato por parte de Gabriel, y la dura ruptura con él dejaron en ella una profunda huella de trauma.

Ya que el aborto es una realidad cotidiana, estoy a favor del aborto profesional asistido física y psicológicamente. Este punto es una de las grandes carencias de los sistemas de salud, incluido el nuestro. Ante los ojos del mundo médico, a las mujeres y hombres que abortan no les pasa «nada», porque ahora es «legal», y por definición, lo que es legal, ya no debe ser motivo de culpa o de vergüenza. Esto no es así. La realidad es que el aborto, en la mayoría de los casos, trae consigo el síndrome postaborto, que desequilibra en gran medida la vida y la mente de quienes decidieron abortar.

xv. EL SUICIDIO
Y SUS SECRETOS

Corría el invierno de 1889 y nada parecía presagiar que el 30 de enero representaría una de las fechas más trágicas para la familia imperial austrohúngara. El príncipe heredero al trono, Rodolfo de Habsburgo, el único hijo varón del matrimonio formado por el emperador Francisco José I de Austria y la célebre emperatriz Isabel Amalia Eugenia Duquesa de Baviera, conocida como Sissi, anunció que pasaría ese día practicando algo de cacería con algunos amigos. La noche anterior había partido para dormir en el pabellón de caza imperial de Mayerling, cerca de Viena. Claude Anet, en su libro *Mayerling: The Love and Tragedy of a Crown Prince* (1968), detalla cómo en la mañana del miércoles 30 de enero de 1889, en el caserón de Mayerling, fueron encontrados los cadáveres de Rodolfo y de María Vetsera, su amante, quien era una baronesa húngara. Pero ¿qué sucedió? ¿Quién fue el responsable de este crimen conocido en la historia como la tragedia de Mayerling? ¿Qué desató esta muerte en el imperio de la Europa central y oriental?

Claude Anet detalla minuciosamente lo que aconteció. A las siete y media de la mañana de ese miércoles, el mayordomo del archiduque Rodolfo de Habsburgo se dirigió hacia el dormitorio de su amo para avisarle que era la hora de salir de caza. Sin embargo, no recibió respuesta después de tocar a la puerta en varias ocasiones. Como sabía que había pasado la noche con su amante, María Vetsera, no se atrevió a seguir insistiendo, pero tampoco quería que su amo se perdiera el día de caza. Finalmente, optó por acudir al dormitorio del conde de Hoyos, amigo y confidente del príncipe, quien acompañaría a Rodolfo en la cacería, para avisarle que nadie respondía a la puerta del heredero al trono. El Conde de Hoyos, consciente de los antecedentes depresivos de su amigo, no lo dudó un instante: había que derribar la puerta, y para conseguirlo utilizó un hacha. Cuando el mayordomo y el Conde de Hoyos lograron entrar a la habitación, encontraron dos cadáveres en la cama. El de Rodolfo aún estaba tibio, y el de María ya frío, lo que significaba que había muerto antes que él. Aunque en ese momento no se divulgó la noticia como tal, murieron por un suicidio pactado. Al momento de su muerte, Rodolfo tenía treinta años y María Vetsera solo diecisiete. ¿Acaso estaban locos?

Los estigmas alrededor del suicidio son tan crueles como los que acompañan a la homosexualidad, al sida y, por supuesto, al aborto. «Solo se suicidan los locos, los valientes y los cobardes», dice el conocido refrán. No, no es necesario estar loco para quitarse la vida.

Para que se lleve a cabo un suicidio, parecería que todas las puertas de salida están selladas y la existencia diaria solo es un reflejo de soledad, sufrimiento, miedo, angustia, culpa y oscuridad. Las razones que llevaron a Rodolfo I de Austria a suicidarse no son tan diferentes a las que llevan a cerca de tres mil personas alrededor del mundo a cometer suicidio todos los días. Para entender al suicida necesitamos partir de una realidad: el suicidio es una medida desesperada a un momento de vida desesperado.

El suicidio tiene que ver con el dolor, con un dolor tan profundo que cala hasta el tuétano. Quien está considerando quitarse la vida está sufriendo y no se necesita tener un desorden mental para tener esa capacidad de sufrir.

Quien considera quitarse la vida lo hace porque tiene problemas que aparentan ser imposibles de solucionar y que, desde hace tiempo, parecen haberlo sobrepasado. Quien está pensando en el suicidio busca desesperadamente una salida y la muerte parece ser la única a su alcance. Lo atractivo de la muerte es que es una solución definitiva; no importa lo que piensen los demás, no importa lo que diga la religión o el «deber ser»: la muerte es una solución al sufrimiento. Tal vez no es la única y seguramente tampoco es la mejor, pero el simple hecho de que un suicida considere que está en control de terminar con su vida hace que se sienta mejor y solo por eso ya representa para él una solución: hay una salida para su sufrimiento.

Paul Quinett, uno de los grandes pioneros en el tratamiento y prevención del suicidio de nuestra época, explica en su magnífico libro *Suicide: The Forever Decision* (1987) que, para que una persona intente quitarse la vida, necesita estar profundamente deprimida, aunque afortunadamente, no todos los que están deprimidos intentan suicidarse. Para quienes «vivir» es un problema, la muerte es una solución.

George Markus, en el texto *Crime at Mayerling: The Life and Death of Mary Vetsera* (1995), recapitula lo que sucedió antes de la tragedia de Mayerling. En 1888, Rodolfo había llegado a un acuerdo con los nacionalistas húngaros para dar un golpe de estado que le llevara al poder, aun a costa de desmembrar al imperio que gobernaba su padre. Si el intento tenía éxito, Rodolfo se convertiría en rey de Hungría y de las provincias orientales, y Austria quedaría reducida a una potencia de segundo orden. Markus afirma que Francisco José supo de los planes de su hijo y decidió que Rodolfo necesitaba cuidar su salud, por lo que en los primeros días de 1889 lo envió, en contra de su voluntad, a pasar unas semanas en la isla de Lacrona, en el mar Adriático, con el objetivo de que se tranquilizara y abandonara sus planes políticos. Esta medida fracasó. Rodolfo no solo no se serenó, sino que incluso regresó el 11 de enero a Viena con una doble intención: la de convertir a María Vetsera en su nueva mujer y la de llevar a cabo el golpe de estado en contra su padre. El 26 de enero, se produjo una fuerte discusión entre el emperador y su hijo Rodolfo. Francisco José lo confrontó diciéndole que no era digno de ser su sucesor. El emperador sabía que el heredero al trono había solicitado a la Santa Sede la anulación de su matrimonio con Stephania para casarse con María Vetsera, relación que él reprobaba totalmente. Además, había descubierto que el príncipe seguía manteniendo contacto con la oposición húngara y conoció sus planes de golpe de estado, los cuales fueron demantelados. Markus asegura que la reunión entre el emperador y su hijo terminó muy mal. Ambos estaban muy molestos. Durante esa mañana, el general Margutti, ayudante de campo del emperador, encontró al emperador desplomado sobre la alfombra de su despacho. El altercado había llegado a los golpes. El emperador estaba iracundo. Rodolfo a su vez estaba devastado. Su proyecto político había sido frustrado y tendría que vivir siempre bajo la sombra de su padre. En su libro, Markus habla también de la joven aristócrata que murió junto al príncipe Rodolfo. María Vetsera nació en Viena el 19 de marzo de 1871 y pertenecía a la pequeña nobleza húngara; su padre era un diplomático que vivía en la corte vienesa. Cuando María tenía dieciséis años aseguraba que estaba perdidamente enamorada del príncipe Rodolfo, aunque no lo conociera. Cuando la prima de Rodolfo —María Luisa, baronesa von Wallersee, hija del hermano de la emperatriz Sissi y de Enriqueta Mendel— se lo presentó, María hizo todo lo posible para no dejarlo marchar. De hecho, lo siguió hasta la muerte.

Nadie decide quitarse la vida en el mejor momento de su vida. No es una decisión que se tome en una etapa de gozo; la idea surge a partir de una situación de dolor o de confusión, que se suma al aprendizaje del suicidio de algún conocido, familiar, amigo o celebridad que lo llevó a cabo. «Si fue una solución para él, puede ser una solución para mí». Al final, el suicidio, como muchos otros males que aquejan a la humanidad, es producto de un síndrome social. Aunque los seres humanos somos únicos e irrepetibles, llegamos a mostrar ciertos comportamientos similares ante circunstancias que nos provocan estados emocionales parecidos. En la inmensa mayoría de los casos, se ha comprobado que el suicidio no es un acto impulsivo, sino el resultado de una ideación que se va desarrollando paulatinamente a lo largo de un proceso de valoración y cálculo. El suicidio es, entonces, una acción planeada y conscientemente ejecutada; aunque en algunas ocasiones, por la violencia con la que se lleva a cabo, pareciera lo contrario. Lo que puede llegar a ser impulsivo es el momento de ejecutarlo; es decir, un evento crítico puede disparar el que se lleve a cabo en un momento determinado, pero la decisión ya estaba tomada con anterioridad. En promedio, alguien que se suicida lleva analizándolo por lo menos nueve meses, en un periodo crítico lleno de tristeza, desesperación, desesperanza y falta de sentido vital.

Para que una persona tome la decisión de suicidarse, antes tiene que haber madurado el pensamiento de muerte por meses, y en algunos casos hasta por años. En muchas ocasiones, lo que desata la fatal decisión, el «disparador» que detona el deseo de morir, es un evento específico: tal vez una muerte o una pérdida repentina, un despido inesperado, una separación de pareja o quizás una mala racha económica. Tal vez ese «disparador» no sea algo que parezca muy grave ante los ojos de los demás, pero es algo que puede marcar la vida de ese ser humano de forma significativa. El suicidio rara vez es una decisión repentina. El deseo de morir no se da de un día a otro, es un proceso lento pero seguro. Un intento suicida es la culminación de una decisión que se inicia con la idea de querer dejar de vivir. Al comienzo es solo una idea, un pensamiento que surge al empezarnos a sentir «inadecuados», «fuera de lugar» e «incómodos» con nuestra propia vida. Comienza con la idea de que el mundo estaría mejor sin nuestra presencia, con el deseo de dejar de pasarla mal, aunque sin buscarlo activamente, simplemente deseándolo. Mientras esta idea avanza, nos vamos desconectando de nuestra fuerza vital; empezamos a generar una frecuencia y sintonía con la muerte, a visualizarla como la solución a nuestro problema existencial. En la gran mayoría de los casos, el suicida comienza a imaginar y a fantasear con morir de una enfermedad terminal; desea tener un accidente automovilístico, o simplemente piensa en no despertar a la mañana siguiente. Todo comienza con la idea de que morir es mejor que vivir. El suicidio es la hiedra que crece de la semilla de la falta de esperanza ante la vida.

Paul Quinett (1989) explica que cuando la idea de morir se instala, el deseo de culminar este acto se fortalece y comenzamos a actuar de manera menos cuidadosa, menos responsable. Aquí comienza lo que se conoce como «comportamiento suicida», que no implica todavía hacer algo consciente, intencionado y específico para quitarnos la vida. Es decir que, aunque deseemos dejar de vivir, todavía no tomamos ninguna acción concreta para conseguirlo, sino que comenzamos a comportarnos de manera «diferente», exponiéndonos irresponsablemente a ciertos peligros que antes hubiéramos evitado. Empezamos a actuar de manera temeraria y hasta cierto punto desafiante, como si retáramos a la vida o a la muerte. Es muy común, por ejemplo, conducir a exceso de velocidad, exponernos a situaciones irracionales, abusar del alcohol y otras drogas, tener sexo sin protección, realizar ejercicios de alto riesgo o empezar a frecuentar personas o amistades que están en algún tipo de dinámica autodestructiva. Quinett hace hincapié en que para que el suicidio se entienda como tal, es necesario que exista una acción específica, voluntaria y consciente de una persona para quitarse la vida. Un acto imprudente o un deporte extremo nos pueden llevar a la muerte, pero como no es algo que hagamos explícitamente para morir, no se considera un suicidio. En la mayoría de los casos, cuando existe la duda sobre el posible suicidio ante la muerte de alguien, se descubre que se trató de un comportamiento suicida con resultados fatales, pero de ninguna manera se trató de un suicidio. El suicidio consumado, generalmente, se identifica por la claridad de la planeación con la que se llevó a cabo y en la gran mayoría de los casos, por los mensajes póstumos que el suicida deja tras su muerte.

La ideación suicida casi siempre está en estrecha relación con una profunda sensación de vacío. Quien está considerando suicidarse ha perdido la esperanza de que algo «bueno» puede estar por venir; es decir, que ha perdido el sentido vital y está experimentando una gran desesperanza, un gran «vacío existencial».

¿Y qué es el vacío existencial? Martin Heidegger (1889-1976) ya había hablado de este término, definiéndolo como «anonadamiento», para describir cuando una persona experimenta «la nada» y percibe únicamente la «inhospitabilidad del mundo». George Steiner, en su libro *Heidegger* (2009), explica que este filósofo definió el vacío existencial como «la sensación de falta de sentido en la vida, de tedio, de no saber para qué se vive; lo cual lleva al aislamiento y al deterioro de la relación del individuo con la familia y con la sociedad». El fundador de la logoterapia, Viktor Frankl (1905-1997), visualiza el vacío existencial como «la pérdida del sentimiento de que la vida es significativa. La experiencia de una vaciedad íntima y de un desierto que se alberga dentro de sí. Un sentimiento de vacío interior y de absurdidad de la vida, una incapacidad para sentir a las cosas y a los seres».

El vacío existencial no es un fenómeno particular; una buena parte de la población mundial lo experimenta. Con esto no quiero decir que «consuelo de muchos es consuelo de tontos»; pero, debido a la gran despersonalización que generan las grandes sociedades industrializadas actuales, el individuo frecuentemente experimenta este sentimiento de pérdida del sentido en su vida, en el cual tiene la sensación de que la vida no vale la pena. Estamos educados a que lo más importante es producir, y vivimos en ciudades donde hay poca identidad individual, y donde las manifestaciones culturales y artísticas han perdido valor para ser sustituidas por una mercadotecnia consumista. Nos hemos convertido en autómatas del trabajo. Así es, la soledad provoca que la gente empiece a pensar que la muerte puede ser mejor que la vida; y es esta soledad devastadora la que puede convertirse en nuestra asesina.

Otro factor importante que puede contribuir a generar un vacío existencial es vivir a través de los demás. El estudio más profundo sobre la pérdida del sentido de vida fue planteado por el doctor Víktor Frankl, quien en 1946 definió estos síntomas como neurosis noógena, o neurosis causada por problemas de tipo espiritual: «Conflictos de conciencia, colisión de valores y sensación de carencia de sentido». Frankl asegura que la persona llega a manifestar este vacío interior con un aburrimiento de la cotidianidad y con un hastío y pesadumbre de la propia rutina, o bien, con sentimientos de angustia o ansiedad ante la necesidad de ocultar la soledad con múltiples ocupaciones laborales, familiares y sociales. Para él, una de las principales razones que generan estos sentimientos es la necesidad actual de las personas de cumplir con las expectativas sociales, sacrificando sus necesidades y deseos.

No sé qué pudo llevar a María Vetsera a aceptar la propuesta suicida de aquel príncipe que se sabía deshonrado por la derrota de su golpe de estado. De la vida de ella se sabe muy poco; sin embargo, George Markus asegura que María dejó por escrito en un cenicero de ónix unas palabras en tinta violeta: «El revólver es mejor que el veneno, más seguro». María Vetsera no fue asesinada, murió consensuadamente a manos de su amante.

La depresión es una enfermedad —no un problema de voluntad— que afecta las diferentes esferas de la vida de quien la padece: física, emocional, intelectual, espiritual y social. Su origen es multifactorial y se debe a tres tipos de causas predisponentes: biológicas, psicológicas y sociales. Los factores físicos o biológicos tienen que ver con la herencia genética y las alteraciones hormonales o de la química cerebral. Los factores psicológicos se relacionan con ciertos rasgos de la personalidad, pérdidas, procesos de duelo y crisis circunstanciales o de desarrollo, como la adolescencia, la «llegada de los cuarenta», la menopausia, un divorcio, o la etapa de la jubilación. Las causas sociales frecuentemente están relacionadas con dinámicas familiares disfuncionales, algún tipo de abuso sexual, físico o psicológico, eventos traumáticos, algún sentimiento de inferioridad o complejo propiciado por una condición o defecto físico, la experiencia de vivir en un ambiente hostil en donde existe una constante agresión, o algún tipo persistente de incertidumbre, como la inestabilidad económica o la falta de seguridad (propia de ciudades violentas o en guerra). Todo lo anterior se manifiesta en una falla en la bioquímica cerebral, lo cual repercute en la regulación del estado de ánimo. El problema es que no es una condición pasajera breve, sino que sus síntomas se instalan durante un periodo de tiempo mayor a seis semanas, la cual afecta de forma significativa la calidad de vida de quien la padece, su bienestar e interrelación con el medio ambiente. Cuando estamos deprimidos nada se ve bien, ni suena igual, ni se siente agradable, ni parece divertido. La depresión es una tirana, un pequeño monstruo que se apodera de nuestra vida y que nos obliga a ir cavando un hoyo cada vez más oscuro y negro dentro de nuestra existencia. Pero la depresión es un infierno que no dura para siempre. Todo termina por pasar. Lo bueno de lo malo es que termina.

Para el momento de su muerte, Rodolfo estaba casado y tenía una hija. Markus asegura que su matrimonio estaba totalmente roto. Rodolfo tenía amantes y vivía una vida llena de excesos, bebía de más y externaba públicamente sus ideales políticos, mismos que iban en contra del imperio dirigido por su padre. Sus tendencias liberales diferían totalmente del autoritarismo impuesto por el emperador Francisco José. Stephania de Bélgica, su esposa, soportaba la relación que mantenía con María y todas las anteriores conquistas de su marido; pero lo que nunca nadie imaginó fue que la relación con María llevaría a Rodolfo a pedir la nulidad de su matrimonio. En la rígida y estratégica corte de los Habsburgo, como sabemos, no cabía un divorcio. Así que aquel acto osado de Rodolfo indignó aún más al emperador. Rodolfo se sentía fracasado y sin ningún futuro alentador.

Además de la depresión, la desesperanza y la falta de sentido vital, ¿existe algún otro factor que pueda ser un disparador importante para que una persona tome la decisión final de quitarse la vida? Sí, el abuso del alcohol y otras drogas. ¿Por qué sucede lo anterior? ¿Por qué hay una relación tan cercana entre el alcohol y la muerte? La razón es sencilla: el alcohol es un depresor del sistema nervioso y lo primero que deprime es el autocontrol. Es por eso que, cuando estamos alcoholizados, nos atrevemos a «decir o hacer» lo que nunca haríamos si estuviéramos sobrios. Nos sentimos «el alma de la fiesta» y nos desinhibimos hasta el punto de cantar, bailar y reír sin control. Sin embargo, también se desinhibe nuestro contacto con la realidad y la capacidad de medir las consecuencias de nuestros actos. Por eso, en la gran mayoría de los casos donde hay ideación y comportamiento suicida, el sujeto se atreve a llevarlo a cabo cuando está alcoholizado. Esto no significa que sin alcohol no habría suicidios, sino que en muchos suicidios hubo alcohol de por medio.

No existe una estadística totalmente certera; sin embargo, la Dirección General Adjunta de Epidemiología de la Secretaría de Salud de México (2009), a través del artículo «Consumo de sustancias y suicidios en México: Resultado del Sistema de vigilancia epidemiológica de las adicciones», publicó la siguiente información sobre el alcohol en México obtenida en los estudios realizados entre 1994 y 2006:

- Cuatro de cada diez personas que intentaron suicidarse en nuestro país (44 %) lo hicieron bajo el influjo del alcohol.

- En siete de cada diez suicidios consumados (77 %), la víctima estaba intoxicada con alcohol.

- En cinco de cada diez homicidios, la víctima estaba alcoholizada.

La mayor parte de las personas con las que he trabajado y que han sobrevivido a un intento suicida me reportan que, justo antes de intentar quitarse la vida, lo que sentían era una extraña sensación de control: control para poder terminar con todo el sufrimiento que habían estado cargando, control para olvidarse de la pesadez y de la tristeza, control de devolver a los demás el dolor y la angustia que sentían; sin embargo, después del intento suicida, este sentimiento de control tiende a desaparecer por completo y entonces aparece en ellos un profundo miedo: miedo a enfrentar lo que fueron capaces de hacer, miedo de haber llegado tan lejos, miedo de tener la capacidad de volver a intentarlo. La sensación de control que tenían se escapa y regresa la sensación de caos. Descubren que su mundo no cambió en lo absoluto y, al contrario, sienten miedo del poder y del dominio que ejercen su depresión y su desesperanza sobre sí mismos. La mayoría de mis pacientes que han intentado quitarse la vida sienten miedo al descubrirse como «asesinos en potencia» de sí mismos. Esta es una de las razones por las cuales también los intentos suicidas tienden a guardarse en secreto. Generan culpa y vergüenza tanto en el paciente como en su familia.

Soy psicólogo especializado en crisis y psicotrauma, lo que quiere decir que me enfrento al dolor emocional intenso y extremo casi todo el tiempo. Trabajo con personas que han sido víctimas de abuso sexual, que han sido secuestradas, que han vivido violencia y maltrato, que son hijas de padres alcohólicos o con algún desorden mental, que han perdido seres queridos por accidentes o en asaltos con violencia, con padres que han perdido hijos por muerte de cuna o por alguna otra tragedia. En resumen, trabajo casi todo el tiempo con personas que están traumatizadas por algún evento doloroso. Y en todo este mundo de sufrimiento profundo con el que convivo todos los días, nunca —y lo digo de corazón—, nunca me he

SECRETOS DE FAMILIA

enfrentado al mismo nivel de dolor emocional al que se enfrenta alguien que ha perdido a un ser querido por suicidio. Nunca he visto a una persona tan afectada emocionalmente como cuando ha perdido a un hijo, a un hermano, a su pareja, a alguno de sus padres o a su mejor amigo por suicidio. Es uno de los traumas más difíciles de superar, ya que es profundo y provoca grandes niveles de culpa, confusión, miedo y desesperación.

El doctor Mariano Casado Blanco y sus colaboradores, en el artículo «Importancia de las cartas suicidas en la investigación forense» (2012), explican que hay una estrecha relación entre una carta suicida y la total convicción de la persona para elegir morir así. Por irónico que pueda sonar, el contenido de la carta suicida determina si un suicidio fue «sano» o no. ¿Puede un suicidio serlo? La respuesta que dan Casado Blanco y su equipo es afirmativa. En un suicidio sano, la persona tenía comprensión racional de que la acción que estaba realizando resultaría en su propia muerte y tiene motivos que considera de peso para ello. Por el contrario, un suicidio «demente» ocurre cuando una persona está tan alterada emocionalmente que no aprecia racionalmente la magnitud de sus acciones y no concientiza a cabalidad su muerte. En este segundo tipo de suicidios, evidentemente la persona no deja una carta suicida o, si acaso lo hace, parece que su contenido no tiene sentido. Para estos efectos, los suicidios de Rodolfo de Austria y de María Vetsera son considerados «sanos», porque se entiende que estaban en posesión de sus facultades de razonamiento cuando desearon terminar intencionalmente con sus vidas. Por lo mismo, encontrar notas cerca o junto al suicida en general alivia en algo el dolor de los deudos, ya que brindan información sobre el estado psicológico de quien murió, momentos antes de consumar el suicidio, y puede otorgar herramientas de consuelo para comprender lo que parece incomprensible.

Bunny Paine-Clames, en su libro *Love and Death in Vienna: The Story of Crown Prince Rudolf of Austria and Mary Vetsera* (2016), señala que María dejó tres notas muy breves: a su madre y a sus hermanos Johanna y Franz.

Querida mamá: perdona lo que hago. No he podido resistirme al amor. De acuerdo con Rodolfo, quiero ser enterrada a su lado en el cementerio de Alland. Soy más feliz muerta que viva.

Tu Mary

Querida hermana: partimos alegremente hacia una vida más allá de la tumba. Piensa de vez en cuando en mí y no te cases si no es por amor. A mí no me ha sido posible hacerlo, y como no puedo resistirme a mi amado, me voy con él.

Mary

Adiós, querido hermano: seguiré velando sobre ti desde el otro mundo; te amo tiernamente.

Mary

A su vez, Rodolfo dejó cinco notas póstumas. A su madre Isabel de Baviera:

Sé muy bien que no era digno de ser vuestro hijo.

A su esposa, Stephania de Bélgica:

Ya estás libre de mi presencia y de la calamidad que soy.

A Valeria, su hermana pequeña:

Muero a pesar mío.

Se sabe que las últimas dos cartas póstumas que Rodolfo dejó estuvieron, una, en manos de su mayodomo Loschek, donde pedía que se le enterrara al lado de María en el cementerio de un monasterio; la otra, al parecer, fue para su amigo Szügenyi y en ella le explicaba las razones por las cuales decidió quitarse la vida.

Ya que los suicidas no podían ser enterrados en terreno sagrado, el emperador Francisco José señaló que su hijo no estaba en el pleno uso de sus facultades mentales y tuvo incluso que pedir una bula especial al papa para conseguir que su hijo pudiera ser enterrado en el panteón de la familia Habsburgo en la iglesia de los Capuchinos de Viena. Los restos de María Vetsera yacen en el cementerio de Heiligenkreuz. No se cumplió el último deseo de los amantes de ser enterrados en el mismo lugar. Paine-Clames detalla que, después de lo sucedido, el emperador Francisco José quedó profundamente afectado, y ordenó que el pabellón de caza de Mayerling fuera desmantelado; en su lugar fundó un convento carmelita para que se rezara perpetuamente por el alma de su hijo.

¿Cómo afectó la tragedia de Mayerling al Imperio austrohúngaro? La muerte de Rodolfo de Habsburgo desencadenó de inmediato una grave crisis dinástica que, a la larga, aceleró la caída del imperio. Así, tras la muerte de su sobrino en Mayerling, Carlos Luis de Austria se convirtió en presunto sucesor de su hermano Francisco José, pero renunció a sus derechos en favor de su hijo mayor, Francisco Fernando, asesinado en Sarajevo el 28 de junio de 1914, lo que precipitó la declaración de guerra de Austria contra Serbia y el comienzo fulminante de la Primera Guerra Mundial. La tragedia de Mayerling se convirtió en un tema de conversación totalmente prohibido en presencia de Francisco José. La emperatriz, por su parte, vistió ropa negra hasta el mismo momento de ser asesinada en Ginebra, el 10 de septiembre de 1898. La princesa heredera, Stephania de Bélgica, amargada, contrajo segundas nupcias en 1900 con el conde húngaro Elemér Lónyay.

XVI. EL ASESINATO
Y SUS SECRETOS

No cabe duda que la vida y la muerte son parte de un mismo continuo. Conviven a diario en nuestro día a día, y la única certeza que tiene un ser humano a partir de su nacimiento es que algún día morirá. De hecho, la existencia de la muerte es lo que le da un verdadero sentido a la vida del hombre. Nuestro paso por este mundo es temporal, y por eso nos cuestionamos qué es lo que desearíamos vivir, o qué legado quisiéramos dejar a quienes nos sobrevivan. Todos vamos a morir, pero no todos morimos de la misma manera. Tenemos conciencia de que algún día dejaremos de respirar, nuestro corazón dejará de latir, aunque imaginamos que sucederá cuando seamos viejos, víctimas de alguna enfermedad. No siempre es así. A lo largo de la historia, el asesinato también ha sido una constante en la vida de la humanidad. ¿Cómo olvidar el asesinato de Abel por parte de Caín? El relato bíblico relata la historia de los hijos de Adán y el asesinato de uno a manos del otro, debido a un arranque de celos. La Biblia indica que ambos realizaron una ofrenda para acercarse a Dios, pero solo la de Abel fue aceptada, ya que era la única que iba acompañada de humildad y obediencia. Caín, enojado, golpeó a su hermano tan fuerte que lo mató.

En cuanto al primer caso de asesinato real del que se tiene registro, Miguel G. Corral (2015) publicó en el periódico español *El Mundo* un reportaje titulado «El primer asesinato de la historia». En ese texto, Corral retoma un estudio publicado por la revista científica *PLOS ONE*, en el que se presentan los descubrimientos de uno de los diecisiete cráneos de homínidos encontrados en el yacimiento de Atapuerca en Burgos, España. Se trata de un vestigio de alrededor de 430 mil años de antigüedad, perteneciente a un individuo joven que murió por dos golpes en la frente realizados con un objeto que le rompió el cráneo. Nohemi Sala, una de las investigadoras de este extraordinario hallazgo, afirmó que esta investigación, gracias a la tecnología digital actual en 3D, logró llegar a la conclusión de que el cráneo fracturado es la evidencia de un asesinato, aunque se desconoce de qué material era el arma con la cual se puso fin a la vida de la víctima. ¿Cómo puede saberse que las fracturas fueron la causa de la muerte de ese homínido y que no se produjeron después, por ejemplo, al caer? El estudio explica que las fracturas están ubicadas en los sitios habituales de un enfrentamiento cara a cara y, por otra parte, ambas fracturas en el hueso frontal tienen trayectorias distintas, por lo que fueron causadas por el mismo objeto duro y están muy cercanas la una de la otra sin que haya otras roturas en el cráneo, lo que descarta la hipótesis de una caída y confirma el asesinato. El estudio asegura que tampoco se registran señales de cicatrización ni de recuperación del tejido óseo, es decir, que los golpes fueron mortales, lo que convierte ese hallazgo en el primer asesinato registrado en la historia de la humanidad. Bien lo dijo el filósofo Thomas Hobbes (1588-1679): «El hombre es el lobo del hombre».

Kim Davies, en su libro *The Murder Book. Examining Homicide* (2008), empieza por explicar que los crímenes siempre tienen una motivación, y por ello, aquellas que involucran un asesinato son bastante serias y peculiares. A menos que se trate de un sociópata, nadie corre el riesgo de quitarle la vida a otro ser humano si no tiene como fin obtener una gran ventaja secundaria, más allá del placer de hacerlo. Davies asegura que las cuatro motivaciones principales para cometer un asesinato son el dinero, la información que guardan los otros, los celos y las venganzas. Según Davies, la palabra homicidio deriva de la palabra latina *homicidium*, que a la vez se compone de dos elementos: *homo* y *caedere*; es decir, 'hombre' y 'matar'. De esta forma, homicidio significa 'la muerte de un hombre causada por otro hombre'. En realidad, para el mundo del Derecho, un asesinato consiste en la muerte de un hombre ocasionada por ilícito comportamiento de otro hombre. Davies asegura que no todos los homicidios son asesinatos, aunque los asesinatos siempre son homicidios. La diferencia entre un homicidio culposo y un homicidio doloso radica en que este último conlleva alevosía y ensañamiento por parte del que mata, y es lo que conocemos comúnmente como un asesinato. El homicidio doloso siempre está determinado por motivaciones personales, mientras que el homicidio culposo ocurre por el simple hecho de matar a otra persona, incluso por lástima o por compasión, para poner fin a un sufrimiento, como en el caso de la eutanasia, en la que se decide poner fin al sufrimiento de un enfermo terminal. También un homicidio culposo puede ser llevado a cabo por una acción imprudencial. El autor explica que un homicidio culposo por imprudencia ocurre cuando se le quita la vida a otro ser humano sin la voluntad de haberlo hecho; puede ser a través de un vehículo a motor, un ciclomotor, un arma blanca, un arma de fuego, un golpe, ahorcamiento, envenenamiento o por alguna negligencia; sin embargo, la falta de motivación no exime a quien le quitó la vida a otra persona. En este tipo de casos, se encuentran frecuentemente las muertes por violencia doméstica, en las cuales la muerte tiende a ser el resultado y no el objetivo de la agresión. Erick Aranda García, en el texto *El homicidio en México entre 1990 y 2007* (2009), explica también que existe el homicidio por imprudencia profesional, ocurrido cuando el homicidio es cometido por algún tipo de negligencia profesional, por ejemplo, el descuido de un médico, un odontólogo, un guía de turistas; también aplica en caso de un accidente laboral. Un homicidio culposo puede justificarse legalmente hasta llegar a la ausencia de responsabilidades penales cuando se cometen por legítima defensa o por cumplimiento de una orden militar por parte de un superior, como sucede en periodos de guerra. Para un asesinato, jamás existirá una justificación.

¿Es necesario tener un mal corazón para llevar a cabo un asesinato? Mi experiencia profesional me ha indicado que no necesariamente. En ocasiones las emociones rebasan a un ser humano; en otras, la angustia y la desesperación no permiten descubrir otras opciones y, finalmente, existen situaciones que nos orillan a experimentar la faceta más salvaje de nuestra esencia. Aunque no lo justifico, estoy convencido de que no, matar a otro ser humano no siempre va de la mano con tener un mal corazón.

Hace cerca de dos años, llegó a terapia Perla. Una mujer atlética, que definitivamente parecía mucho más joven de la edad que realmente tenía. Acudió a mí después de haber leído mi libro acerca del suicidio. Meses atrás había considerado seriamente quitarse la vida a raíz de ataques de ansiedad y de una depresión mayor que habían afectado seriamente su calidad de vida. Después de terminar de leerlo, decidió que quería tomar algunas sesiones de terapia conmigo. Me contactó y me pidió ayuda. Ya no quería seguir viviendo con tanta culpa y autoreproches. Su historia de vida es dura y me la contaría paso a paso, sin develar el final de lo que vivió durante sus primeros años de vida. Perla comenzó por asegurarme que, al principio, creía que todo el dolor del pasado parecía estar olvidado, borrado; no obstante, hacía un par de meses regresaron a ella imágenes de lo que vivió y la decisión que tuvo que tomar, consecuencia de la desesperación. Tal parece que se trataba de un hecho que Perla había reprimido totalmente durante cerca de veinte años, hasta que las pesadillas durante las madrugadas le confirmaron los detalles de lo que su mente consciente creía haber olvidado.

Perla es originaria del estado de Hidalgo. Proviene de una familia muy humilde que se dedicaba a la siembra de calabaza, alfalfa y maíz. Su madre quedó embarazada cuando era apenas una adolescente. Una historia de vida similar a la de Lidia, pues ambas fueron abusadas sexualmente en la infancia. Perla creció en el rancho de su abuela y su tío, el hermano de su madre, la tocó inadecuadamente durante toda su infancia. Minerva, su madre, al descubrirlo, la golpeó y la insultó por «andar provocando» a los hombres. Como castigo, la mandó a vivir a la Ciudad de México, con una tía abuela. Con apenas ocho años de edad, Perla llegó con miedo a la ciudad; nunca había salido del pueblo y vivió un proceso muy duro de adaptación. Era solo una niña de campo. Su tía abuela, quien se encargó de ella, le daba alimento, vestido y la inscribió en la escuela primaria. Le enseñó a leer y a contar y, en unos pocos meses, Perla se sentía a gusto. La Tata era exigente y la obligó a ayudarle a atender la miscelánea que tenía como negocio. «Ahí me pasaba todas las tardes, de lunes a sábados, hasta las once de la noche. Ahí hacía la tarea y aprendí a llevar las cuentas. En las noches yo hacía el corte. Solo entonces podía irme a dormir», relató una Perla llena de nostalgia y melancolía. Así pasaron tres años, hasta que la Tata enfermó. Para ese entonces, Perla ya se encontraba cursando la secundaria y su vida había mejorado; no obstante, Minerva se vino del pueblo a poner orden en casa de su tía. Parecía que el infierno se hacía presente otra vez. Minerva estaba de regreso.

Kim Davies lo expresa muy bien en su libro: «Un solo caso de homicidio a nivel mundial debería ser demasiado. Solo cuando esa víctima es alguien a quien conoces, a quien amas o con quien te relacionas cotidianamente, te das cuenta de lo trágico que resulta ese homicidio». Nos acostumbramos a leer y escuchar sobre asesinatos, pero olvidamos que detrás de cada caso hay toda una familia que llora y sufre por esa injusticia.

Erick W. Hickey explica en su libro *Serial Murders and Their Victims* (2010) que, a lo largo de la historia, el estudio del hombre, desde sus diversos campos, ha tratado de darle una explicación al fenómeno social del asesinato. Desde posesiones por parte de demonios, locura, hasta el positivismo, que indicaba que tenía que ver con factores internos y externos que el individuo no podía controlar y que había heredado de sus violentos ancestros. Hickey afirma que Cesare Lombroso (1825-1909) es considerado el padre de la criminología, debido al exhaustivo estudio científico que hizo sobre crímenes y asesinatos. En 1876, Lombroso escribió *The Criminal Man*, texto en el que postuló que algunos seres humanos nacen para ser criminales. Lombroso, en sus investigaciones periciales con convictos y con cadáveres de asesinos, descubrió que la apariencia física y el comportamiento de los criminales, así como la forma de sus cráneos, eran similares entre sí y diferentes de aquellos que no habían cometido asesinato. Sus observaciones lo llevaron a concluir que ciertos rasgos anormales a nivel físico en los asesinos eran indicativos de la relación biológica de un individuo con el crimen. Muy influenciado por las ideas de Darwin, Lombroso aseguró que los criminales tendían a tener una regresión a etapas anteriores, más primitivas de desarrollo.

Mucho se ha investigado y escrito acerca del estudio del asesinato y sus causas. A principios del siglo XIX incluso se creía que ser criminal era hereditario, debido a que había familias en las que dos o más de sus miembros habían asesinado a otros seres humanos. El estudio de la personalidad, en la década de los setenta, tomó la batuta, como después lo hizo la sociología, que responsabilizaba al medio ambiente del comportamiento amoral de los individuos. Hoy sabemos que el hecho de que un individuo se convierta en un criminal, hasta llegar a ser un asesino, no depende únicamente de una sola variable, sino que es la unión de diferentes factores, entre ellos el biológico, el familiar, el social y por supuesto, el psicológico, rasgos característicos de personalidad de cada individuo. Cada uno de nosotros, ante situaciones muy similares, actuaremos de manera diferente. No hay nada determinante sobre nuestro comportamiento. Cada uno de nosotros es único e irrepetible y, por ello, no podemos predecir con exactitud nuestras reacciones. Dos hermanos gemelos idénticos, con la misma genética, la misma experiencia familiar y el mismo sistema social, podrán comportarse de maneras opuestas en una determinada situación de crisis.

En vez de centrarse en las predisposiciones biológicas o en ciertos rasgos de personalidad anormales y supuestamente determinantes para explicar el comportamiento incorrecto de ciertos individuos, hay algunos investigadores en criminología que se han concentrado en el enfoque sociológico. A diferencia de los investigadores darwinistas o de los positivistas, los criminólogos sociólogos se enfocan en las variables que se encuentran fuera del individuo para explicar por qué llega a cometer asesinato. La sociedad a la que pertenecemos influye en gran medida en nuestro comportamiento y los criminalistas que entienden el asesinato desde esta perspectiva han descubierto que, a lo largo de la historia, ciertos crímenes han sido cometidos en mayor medida por miembros de determinadas comunidades. Hay sociedades para las cuales el asesinato es mucho más permitido y hay otras en las cuales el respeto hacia la vida de los demás es mucho más valorado. Sin que sean variables determinantes, sabemos que la familia y la sociedad a la que pertenecemos influyen en gran medida en la capacidad delictiva de una persona. Kim Davies retoma la teoría del principal representante de la corriente social de la criminología, William Julius Wilson (1978), en la que se indica que un ambiente familiar desestructurado, una situación socioeconómica precaria y ser parte de una comunidad con altos índices de violencia favorecen que una persona pueda llevar a cabo un asesinato.

A los pocos meses de que Minerva llegara a la ciudad, la tía abuela de Perla murió. Minerva le quitó todos los beneficios económicos que su hija se había ganado mediante el trabajo en la miscelánea. Perla se sentía sofocada con la presencia de su madre. «Me vigilaba, no me dejaba salir y me trataba como a su esclava. Quería que yo trabajara igual que antes, pero sin un sueldo, como el que me daba la Tata. Yo me empecé a rebelar», relató. Perla cumplió catorce años y cursaba tercero de secundaria, cuando empezó una relación amorosa con el hermano de su mejor amiga. Él estaba casado y tenía treinta años. «Obviamente era a escondidas; con él perdí la virginidad y nos veíamos en su ferretería, que estaba a dos cuadras de la tienda. Yo me escapaba en las noches, después de hacer el cierre para verme con Sergio, hasta que un día Minerva me siguió y nos espió a través de la cortina de metal. La muy maldita se esperó hasta que lo estábamos haciendo para empezar a gritar y a pegar contra la cortina metálica. Todos en casa de Sergio se despertaron, incluida mi amiga, pero Minerva no dejó que abriéramos la cortina para que yo escapara: puso un candado del lado de la calle. Nos cacharon bien feo. Primero la esposa de Sergio me golpeó, me insultó y me jaloneó los cabellos. Afuera en la calle, Minerva me fue madreando hasta que llegamos a la casa. Me dijo que por puta me regresaría al rancho. Igualito que cuando me mandó para acá», me detalló con rabia tanto en la voz como en la mirada.

Perla se encontró en una situación muy similar a la de Lidia: estaba golpeada, insultada, lastimada y... embarazada. La noche en que fue descubierta por Minerva en la ferretería, planeaba decirle a Sergio que llevaba más de un mes de retraso y que necesitaban hacer algo al respecto. No obstante, entre los gritos de Minerva y los de la esposa de Sergio, Perla no pudo decir nada. Minerva la encerró bajo llave durante tres noches y dos días, sin darle ni siquiera un vaso de agua. «Tuve que hacer del baño en la esquina de mi cuarto. Creí que me iba a matar de sed. Poco antes de que terminara la tercera noche así, empecé a gritar como si me estuvieran matando y la bruja le quitó el cerrojo a la puerta. Me paré junto a la puerta, cargando una maceta de barro, y cuando entró para insultarme, se la sorrajé en la cabeza con todas mis fuerzas. Igualito que en las películas. Se cayó ahí, desmayada, y entonces salí corriendo de la casa, pero recordé que no podía ir a casa de Sergio. Me acordé de las monjitas que vivían a unas cuadras y me fui para allá», me detalló Perla, como si se tratara de una película de acción. El corazón me latía a toda velocidad. Parecía que la ficción empezaba a superar a la realidad en este relato.

Cuando la víctima de un asesinato es un niño menor a un año, se conoce como infanticidio. No es una práctica nueva, al contrario, ha existido a lo largo de la historia. Anne-Marie Kilday, en su libro *A History of Infanticide in Britain C.1600 to the Present* (2006), explica que durante los siglos XVII y XVIII en Francia, los padres podían elegir legalmente si sus hijos vivirían o no. En 1741, en Londres, el infanticidio era tan común que Thomas Coram inauguró un orfanato para que las madres pudieran abandonar a sus hijos ahí, pues era devastador ver cómo los bebés morían en las calles y sus cadáveres se pudrían en los canales del Támesis. Alrededor de todo el mundo, muchas mujeres a lo largo de los tiempos han asesinado a sus hijos por el estigma que implica tener a un hijo fuera del matrimonio. Hay otros casos en los cuales los niños son sacrificados en ritos religiosos. Kilday asegura también que, a lo largo del tiempo, y aun hoy en día, en algunas comunidades, especialmente de África y de Asia, es aceptable que los padres dejen morir a sus hijos cuando nacen con algún defecto físico. La autora explica que en China, donde es altamente penado tener más de un hijo y la figura de la mujer es menos valorada que la del varón, muchas recién nacidas mueren a manos de sus padres. La especialista en infanticidio afirma que afortunadamente, en la gran mayoría del mundo, los asesinatos a menores son mucho menos comunes que los asesinatos de adultos, y que tristemente una de las motivaciones principales para llevar a cabo esta práctica es la creencia de la madre, o bien, de los padres del recién nacido, de que no podrán mantenerlo. Los asesinatos de menores son mucho más comunes en los países no desarrollados, en los cuales las mujeres tienen más dificultades para sacar adelante a sus hijos sin el apoyo de la figura masculina. En los países en los que se tienen programas de asistencia social para ayudar a las madres solteras, especialmente a las adolescentes, el infanticidio y el asesinato de menores es considerablemente menor. Los investigadores Susan Crimmins, Sandra Langley, Henry Brownstein y Barry Spunt publicaron el artículo «Convicted Women Who Have Killed Children (1997)», en el que estudiaron los casos de cuarenta y dos mujeres que fueron encarceladas por haber matado a menores de edad; concluyeron que hay una estrecha relación entre el asesinato de niños y una personalidad rota, abuso de alcohol y de otras drogas, y haber vivido en hogares altamente violentos cuando niños. Estos investigadores explican que debido a la inocencia y la vulnerabilidad que van de la mano con un menor de edad, lo natural sería que lo adultos sintiéramos el instinto de protección y de preservación de su vida. ¿Cómo podemos entender entonces a los adultos que han asesinado a menores? Ellos aseguran que esto es posible únicamente a través del desequilibrio intelectual y emocional.

Perla pasó ese día y esa noche refugiada con las monjas. Después de tres días sin comer y sin beber agua, fue atendida y le expuso su caso a la madre superiora, quien la escuchó con calma y le aseguró que encontrarían a una familia que quisiera al bebé. La mandarían al convento de Morelia, o al de Cuernavaca, para que no estuviera cerca de la familia de Sergio y para que no fuera evidente el embarazo, y la ayudarían a regresar a terminar la secundaria cuando se recuperara del parto; sin embargo, dado que Perla era menor de edad, no podían ayudarla en contra de la voluntad de su madre. La madre superiora le aseguró que al día siguiente, después de que Perla hubiera dormido y desayunado, ella misma hablaría con Minerva y que intercedería por ella. Perla casi no pudo dormir y antes de las ocho de la mañana le marcó por teléfono a su madre para decirle dónde se encontraba.

Minerva llegó montada en cólera y, para sorpresa de Perla y de las monjas, la superiora no pudo ni ofrecerle el chocolate caliente que le aseguró a la adolescente que calmaría a su madre. «La pinche bruja llegó gritando; yo estaba bañada, en la oficina de la monjita, cuando abrió y jalándome del cabello me tiró de la silla. No dio tiempo a que nadie hiciera nada. Gritó que las demandaría por secuestro y que no necesitaba que nadie me cuidara. Ella se encargaría de mí. La monjita trató de detenerla, pero le dio un golpe y yo cerré los ojos. Sabía que el plan estaba totalmente perdido. Saliendo de ahí, un taxi nos esperaba y nos llevó a la estación de camiones. Minerva ya había metido algunas de mis cosas en un velís y me llevó a casa de mi abuela. Lloré todo el camino en el autobús. La bruja se quedó en casa de la abuela tres noches más. No dejó de gritarme, maltratarme y decirme puta. Pero me di cuenta que no sabía que yo estaba embarazada. Antes de irse, me consiguió trabajo en una maquila de mezclilla, muy cerca del rancho de mi abuela y se regresó la muy chingona a casa de la Tata. Se quedó con el negocio, con la casa y con el dinero que ella había ahorrado para mi futuro», siguió relatándome Perla con evidente tristeza y resentimiento.

Durante los meses que siguieron, Perla se olvidó del embarazo. Trabajaba arduamente en la fábrica y regresaba al rancho en las tardes, para cumplir con las labores de la huerta y del hogar. Pasaron dos estaciones, y ella asegura que olvidó su situación: estaba en total negación del embarazo. «En la maquiladora nos vendían pantalones de mezclilla bien baratos, y yo solo iba cambiando de talla. La gente me preguntaba por qué estaba engordando, pero nadie, absolutamente nadie en el trabajo, descubrió que estaba embarazada. En la casa tampoco. No entiendo cómo pudo ser posible, pero así fue. La casa de mi abuela es humilde, de esas que no tienen puertas, solo cortinas, y una madrugada, me despertó un dolor muy grande en la panza». El momento había llegado. Intentando hacer el menor ruido posible, Perla se quitó la ropa interior y se puso en cuclillas, en el suelo de tierra cubierto con cartones de cajas de huevo; mientras mordía una cobija y después de una agonía que no parecía tener fin, dio a luz a un bebé.

SECRETOS DE FAMILIA

Perla, que pasó todo el proceso de parto con los ojos cerrados, los abrió para descubrir con horror que había parido a un varón. Se asustó al ver que «las tripas se le estaban saliendo» y así jaló y rompió el cordón umbilical. Todo se llenó de sangre. Después de unos momentos, el bebé comenzó a hacer algunos ruidos y ella, asustada por la posibilidad de que su abuela o su primo hermano, que dormían en habitaciones contiguas, se dieran cuenta de lo sucedido, lo envolvió en la manta que había utilizado para morder y callar los dolores de parto. Se vistió con lo que encontró a la mano y salió en la mitad de la madrugada al campo, con el bebé envuelto. Caminó durante mucho tiempo. A la mitad del camino, tuvo que colocarse en cuclillas otra vez, pues sintió que los dolores regresaban. Se desvistió de la cintura para abajo y tras pujar, salió algo a lo que ella se refirió como algo que se sentía como gelatina. Seguramente era la placenta. «Caminé hasta que no pude más, siempre cerca de la carretera para no perderme. Entonces, cuando me estaba acercando al pueblo vecino, caminé dentro del bosque y dejé ahí la manta, a la mitad de la nada, atrás de un tronco caído. Asustada, regresé a la casa. Apenas me dio tiempo de llegar y voltear los cartones llenos de sangre y agua. Me puse otro pantalón de mezclilla y mi abuela entró a los pocos minutos para pedirme que hirviera el café. Fue como si nada hubiera sucedido. Yo tenía dieciséis años y me dije desde entonces que nada había pasado, que el problema estaba resuelto, que esa horrible noche había terminado, hasta que veinte años después llegó la ansiedad y la depresión. Con los recuerdos me di cuenta de lo que sucedió: asesiné a mi propio hijo», terminó por confesarme en una sesión mientras, avergonzada, me miraba fijamente a los ojos.

Perla siguió trabajando en la maquiladora, hasta que Minerva regresó al pueblo dos años después. Había vendido la miscelánea y la casa de la Tata. La pareja en turno le había robado el dinero y, enojada y frustrada, siguió desquitándose con su hija. «Me armé de valor y me escapé con mis ahorros. Si Minerva estaba en Hidalgo, yo estaría lejos de ahí. Me vine al DF otra vez y comencé a laborar como trabajadora doméstica con una familia; ahí estuve durante seis años, y la que fue mi patrona me ayudó a sacar la secundaria y luego la preparatoria abiertas. Después, con los años, estudié Cosmetología y Estilismo Profesional y dejé de ser sirvienta para comenzar mi oficio como estilista y maquillista». Hoy en día, Perla es dueña de tres salones de belleza y se encarga económicamente de su abuela. «Sé que le he echado muchas ganas en la vida, pero... sé que soy una asesina y los asesinos se van al infierno. No merezco nada bueno de lo que me pasa y por eso nunca me han durado las parejas. Todos me han tratado muy mal», ha repetido en varias ocasiones a lo largo de nuestras sesiones.

Perla es una mujer de trabajo, dedicada a sus clientes y a su entrenamiento para maratones. Estudió inglés y todos los años se propone conocer una cultura diferente, que estudia detalladamente durante doce meses. «Así he conocido China, Japón, Egipto, Europa y Perú. Pero mi maldición es siempre ir sola. Nunca me he vuelto a enamorar. Nunca he tenido una pareja de verdad. Estoy con uno y con otro, o con nadie, pero sola, siempre sola. Es el castigo de ser una asesina».

A pesar de que los ataques de ansiedad desaparecieron y que muchos de los síntomas del trastorno de estrés postraumático también, Perla no se encuentra en paz. Perla no es una mujer mala, al contrario, te puedo asegurar que es generosa y compasiva. Pero ese fantasma, el fantasma del bebé que abandonó en aquella madrugada de enero, la persigue todavía durante muchas de sus noches. Creo que la perseguirá durante toda su vida.

A veces un asesinato es una decisión desesperada en un momento desesperado, y no se necesita ser una mala persona para sentirse desbordado.

XVII. SECRETOS SOBRE LOS ORÍGENES: ADOPCIÓN Y PATERNIDAD ENGAÑADA

Durante muchos siglos, nuestro origen genético fue una cuestión de fe. Se conocía con certeza quién había parido a la criatura, pero no quién la había engendrado. La mujer podía responsabilizar a cualquier hombre con el que hubiera mantenido relaciones sexuales de la paternidad de su hijo y él podía aceptarla o negarla, sin que existiera ninguna manera contundente para comprobarlo. Entonces, reconocer la paternidad de un hijo era algo que dependía mucho más de la calidad moral y de la ética de un individuo que de un derecho propio de la madre o del mismo niño. Los tiempos han cambiado dramáticamente y con el avance de la tecnología llegaron también las crisis de la paternidad y, con ellas, las crisis de familia.

¿Qué es la paternidad? La paternidad es un concepto que procede del latín *paternitas* y que refiere a la condición de ser padre. Por lo general, la paternidad se emplea para nombrar a la cualidad del padre varón. En el caso de la mujer, la noción asociada a ser madre es la maternidad; sin embargo, la paternidad abarca tanto al padre como a la madre que han tenido un hijo. En su obra *Unfinished Business: Women, Men, Work, Family* (2016), Anne-Marie Slaughter explica la complejidad que este concepto adquiere hoy en día, pues la paternidad trasciende lo biológico. La filiación puede darse a través de la adopción, convirtiendo a la persona en padre de su hijo aun cuando este último no sea su descendiente sanguíneo. En un sentido similar, el hombre que dona el semen para que una mujer se insemine no se transforma en el padre del futuro niño, aunque este lleve su carga genética. Si bien el hombre que engendra o adopta a un niño será su padre para siempre, la paternidad juega un papel especialmente importante durante los años de crianza. Es sabido que las experiencias más críticas y determinantes de la vida de una persona tienen lugar hasta los cinco o seis años de edad, y las figuras de los mayores, especialmente los padres, serán de los que dependerá la adecuada generación de un autoconcepto sano en el menor. Si los padres son abusivos y maltratan a su hijo, pueden generar heridas imposibles de borrar.

No es nuevo que, a lo largo de los siglos, la determinación de la paternidad ha sido una preocupación constante, inclusive en tiempos precristianos. Christiane Kenneally, en el texto *The Invisible History of the Human Race: How DNA and History Shape Our Identities and Our Futures* (2015), ejemplifica varios casos históricos en los cuales la duda de la paternidad ha sido motivo de conflicto. Este fue el caso del hijo que Cleopatra llevó desde Egipto hasta Roma, imputando su paternidad a Julio César y provocando un grave problema político en Roma, que terminó con el asesinato del propio Julio César. Desde entonces hasta exactamente el año 1900, el «parecido físico» era el único parámetro concreto mediante el cual se podía tratar de dilucidar si un hombre era o no el padre biológico de un niño. Obviamente, este era un método sujeto a interpretaciones subjetivas que rara vez daba resultados totalmente certeros. Así que, apelando al parecido que tenía Juana de Castilla con Beltrán de la Cueva, se le imputó su paternidad.

Keneally afirma que los desarrollos más importantes para resolver los problemas con respecto al origen de la paternidad se dieron durante el siglo XX, mediante los descubrimientos de los grupos sanguíneos ABO realizados por Karl Landsteiner. En el año 1900, este biólogo austriaco logró discernir los antígenos tipo A o tipo B, que podían o no estar asociados a los glóbulos rojos; hacia 1915, la comunidad científica reconoció y aceptó que la forma de heredar dichos antígenos seguía un patrón que Gregor Mendel había descrito en sus experimentos con vegetales a finales del siglo XIX. El patrón mendeliano de la herencia del sistema ABO fue dilucidado por Felix Bernstein en 1924. Así, la determinación de paternidad mediante el análisis de los grupos sanguíneos ABO fue utilizada por primera vez de manera legal en Alemania en 1924. ¡Por fin había una manera científica para corroborar los casos de falsa paternidad! Tal fue el furor de la prueba que se llegaron a procesar más de cinco mil casos legales, únicamente entre 1924 y 1929. Los tribunales de Italia, Austria y Escandinavia siguieron pronto el ejemplo de Alemania. En 1937 la American Medical Association aprobó el uso de esta técnica en los EE.UU. Keneally explica que la determinación de paternidad mediante esta técnica consistía en comparar el grupo sanguíneo del menor con el del presunto padre. Cuando en la madre y el niño no coincidían, por exclusión se asumía que el niño tenía que compartir el mismo grupo sanguíneo que su padre. Así se comprobaron muchos casos de falsa paternidad en hombres que habían sido responsabilizados por mujeres que creían que sus hijos eran de ellos y resultó que estaban equivocadas. Era un método de exclusión. Solo comprobaba, en algunos casos, si el padre en cuestión no era el padre biológico. No obstante, en grupos humanos de poca variabilidad étnica, la preponderancia local de ciertos tipos de grupos sanguíneos hacía que en la mayoría de los casos solo se concluyera que «era probable que el hombre en cuestión pudiera ser el padre biológico de la criatura». Mientras más común era el tipo sanguíneo del presunto padre en el grupo étnico de la localidad, menor era la probabilidad de comprobar la paternidad.

Hace cerca de diez meses, llegó a terapia Francisco, un joven de veintitrés años, estudiante de Medicina, cuyo padre murió de Alzheimer prematuro hacía dos meses. A Fran le impactó tanto la muerte de su padre, que insistió que sus tres hermanas y él se hicieran un estudio genético para saber si alguno de ellos tenía una predisposición genética hacia esta cruel enfermedad. Su padre murió con tan solo sesenta y dos años de edad. Fran insistió mucho, pues sabía que hay medidas preventivas para evitar el desarrollo de la enfermedad. La madre de Fran aseguró que el Alzheimer del padre de sus hijos era totalmente emocional y que no consideraba necesario realizarlo, pero Fran, afectado por el rápido deterioro de su padre, logró que dos de sus hermanas aceptaran realizarse los estudios genéticos. «Lo que no imaginé es que por poco moriría de un infarto al conocer los resultados», me platicó con un claro impacto emocional. Traía consigo los resultados genéticos de él y sus dos hermanas en su mochila.

Según relata Kenneally, entre los años 1940 y 1970 ocurrieron avances importantes en las pruebas de la paternidad: Levine y Stetson descubrieron en 1940 el sistema RH y, en años posteriores, nuevos subgrupos sanguíneos comenzaron a ser descifrados. Sin embargo, existía aún el problema de que lo que único que se podía saber al cien por ciento era si el padre presunto en efecto no era el padre biológico, es decir, si podía quedar excluido como padre. La metodología disponible hasta entonces no hacía posible designar con ningún grado de certeza si un padre presunto era, en efecto, el padre biológico, es decir, un caso de inclusión. El descubrimiento de los antígenos asociados a los glóbulos blancos llamados sistema HLA (*Human Leukocyte Antigen*), permitió que hubiera un método más sofisticado para determinar la paternidad, ya que estos también seguían un patrón hereditario mendeliano. Cuando por fin se pudo usar la tecnología del ADN aplicada a los antígenos HLA, las probabilidades de paternidad lograron aproximarse al 80 %. Esto representó toda una verdadera revolución en el mundo legal. No obstante, este era un valor aún insuficiente para contar con la capacidad de designar inequívocamente al verdadero padre biológico. Desde la década de los noventa, se utiliza una técnica conocida como STR (*Short Tandem Repeats*), que consiste en analizar elementos secuenciales cortos y repetitivos del ADN que fluctúan en tamaño.

Cabe mencionar que cada vez es más común que los hombres y no solo las mujeres hagan reclamos acerca de la paternidad en Latinoamérica. Paulina Sepúlveda, en la nota «Casos de impugnación de paternidad se triplican en los últimos seis años», publicada en el diario chileno *La Tercera* en junio de 2013, detalla cómo tras un año de relación, Pedro Álvarez, de cuarenta y tres años de edad, decidió separarse de su pareja; ella, sin embargo, estaba embarazada. Pedro quería asumir la paternidad de la bebé que esperaban. En la nota se explica que, pese a que quiso mantener contacto con su exmujer, se enteró del nacimiento de su hija cuando esta tenía ya dos meses de edad y había sido registrada como hija de la nueva pareja de la mujer. El chileno quería reconocerla y convivir con ella. Ante la negativa de Karina, la madre de la niña, Pedro inició un juicio por impugnación para validar su paternidad biológica como legítima. En el reportaje, Sepúlveda asegura que no se trata de un caso aislado y que este tipo de demandas han aumentado en nuestro país hermano en un 194 % desde 2006 a 2012, pasando de 633 a 1 862 casos, según cifras de la Corporación de Asistencia Judicial de Chile (CAJC). Según los datos de la CAJC, el 40 % de quienes impugnan una paternidad son padres; les siguen, con 30 %, los terceros que presumen ser los padres; luego están las madres, con 15 % y, finalmente, los hijos con 15 %. Es decir, cada vez es más común que un hombre levante la voz para exigir una prueba con la cual poder asumir su paternidad. Karina, de treinta y un años, interpuso una demanda de impugnación, debido a que su nueva pareja había reconocido a la niña como su hija. Sepúlveda asegura que lo significativo del artículo es que las impugnaciones son juicios que pueden durar mucho tiempo, ya que se necesita un informe pericial de ADN que muchas veces se demora por la negligencia de los donadores de las muestras. Sepúlveda afirma que cada vez existe un mayor interés de los padres biológicos por reclamar su paternidad. Finalmente, se comprobó que la niña en efecto era hija biológica de Pedro Álvarez y la justicia chilena le otorgó los derechos y las obligaciones de cualquier padre de un menor.

Anne-Marie Slaughter hace hincapié en la importancia de la paternidad social: aquellos hombres que sin ser los padres biológicos del menor muchas veces ejercen ese rol durante toda una vida, con alta calidad moral. Slaughter afirma que cuando aparece el padre biológico a reclamar su derecho a la paternidad años después, en muchas ocasiones se intenta borrar del mapa al padre social, lo cual es injusto y confuso para el hijo. Aunque la paternidad biológica es importante, la paternidad social lo es mucho más, pues es la que se construye sólida y amorosamente junto a un hijo. Slaughter afirma lo siguiente: «No por el hecho de que el padre biológico impugne la paternidad del padre social —que ha estado presente y es reconocido por el niño—, lo convierte en mejor padre». De hecho, señala, son muy pocos los casos en los que la justicia estadounidense opta por el padre biológico sobre el social, con base en los intereses del menor. Slaughter

SECRETOS SOBRE LOS ORÍGENES: ADOPCIÓN Y PATERNIDAD ENGAÑADA

declara que, a diferencia de las décadas anteriores a los años noventa, lo que buscan las ciencias de la familia es consolidar las relaciones parentales estables, seguras, amorosas y protectoras para el menor.

Los expedientes en las manos de Fran parecían estar helados, pues no dejaba de temblar. Los resultados eran contundentes: los tres hermanos compartían la misma genética materna, pero eran hijos de diferentes padres y ninguno era hijo biológico del hombre que los había criado. El joven médico sacó su celular y me mostró una foto en la que se encontraba él con sus tres hermanas. «Siempre nos han dicho que somos igualitos y parece ser que ninguno de nosotros comparte al cien por ciento la misma genética», murmuró con total incredulidad. El duelo por la muerte de su padre pasó a segundo plano, y en su lugar, surgió un gran enojo en contra de su madre. ¿Qué había pasado? ¿Por qué les había mentido de esa manera? ¿Acaso su madre era una «puta» que se iba acostando con hombres por la vida? ¿Qué no tenía nada de moral? ¿Cuántas veces había engañado a su padre a lo largo de los treinta y dos años en los que estuvieron casados? Durante esa sesión, Fran no dejó hacer preguntas al aire. Le sugerí que, antes de confrontar a su madre, dejara pasar unos días para que pudiera poner en orden las preguntas que rondaban en su cabeza. Sin embargo, lo que sucedió después confirmó mi sospecha: Francisco necesitaba respuestas que no podían esperar.

Lorenzo Walker detalla en *Whoze the Father? A Fact-Based Synopsis of Questionable Paternity* (2016) que la prueba de paternidad puede identificar si un hombre es el padre de un bebé al estudiar las muestras que contienen el ADN del presunto padre del hijo, el ADN de la madre del hijo y, por último, el ADN del hijo en cuestión. Estas muestras pueden ser extraídas de las células de la mucosa de la boca o de una muestra de sangre. Sin embargo, si la prueba de paternidad se hace por motivos legales, la muestra debe tomarse en las condiciones estrictas que requiera la ley del país.

Pero no solo existen dudas con respecto a la paternidad biológica. A lo largo de mi vida profesional he acompañado a varios pacientes en el proceso de encubrir o descubrir adopciones que nunca se esclarecieron en la familia. Karyn Purvis, David R. Cross y Wendy Lyons, en su libro *The Connected Child: Bring Hope and Healing to Your Adoptive Family* (2007), explican que durante los últimos cien años la adopción pasó de ser una práctica de asunto familiar a convertirse en un área de estudio, médico, psicológico, sociológico y legal que ha desencadenado el interés de las diferentes disciplinas para desarrollar investigaciones con los niños que son adoptados, las parejas que los adoptaron y las madres o padres biológicos que los dieron en adopción. El término *adoptar* viene del latín *adoptare*, significa 'elegir y desear'. La adopción permite la posibilidad de formar una familia que no está sostenida en vínculos biológicos y es una manera diferente para acceder a la paternidad.

La adopción es el procedimiento que permite a un menor convertirse en términos legales en el hijo o hija de otros padres, distintos de los naturales. La adopción era habitual en las antiguas Grecia y Roma, ya que permitía la continuación de la línea sucesoria de una familia en ausencia de herederos naturales. Sin embargo, durante muchos años se creía que había que ocultarles a los menores su verdadero origen, para evitarles dolor y cuestionamientos posteriores. Hoy sabemos con certeza que a los niños adoptados hay que decirles la verdad en cuanto a la adopción, ya que esta no será impedimento para que se desarrollen como cualquier otro niño, sin complejos ni traumas psicológicos que tengan su fundamento en la adopción. Por esta razón, las ciencias de la salud hacen hincapié en que cuando un niño adoptado comience a hacer preguntas con respecto a su origen, sus padres le hablen con la verdad. El silencio no es igual a salud, sino todo lo contrario. La comunicación honesta e íntima fortalece los vínculos familiares.

Purvis, Cross y Lyons hacen hincapié en que solo las personas o las parejas que logran asumir su esterilidad logran vivenciar el encuentro con el hijo adoptivo como una bendición que desean compartir con la familia ampliada y con los amigos; en cambio, las parejas que a causa de sus dificultades emocionales no lograron superar la frustración que les produce no haber podido concebir, temen comunicar la adopción y se preocupan por la reacción y aprobación de los demás, porque se sienten avergonzados.

Los autores enfatizan también que los padres adoptivos necesitan aceptar la adopción desde un principio de realidad: que son la familia adoptiva para ese niño, y que esto, pese a sus buenas intenciones y deseos, no se puede cambiar. Para que la adopción sea un proceso amoroso y la familia lo viva de manera armónica, el niño necesita ser aceptado por su familia adoptiva tal y como es, sin depositar en él expectativas irracionales. Existe algo innegable: los padres adoptivos se enfrentan a temas bastante más complejos que los padres biológicos. Al igual que cualquier otro padre biológico, los padres adoptivos pueden un día sentirse tranquilos y orgullosos de su paternidad, pero otros, cansados y «vencidos»; lo más importante para superar estas crisis será ponerle límites con amor y sin miedo al rechazo a ese hijo adoptado. Solo así, los padres adoptivos se sentirán «verdaderos padres» de sus hijos.

Purvis, Cross y Lyons añaden que es conveniente utilizar la palabra «adopción» de forma natural y en un sentido positivo, para que el niño se vaya acostumbrando a oírla y familiarizarse con ella; si los padres la utilizan naturalmente, los hijos lo harán también. Los niños deben de enterarse de su adopción de boca de sus padres adoptivos. Esto ayuda a que el mensaje de la adopción sea positivo y permite que el niño confíe en sus padres. Si el niño se entera de la adopción, intencional o accidentalmente, por boca de otra persona que no sea uno de sus padres, el niño puede sentir decepción, tristeza y desconfianza, y puede percibir su adopción como mala o vergonzosa, al igual que todo lo que se mantiene en secreto.

Llegó el martes siguiente y Lulú, mi secretaria, me avisó que Fran me esperaba. Cuando abrí la puerta, me quedé helado. En la sala de espera se encontraba Fran, acompañado de sus tres hermanas y de su madre. Esa sesión ha sido una de las más conmovedoras que he mediado a lo largo de mi vida profesional. La madre de Fran permitió que él iniciara la sesión. Él fue muy directo y hasta agresivo, se sentía muy enojado. La llenó de preguntas, mientras que dos de sus hermanas no dejaban de llorar. Paty, la madre de Fran, escuchó las inquietudes, las preguntas y hasta los insultos sin reaccionar. Entonces, cuando Fran y sus hermanas cesaron, me miró a los ojos y me pidió la palabra, solicitándome que nadie la interrumpiera. «En efecto, ninguno de mis hijos es del mismo padre biológico y ninguno es hijo del que fue realmente un padre ejemplar». En ese momento Fran quiso interrumpirla, pero yo lo impedí. «A los dos años de casados, fuimos con el ginecólogo para que nos explicara por qué no habíamos encargado todavía familia. El doctor nos solicitó estudios muy básicos y nos pidió que regresáramos con ellos. Nos los hicimos y yo fui a recogerlos, los abrí y, al leer los de Francisco, adelanté la cita. El médico me confirmó lo que yo tanto temía: mi marido era estéril. Ambos testículos no descendieron cuando era niño y lo operaron hasta que tenía trece años. Hubo que extraer uno de ellos, pues parecía que tenía tejido canceroso, y el otro, aunque funcionaba hormonalmente a la perfección, no producía un solo espermatozoide», dijo Paty a manera introductoria. El médico fue tajante: para concebir, necesitarían un donador de esperma.

«¿Y qué dijo mi papá?», preguntó impresionada la hermana mayor de Fran. «Tu papá no dijo nada, porque yo no le iba a hacer eso. No le haría sentir que sus hijos no serían sus hijos», le contestó directamente. «Entonces, ¿te fuiste acostando con diferentes hombres todos estos años?», preguntó Fran, iracundo. Paty, con una gran paciencia, le contestó lo siguiente: «Ante todo, recuerda que soy una dama, y solo tuve un hombre en mi vida, al que amé y respeté todos los días de su vida». La única hermana de Fran que no lloraba lo empezó a hacer. Entonces, Paty, como si estuviera contándonos un cuento infantil a un grupo de preescolares, nos expuso que descubrió una clínica de fertilidad en París. «¿Se acuerdan lo devoto que su padre era de la Virgen de Lourdes?», les preguntó a unos hijos mucho más blandos y receptivos. «Pues le pedí que me dejara ir y así, con la bendición de la Virgen, tendríamos un hijo sano. Así que fui a París, con varias fotos de su padre, y elegí al donador que más se pareciera a él, y que tuviera su mismo tipo de sangre. Me inseminaron y después fui a Lourdes a rezarle a la Virgen, y en nueve meses llegaste tú, Lulú, a nuestras vidas». Le tomó la mano y se la besó. Paty confesó que, a los dos años, Francisco, su marido, le pidió que se fuera a Lourdes nuevamente, para que la Virgen intercediera por ellos. Paty realizó el mismo procedimiento y a las dos semanas se enteró de que estaba esperando a su segundo bebé. «¿Y mi papá nunca se dio cuenta?», preguntó Lulú con incredulidad. «Tu padre me dijo que quería tener una familia grande y que yo fuera a Lourdes a hacer lo que tuviera que hacer. Fue todo lo que hablamos al respecto», contestó Paty con honestidad. Así que la historia siguió y, en esa misma clínica, se inseminó cinco veces, solo que perdió unos gemelos antes de que naciera Fran. «¿Por qué no nos dijiste nada?», preguntó Fran con lágrimas en los ojos. «Porque nunca nadie me lo preguntó, hasta ahora. Para su padre, ustedes fueron su más grande ilusión. Tuvo la familia que siempre deseó y nunca fue necesario darle detalles de los milagros de la Virgen de Lourdes». Evidentemente no era algo que los cuatro hijos pudieran procesar en una sesión; sin embargo, me di cuenta de la cercanía emocional que había entre los cinco miembros de esa familia. «Ustedes son hermanos. Son hijos de su papá y lo único más importante para mí antes que ustedes, era él», concluyó con lágrimas en los ojos. Después de algunos momentos, los cinco se abrazaron. Salí del consultorio para darles privacidad. Cuando regresé, el ambiente era pacífico y armonioso. Nunca imaginé que esa sesión terminaría así, con tanta paz.

Fran sigue yendo a terapia conmigo, y aunque confieso que no es un tema que haya quedado totalmente atrás, tuvo menos impacto emocional del que yo hubiera creído. «No cambió en nada mi relación con mis hermanas y, por güey que pueda sonar, admiro lo que hizo mi mamá», me confesó en alguna de nuestras últimas sesiones. Fran y sus hermanas decidieron no compartir el secreto con nadie más, ni siquiera con los esposos de las que ya están casadas. Fran me permitió incluir este testimonio en el libro tal y como está, con el consenso de toda su familia. «La verdad ya la conocemos a detalle, y esta historia puede ayudar a quienes están pasando por algo como nosotros. La verdad siempre termina por ser lo mejor». ¿Lo más increíble del asunto? Fran y otra de sus hermanas son muy parecidos entre sí y muy parecidos a su padre. De hecho, el padre de Fran siempre se jactaba de ello: «¡En las familias decentes, los hijos se parecen a su padre!», me comentó Fran en medio de risas y nostalgia hace relativamente poco. Después de todo lo sucedido, Fran tomó la decisión de estudiar Ginecología para después dedicarse a la Medicina Reproductiva.

XVIII. LA AVARICIA Y SUS SECRETOS

La riqueza, el dinero y el poder pueden corromper la conducta de un ser humano. Esta es la razón de que existan tantos secretos escondidos detrás de las cuentas bancarias. A propósito de los defectos de carácter, Stanford M. Lyman publicó en 1978 un ensayo sobre los siete pecados capitales: *The Seven Deadly Sins: Society and Evil*, en el que narra que desde el siglo VI, el papa Gregorio el Grande designó como «posiblemente letales para el alma eterna» a siete defectos de carácter a los que llamó «pecados capitales»; entre ellos estaba la avaricia, la cual ha traído tragedias inimaginables a los hombres de todos los tiempos. Stefano Zamagni, en el texto *La avaricia* (2015), explica que el término proviene del latín *avaritia* y que implica un pecado de exceso. De igual manera, afirma que, de las varias palabras griegas para definir avaricia, dos son especialmente certeras. La más común, *pleonexia*, se deriva, de *pleon*, que significa 'más' y el verbo *ejo*, que significa 'tener'. Para los griegos, la avaricia implicaba un fuerte deseo de adquirir más y más posesiones materiales, o de poseer más cosas que las que otros tenían.

La Real Academia Española define la avaricia como el «afán desmedido de poseer y adquirir riquezas para atesorarlas». Sin embargo, la avaricia no aplica solo a la adquisición de bienes materiales en particular. Zamagni detalla que Santo Tomás de Aquino escribió que la avaricia es «un pecado contra Dios, al igual que todos los pecados mortales, en el que el hombre condena el paraíso eterno por los placeres temporales». Así, la avaricia es un término que puede manifestarse a través de muchas conductas diferentes, como la deslealtad, la traición deliberada, el soborno, la búsqueda y acumulación de objetos, el robo y el asalto (con o sin violencia), los engaños, la manipulación de la autoridad y el abuso del poder. Ya que la avaricia es el afán excesivo de poseer y de adquirir riquezas para atesorarlas, sumado a la inclinación por el deseo irracional de tener posesiones, es evidente que, en muchas ocasiones, no siempre se logra de manera ni ética ni abierta, ni mucho menos legal.

Para algunos, el dinero puede representar libertad; para otros, seguridad; para otros, amor y poder. De hecho, el dinero puede tener muchos significados emocionales. Es por eso que el dinero puede llegar a tener la fuerza para desencadenar la irracionalidad de las tormentas y llevarnos hasta lo inimaginable. La idea de que manejamos el dinero con base en un proceso racional, planeado y premeditado es un mito. En su libro *Crazy About Money: How Emotions Confuse Our Money Choices and What To Do About It* (2010), Maggie Baker señala que los expertos en negocios y finanzas nos hacen creer que las grandes decisiones de inversión se toman de manera lógica y calculada, cuando en realidad, en la gran mayoría de los casos, son tomadas con base en las emociones que rigen los mercados monetarios del mundo. Baker asegura que, aunque algunas personas pueden llegar a manejar el dinero mediante un proceso total de desapego emocional, la gran mayoría de nosotros tiene una relación estrechamente cercana entre el manejo del dinero y las emociones. Nuestras emociones están sustentadas en nuestros pensamientos y por eso, quienes tienen pensamientos negativos e irracionales asociados al dinero, pueden tomar decisiones fallidas con respecto a él, sobre todo cuando están sustentadas en el miedo o la ira; cuando esto sucede, cualquier racionalidad o contacto con las consecuencias de nuestras acciones pueden desaparecer por completo. Baker indica que algunos de los pensamientos irracionales que llevan al ser humano a tomar decisiones absurdas, irracionales y hasta fraudulentas con respecto al dinero son:

- El que más tiene es el que tiene el control.

- Si otros tienen más, yo soy menos.

- Tener y gastar dinero es mi más grande placer.

- Solo puedo estar seguro si tengo mucho más de lo que necesito.

- Nunca seré lo suficientemente rico.

- Debo tener lo que merezco, y lo que merezco, lo merezco ahora.

No se necesita ser un narcotraficante o un asesino para ser un criminal. Existen muchos que se enriquecen ilícitamente a través de negocios no lícitos. A este tipo de delitos se les conoce como crímenes de cuello blanco.

El delincuente de cuello blanco es un concepto de la criminología que se refiere a aquel individuo de elevado estatus socioeconómico que comete crímenes relacionados con sus ocupaciones profesionales. Esto lo indica Julio E. Virgolini (2004) en su obra *Crímenes excelentes: delitos de cuello blanco, crimen organizado y corrupción*, y adjudica la creación del término al criminólogo norteamericano Edwin Sutherland (1883-1950). El delito de cuello blanco es el que cometen los hombres de negocios, de traje y corbata a la moda, con corte de pelo impecable y zapatos lujosos lustrados, mismo que logran a través de la mal praxis de su ocupación, asociada a la corrupción. El delincuente de cuello blanco estafa, a diferencia de los otros criminales que roban, trafican o asesinan por dinero. Virgolini enfatiza en la importancia criminológica de este tema debido a dos puntos: por un lado, son crímenes que muy rara vez son castigados, y por el otro, generan cierto sentimiento de admiración y respeto en el colectivo de bajos recursos, que anticipan que rara vez lograrán mejorar su calidad de vida a través de su trabajo. De este modo, los criminales de cuello blanco pueden convertirse en modelos a seguir. ¿Cómo es posible que los delincuentes de cuello blanco logren, en la gran mayoría de las veces, nunca ser llevados a juicio y condenados a prisión? Virgolini nos da la respuesta: por las conexiones entre el crimen organizado y los servidores públicos corruptos, que se ven beneficiados económicamente a través de estos delitos.

Existen pocos asuntos más tristes que el observar cómo una familia rompe sus lazos por dinero. Irónicamente, en muchas ocasiones, una herencia que estaba prevista para brindar solidez, unión y estabilidad familiar, se convierte en motivo de injusticia, peleas y venganza. Hace cerca de año y medio, Marilú, un ama de casa cercana a cumplir los sesenta años de vida, acudió conmigo para recibir consejería tanatológica, pues su madre estaba cerca de morir, víctima de cáncer de pulmón. Marilú, que es la mayor de tres hermanos, quería fomentar la unión familiar y que su madre pudiera tener, en la medida de lo posible, una muerte tranquila. El padre de Marilú, un destacado hotelero nacionalizado mexicano después de la guerra civil española, al morir heredó su fortuna a su esposa, la cual, había dejado claro, heredaría en tres partes iguales a sus hijos. Marilú me describió que, si bien el matrimonio de sus padres no había sido perfecto, fue funcional. «Él muy serio y ella siempre bromeando. Pero se querían. Ya ves, ninguno de sus tres hijos les aprendimos mucho, porque los tres nos divorciamos. Mi papá sobrevivió a la guerra; era muy controlador y se preocupaba mucho, especialmente por sus dos hijas. Así que no se fue tranquilo sabiendo que sus dos hijas se quedaban sin marido, y por eso, nos dejó un fideicomiso a las dos, para que pudiéramos vivir de él; bien apretadas, porque era bien codo, pero nos protegió de alguna manera», me platicó cuando empezamos a revisar su historia familiar.

Marilú y su hermana no estudiaron carrera universitaria y se casaron muy jóvenes. Hijas de un matrimonio conservador, fueron educadas para ser amas de casa. Las dos tuvieron tres hijos y las dos se divorciaron poco antes de que su padre falleciera. «Esto fue un gran disgusto para él, porque ninguno de los dos yernos le dio buena espina a mi papá. No se enojó porque nos hubiéramos divorciado, sino porque nos hubiéramos tardado tanto en hacerlo. Él siempre decía que eran un par de bolsudos, igualitos a Manolo, mi hermano», continuó Marilú con su relato. Manolo, su hermano menor, tuvo poliomielitis de pequeño, y se convirtió en el protegido de su madre. Su padre nunca estuvo de acuerdo con esto, ya que decía que la vida era de los valientes, no de los «blandengues»; sin embargo, decidió dejar de pelear con su mujer y ceder su formación a la madre de sus hijos. Padre e hijo nunca tuvieron una buena relación, ya que el padre quería formarlo para el trabajo, pero él, asustado, se refugiaba en las faldas de su madre. Marilú me platicó que Manolo fue el motivo principal de los pleitos entre la pareja. «Mi papá lo trataba mal, decía que era mezquino y flojo». Aunque él terminó la carrera de Administración de Empresas, realmente nunca la ejerció, ya que su madre intercedió por él, pues se cansaba demasiado en las jornadas laborales; ya que el padre de Marilú siempre apoyó económicamente a sus hijas, terminó por ceder y darles a los tres la misma cantidad mensual. «Mi papá lo despreciaba, se notaba a millas náuticas, a duras penas le dirigía el saludo. Le decía "bolsón" a sus espaldas», me explicó como respuesta a la descripción de la calidad en la dinámica familiar. Manolo se casó, casi a los cuarenta años, en contra de la voluntad de su padre; el hombre dijo durante una comida familiar que se estaba casando con una «guarra» que solo quería plata. Para dejar en evidencia su desacuerdo, el padre de Marilú no fue a la boda de Manolo. Esto hizo que dejaran de hablarse de por vida; sin embargo, a los dos años, Manolo se divorció al comprobar que su mujer le era infiel y regresó a vivir con sus padres. Padre e hijo nunca se volvieron a dirigir la palabra, aunque vivieran en la misma casa. Tres años después, el padre de Marilú murió por los efectos del enfisema pulmonar que padecía hacía años. Tenía setenta y cuatro años de edad. «Pobre Manolo, amargado, siempre solo, sin trabajar, sin hijos y sin familia, en ese caserón del cual nunca quisieron salirse mis padres, detrás siempre de mi mamá», me describió Marilú con cierta melancolía. «Manolo siempre ha sido muy raro, nunca sabemos en lo que anda metido», concluyó en esa sesión.

Marilú y su hermana, recién divorciadas, abrieron un negocio de ropa española para niños que, sumado a la ayuda económica que les brindó siempre su padre, las ayudó a salir adelante. «Mi hermana y yo somos como Pili y Mili, nos llevamos once meses de edad y hemos crecido como gemelas. Es mi hermana, mi socia, mi confidente y mi mejor amiga. Nos casamos y nos divorciamos con dos años de diferencia. Nuestros hijos son como hermanos», relató. Así que la familia de Marilú consistía básicamente en su madre, los seis nietos y sus dos hermanos. En efecto, ninguno de los dos exyernos del exitoso abuelo se había encargado económicamente de sus hijos, así que todos, incluido Manolo, habían vivido de la cadena de hoteles que el abuelo vendió dos años antes de morir. Sin embargo, el padre de Marilú había sido muy claro en su petición antes de morir. «Maruja, si le vas a dar a Manolo... lo mismo para las otras dos. Es lo único que te pido, si le das algo a Manolo, que sea parejo para todos». Marilú recuerda haber escuchado estas palabras de boca de su padre, dos días antes de morir. Su padre falleció rodeado de sus hijos y sus nietos, aunque, según recuerda, la última palabra que le dijo a su hermano fue «holgazán». Marilú me describió cómo Manolo se fue aislando cada vez más, al mismo tiempo que, con el paso de los años, desarrollaba una avaricia que poco a poco salió de los parámetros normales. «Parecería que el que sobrevivió a la guerra fue él y no mi papá. Cuida hasta el último céntimo, no gasta su dinero, y convenció a mi mamá de que ya no tienen dinero, de que tienen que ahorrar; no prenden la calefacción en invierno y compran la comida racionada como si estuviéramos en guerra. A cada rato me hablan las enfermeras y las chicas del servicio para decirnos que otra vez las corrieron de la casa. Entonces voy y le explico a mi mamá una vez más que, afortunadamente, mi papá la dejó muy bien y que no se tiene que preocupar por dinero. Pero ¿y Manolo? Su obsesión con el dinero no es normal. ¿Qué será de Manolo ahora que se muera mi mamá? Cada vez está más intolerante con todos, aun con los gemelos de mi hermana, que son sus sobrinos consentidos».

Tomás Sevilla Royo, en su libro *Delitos de cuello blanco* (2012), distingue diferentes formas de criminalidad «institucionalizada», que frecuentemente van de la mano entre sí:

- Delincuencia a través de las instituciones gubernamentales, donde se mantienen crímenes por individuos que pertenecen al poder político, los cuales abusan de su posición en beneficio personal, a través de ciertas actividades, por ejemplo, fraudes al facilitar información o licitaciones gubernamentales a empresas particulares, fraudes aduaneros, fraudes en compra-venta con erario público, fraudes electorales y evasiones tributarias.

- La perpetrada por las corporaciones, buscando huecos administrativos para «subfacturar» precios reales de insumos. El crimen radica en la falsificación de datos de los precios reales de fabricación y los precios reales de venta, generando una ganancia extra que el criminal de cuello blanco sustrae. Otra manera de conseguir esto es inflando el precio de importación; de este modo, roba a la empresa el excedente que esta paga por los insumos o servicios. Sevilla Royo asegura que, en estos casos, los mecanismos de control son insuficientes, aunados a la dificultad para encontrar la complicidad entre los criminales que se ven beneficiados tanto del lado de la empresa que compra, como la que vende los productos o servicios.

- Hay toda una gama de delitos cometidos por personas que ocupan un puesto público, en quienes el Estado y la ciudadanía han depositado la confianza del buen manejo de las finanzas. Estas personas, abusando de sus cargos, se apropian del dinero público para intereses personales, o bien, le dan un destino diferente al original. A esto se le conoce como malversación de fondos. Puede ser que lo inviertan en proyectos que, si bien son para el bien de la ciudadanía, no son prioritarios y, además, les brindan algún tipo de lucro.

Hoy en día sabemos que, para ser delincuente de cuello blanco, no necesariamente se necesita pertenecer a un estatus socioeconómico alto —como fue el caso de Bernard Madoff, un famoso estafador estadounidense—, aunque generalmente se requiere tener vínculos con esta clase social. Cualquier persona que ocupe un puesto de supremacía o de poder puede cometer delitos en los que se vea beneficiado económicamente gracias al abuso de poder de su ocupación. Tristemente, la historia de nuestro país está llena de escándalos de corrupción cometidos por políticos.

Tomás Sevilla Royo explica que también son delincuentes de cuello blanco quienes, aprovechándose de sus fortunas, su fama y su prestigio, abusan de su posición para burlar la aplicación de la justicia y la sanción social mediante la disposición de todos sus recursos; a este grupo también pertenecen aquellos que, abusando de su posición política, burlan igualmente la aplicación de la justicia, haciendo uso de los instrumentos del poder y las herramientas de la política, a través de la manipulación de la conciencia del pueblo que les dio su apoyo, para encubrir con labia y demagogia los fraudes que han cometido.

Lo que en un principio parecía una simple intervención tanatológica, terminó en una intervención por crisis. Hace muy poco, Marilú llegó a mi consultorio preocupada y desencajada; venía de visitar a su madre. «Estuve con ella y no dejó de preguntarme por qué le había robado su dinero. Yo le insistí que no, que no era así, que su dinero estaba totalmente seguro, pero ella no dejaba de insistir. Ahí estaba Manolo y, cuando le pedí que le explicara a mi mamá que estaba diciendo algo que no era cierto, se puso de pie y abandonó el cuarto. Lo seguí y cuando le pregunté qué es lo que le pasaba a mi mamá y por qué no le había dicho la verdad, se encogió de hombros y me dijo que no tenía caso discutir con una enferma terminal».

«Al tiempo, hermanita, al tiempo», le dijo sin mirarla a los ojos. Marilú me comentó que Manolo le dijo que, ya que los dolores estaban aumentando, iría a verla una especialista en medicina del dolor el jueves. «Yo le dije que era algo que teníamos que decidir los tres, pero él me dijo que solo se trataba de otra opinión. Entonces, prendió un cigarro y se fue a su cuarto, enojado», me relató intranquila Marilú. «Cuando me despedí de mi mamá, me volteó la cara y no quiso que le diera la bendición. Nunca me había tocado que mi madre reaccionara así. Manolo le está llenando la mente de ponzoña», remató, afligida y triste. Sin embargo, lo grave no fue eso, sino que el martes y el miércoles su madre por teléfono les dijo a Marilú y a su hermana que se sentía muy cansada y que prefería no tener visitas, que Manolito se estaba haciendo cargo de ella y que así estaba bien. El jueves, Marilú intentó hablar otra vez por teléfono con su madre, pero Manolo le

SECRETOS DE FAMILIA

contestó diciéndole que había pasado una noche muy pesada y que estaba dormida. «¿A qué hora va el especialista de la medicina del dolor?», preguntó Marilú, intrigada. «Quiero estar ahí para escuchar su opinión», demandó. Manolo le dijo que él había movido la cita para el viernes a las once de la mañana y que los tres hermanos escucharían lo que la especialista tuviera que decir.

Marilú adelantó su cita conmigo para el viernes cerca de la hora de la comida. La recibí, pero esta vez no venía sola: había asistido con su hermana y me pusieron al tanto de lo que había sucedido desde nuestra última cita. «¡Dado, venimos de verla y está totalmente sedada!», me explicó Marilú entre lágrimas. Manolo les dijo que en la noche su madre había tenido un acceso de tos con flemas y sangre, y entonces le pidió a la doctora del dolor que fuera lo antes posible. Tuvieron la visita médica a las siete de la mañana y, al verla tan mal, la sedaron, tal y como ella lo había indicado en su testamento de voluntad anticipada. En ese testamento, la enferma terminal había solicitado que no le alargaran la vida de ninguna manera y que solo se encargaran de evitarle el dolor. «Pero mamá no estaba en esa fase todavía», gritaba entre sollozos la hermana de Marilú. Esa sesión fue poco productiva, ya que no soy abogado y no sé cómo proceder en casos así. Entre las dos, me explicaron que todavía el domingo su madre había comido, había visto una película y se había mostrado cariñosa con quienes la habían acompañado a comer. Su oncólogo, que había ido a visitarla el sábado en la mañana, había pronosticado que le quedaban por lo menos doce semanas de vida. De hecho, les aseguró que no esperaba cambios en la paciente en las siguientes dos semanas, en las que él estaría en un congreso oncológico en Atlanta. «La va a matar, la va a matar», decía obsesivamente la hermana de Marilú. Me miraban esperando a que yo hiciera algo, que diera una solución, pero no la tenía, no sabía qué decir, nunca me había enfrentado a algo así. Después de que nos calmáramos un poco, hablaron con el neumólogo de su madre desde mi consultorio, y él les prometió que iría a verla el sábado a primera hora, ya que tenía una operación importante programada en la tarde. Él supervisaría si realmente era necesario mantenerla sedada.

«¿Qué harías tú en nuestro lugar?», me preguntó Marilú. Lo pensé durante unos segundos y contesté sin chistar: «Estaría ahí, con ella; no dejaría que le proporcionaran un solo medicamento más y buscaría a la especialista del dolor, para que me diera el parte médico lo antes posible». Estuvieron de acuerdo y salieron como bólidos de mi consultorio. Antes de las cinco de la tarde, sin embargo, recibí un mensaje por WhatsApp por parte de Marilú: «Dado, te escribo para informarte que mi madre acaba de fallecer».

El 27 de enero de 2016, *CNN Expansión* publicó la siguiente noticia: «México, "estancado" en el índice de percepción y corrupción», señalando con tristeza que nuestro país ocupa el puesto 95 de 168 en corrupción a nivel mundial, según un estudio de Transparencia Internacional. Entre los 34 países de la OCDE, México es el país que más corrupto se percibe. El documento está basado en la percepción de expertos del sector privado, que califican de uno a cien la honestidad de un país. Este año, Transparencia Internacional dio al país tan solo treinta y cinco de cien puntos en lo relacionado a la honestidad en la práctica. La nota afirma que «entre las 34 economías que integran la OCDE, México volvió a ubicarse en el último lugar (34/34) y le separan 86 y 79 lugares de la escala total a nivel mundial, sus principales socios económicos —Canadá y Estados Unidos— respectivamente». Algo interesante es que en el artículo se explica que ningún país se salva de la corrupción. «"La escala del problema es enorme. 68 % de los países alrededor del mundo tiene un serio problema de corrupción", indicó el *Índice de percepciones de corrupción 2015*. "Ni un solo país, en ningún lugar del mundo, está libre de este tipo de práctica"». Regionalmente, los países latinoamericanos mejor catalogados a nivel mundial son Uruguay, Chile y Costa Rica, que ocupan los puestos 21, 23 y 40 respectivamente. La lista mundial la encabezan Dinamarca, Finlandia, Suecia y Nueva Zelanda, aunque la publicación de la organización insiste en que ningún país está exento de la sucia práctica de la corrupción.

La madre de Marilú falleció minutos después de que sus dos hijas hubieran llegado a su casa. Desconcertadas, no supieron qué hacer. Manolo les mostró una lista en la que tenía por escrito lo que harían. Le habló al médico del dolor para que fuera y certificara la muerte de su madre. Marilú me detalla que todo fue tan rápido que apenas recuerda, en penumbras, la cara de la mujer que firmó el acta de defunción. Antes que se hubieran sentado para decidir cómo querrían el velorio de su madre, Manolo había hablado a una agencia funeraria y, antes de dos horas, el cuerpo de la mujer estaba listo para que lo cremaran al día siguiente. Aparentemente, el dolor de Manolo era tanto que quería que su madre fuera cremada a la brevedad, por lo que su cuerpo fue incinerado a la mañana siguiente antes del mediodía. El lunes siguiente fue el depósito de cenizas y así se dio por terminado el luto familiar. Después de la misa, Marilú y su hermana quisieron hablar con Manolo para ver lo que sucedería con la casa, con la herencia, con todas las antigüedades que sus padres habían coleccionado a lo largo de su historia, con la ropa y las joyas de su madre; sin embargo, Manolo fue tajante: «Eso lo veremos enfrente del notario. Estoy exhausto y necesito dormir», y dejó a sus hermanas en el atrio de la iglesia. Al día siguiente, Marilú, que se sentía profundamente nostálgica y confundida, decidió ir a casa de su madre. «Todo era como una pesadilla, no entendía que se hubiera ido tan rápido, y así, enojada conmigo», me relató. Ese día, Marilú quería acostarse en la cama de su madre y percibir el olor que aún emanaba de su clóset. Tocó el claxon, como siempre, para que abriera el policía de la privada; no obstante, él, apenado, le dijo que no podía dejarla pasar. La casa era del señor Manolo y ya habían venido a cambiar las cerraduras. Él había sido claro: no podía dejar pasar a nadie. Marilú nunca volvió a entrar a la que fue casa de sus padres por más de cincuenta y cuatro años de vida.

En efecto, Marilú y su hermana no tenían ningún derecho legal sobre las propiedades, las cuentas bancarias y la casa de sus padres. Ambas, en un estado de impacto emocional profundo, escucharon por parte del notario lo que había sucedido. El lunes anterior a que su madre muriera, hubo un cambio de testamento. El anterior, donde se heredaba a los tres hijos en partes iguales, ya era caduco. En el reciente, su madre declaraba como heredero universal a Manolo. Marilú y su hermana no lo podían creer. ¿Cuándo había sucedido eso? ¿Qué había llevado a su madre a comportarse de manera tan injusta? ¿Cómo lograron sacarla de la casa si apenas podía caminar? ¿Qué no era evidente que se trataba de una trampa? ¿Cómo podía tener validez ese testamento, que se contradecía con la línea ética y moral con la que se habían manejado siempre sus padres? Pues así fue. El testamento era válido y tenía la firma de su madre. Suspendía también los fideicomisos que pagaba mensualmente a sus dos hijas. Como albacea, dejaba al notario. No había salida alguna.

Maggie Baker señala también los pensamientos sanos y racionales en los cuales necesitamos depositar nuestras emociones para tener una relación constructiva con el dinero. Algunos de los que ella menciona son los siguientes:

- Si trabajo duro y gasto solo en lo que necesito, tendré lo suficiente en la vida.
- Tener el suficiente dinero para lo que realmente necesito me libera para enfocarme en lo que realmente me gusta y en los que amo.
- Soy valioso por quien soy, no por lo que tengo.
- La seguridad se limita a tener lo suficiente, no a amasar cada vez más.

«Pelear por esa herencia sería demasiado costoso para nosotras, y el dinero lo tiene él», concluyó Marilú entre lágrimas. «Nos despojó del patrimonio por el que mi padre trabajó para nosotras. ¿Cómo puedes perdonar eso?», me preguntó, verdaderamente desconcertada. «Mi papá tenía razón, Manolo está retorcido del alma», concluyó en nuestra última sesión. Así que lo que comenzó en una intervención tanatológica, terminó en un proceso terapéutico para que Marilú se fortaleciera y pudiera crecer junto a su negocio. A los sesenta años, Marilú necesitaba aprender a ser totalmente autosuficiente.

xix. EL SECRETO EXPUESTO

¿Revelarlo u ocultarlo? Ahí está el dilema. La gran mayoría de los que guardan un secreto se enfrentan a esta pregunta constantemente. ¿Vale la pena revelar el contenido del secreto que le ha dado sentido a una vida encubierta? Para muchos, sobre todo para los que el contenido del secreto es terriblemente amenazante, es prácticamente impensable el hecho de revelarlo. Sería como dejar una identidad atrás, esa autoimagen que han construido a raíz de esa verdad velada, pues el secreto se ha adueñado de gran parte de la personalidad. Lo que es un hecho es que aquel que guarda un secreto invierte grandes cantidades de tiempo y de energía para seguir manteniendo oculta esa verdad, aunque lo anterior implique que los niveles de ansiedad cotidianos sean cada vez más altos y que las fantasías catastróficas de lo que podría suceder si el secreto se develara vayan consumiendo poco a poco la tranquilidad de esa persona. Quienes observan el mundo a través de una vida secreta, viven con angustia, llenos de miedos, imaginando el infierno que sería el ser descubiertos. ¿Recuerdas a Carmina, cuya tercera hija es del socio y amigo de su marido? Después de cuatro meses más de chantajes y amenazas por parte de su amante, un lunes en la mañana, mientras su marido estaba en el trabajo y sus hijas en el colegio, decidió suicidarse. Ya no podía seguir así ni un solo día más. Se dio cuenta que había dejado de vivir hacía meses, deseando no despertar. Su vida se había salido de control. Esa mañana, cuando evaluaba la mejor manera para quitarse la vida, recibió un mensaje de texto de parte de Javier, en el que decía: «Nos vemos a la 1:45 donde siempre». Carmina, volvió a sentir el calor que le subía del estómago hasta quemarle la cabeza y, desesperada, creyendo que no había otra salida, corrió y abrió el botiquín de medicinas. Después de sacar un puñado de pastillas de varios frascos, y al darse cuenta de que en su mayoría eran bastante inocuas, gritó con todas sus fuerzas, se miró al espejo y volvió a gritar hasta cansarse: «¡Basta! Ni un día más...». Arrojó las pastillas que tenía en las manos al escusado, tomó su bolsa y manejó con prisa hasta la oficina de su marido. Solo había un camino: el de la verdad. Había intentado seguir adelante con mentiras, pero parecía que sus emociones se habían reventado, ya no podía seguir con ese juego. Era una realidad, había llegado el momento de aceptar la verdad, aunque eso implicara perder a su familia y la estabilidad económica de la cual había disfrutado durante años. Me marcó por teléfono a mi consultorio y pidió hablar un minuto conmigo. A pesar de estar con un paciente tomé la llamada y me dijo: «No sé lo que va a suceder, pero estoy decidida, lo que venga, lo que sea, será mejor que seguir viviendo en este infierno. Estoy entrando a la oficina de mi marido a decirle toda la verdad», alcanzó a decirme antes de colgar el teléfono. Honestamente me quedé helado, me imaginaba la escena, esa escena que tantas veces ella había anticipado en mi consultorio, y confieso que tuve que secarme las manos en el pantalón, estaba nervioso.

«Cualquier cosa es mejor que seguir viviendo en este infierno», retumbó en mi cabeza durante las siguientes horas. Y sin saber el desenlace que tendría esa historia, pensé que Carmina tenía razón.

Nada podía ser peor que vivir bajo el yugo del chantaje y el maltrato. Carmina usó la palabra infierno y ahí me di cuenta de que esta palabra puede tener un significado diferente para cada uno de los que guardan un secreto. Para algunos, como Ricardo, quien vive en secreto su homosexualidad, el infierno sería la vergüenza de ser descubierto y se sentiría totalmente destruido, al punto de considerar el suicidio. «Si alguien se enterara de mi relación con Sergio y se lo dice a Mariana o alguna de mis hijas, sin duda me doy un balazo. Lo he pensado mucho. Primero muerto antes que enfrentar sus caras de decepción», enfatizó en alguna de nuestras sesiones mientras hablábamos de las medidas de cuidado que para Sergio eran exageradas y que Ricardo consideraba indispensables para seguir adelante con su relación. Para otros, el infierno será tener que aguantar el duro escrutinio del juicio social y de crítica, a pesar de que la verdad no cambie en nada la realidad de los demás. Esto fue lo que le sucedió a Fran, el médico que descubrió que su padre no era el padre biológico de la familia. En cambio, lo estresante, para Paty, fue sentir la crítica, y sentirse juzgada por sus hijos, aunque el desenlace haya sido suave y positivo. Lo mismo le sucede a Adriana, la esposa de Daniel, el piloto aviador que está preso en España por pederasta. Cada vez que se ha visto obligada a decir la verdad de dónde se encuentra su marido, la respuesta de la gente hacia ella ha sido de compasión y de apoyo, aunque Adriana se siga sintiendo profundamente avergonzada por la conducta de su marido. En muchas ocasiones la revelación de la verdad no cambia la vida de los demás, aunque genere en quien guarda el secreto una serie interminable de sentimientos. Para algunos otros, el infierno será aceptar las consecuencias de los secretos que estaban velados y que salieron a la luz. Han pasado ya muchos meses desde que Mariano vino por primera vez a consulta y no logra dejar atrás a Eugenia ni todo lo que vivió. Sigue soñando con Camarón y con las tardes que pasaban en la playa los tres juntos. Sigue bastante afectado, aunque no se ha atrevido a enfrentar a su padre. Simplemente le comunicó que necesitaba cierta distancia con él y no se han visto en los últimos seis meses. Hay ocasiones en las que Mariano me asegura que es demasiado doloroso hablar del tema y en terapia decide hablar del buceo, de sus pacientes ginecológicos o de la vida hospitalaria. A pesar de ser muy delgado, ha bajado cuatro kilos en los últimos seis meses. Mariano está clínicamente deprimido y hace poco aceptó empezar a tomar un medicamento antidepresivo. «Mi vida se partió en dos. Nunca volverá a ser igual y no puedo acostumbrarme a vivir así», me dijo en nuestra penúltima sesión. Algo similar le sucede a Jenny, la estudiante de Historia del Arte de Culiacán, cuando descubrió que su familia se dedica al narcotráfico. «Daría todo lo que tengo por no haberme enterado. Ahora nadie se va a querer llevar conmigo, ningún hombre que valga la pena se querrá casar conmigo», me dijo llorando en una de nuestras últimas sesiones. Aceptar las consecuencias del vínculo de su familia al crimen organizado ha sido devastador para ella.

Para algunos, revelar ciertos secretos, aunque pueda generar vergüenza, será tolerable y hasta liberador. Este es el caso de Lidia, la chica que fue abusada sexualmente por su padrastro y que abortó el producto que esperaba por la golpiza que recibió por parte de su madre. Hoy en día coordina un grupo de apoyo para mujeres que han vivido violencia de género y da su testimonio sin encubrir su identidad. Jerónimo, el chico que fue infectado de VIH está en la misma circunstancia. No es que vaya gritando por las calles que es seropositivo; sin embargo, es una realidad con la que se siente cómodo y que ya no esconde. Para otros, como el caso de Fernanda, la estudiante de Derecho que quedó embarazada de Gabriel, su jefe, la develación de su secreto sería tan grave que pensaría en huir de la ciudad antes que enfrentarlo. «Si alguien supiera que aborté y que era de un hombre casado, me iría de la capital. No lo podría tolerar», me ha dicho en varias ocasiones, sobre todo cuando su aborto había sido muy reciente. Este tipo de secretos, los que demandan gran cantidad de energía, como los de Ricardo y Fernanda, son los que más paz nos roban, pues nos llevan a construir toda una vida secreta. El secreto, sea como sea, se alimenta de la energía vital del individuo merma su capacidad para vivir en el aquí y el ahora, de disfrutar de la vida, y termina por robarle por completo la espontaneidad y la alegría de lo inesperado. Cuando tenemos un secreto que ocultar, las sorpresas no son bienvenidas.

Por eso mi profesión es apasionante. En muchos casos, soy el único que tiene acceso a esa caja de Pandora que cada uno de nosotros guarda por dentro y, tengo el honor de ser testigo y aliado de información que ha sido profundamente cuidada y que es demasiado pesada de cargar. De hecho, las técnicas psicoterapéuticas de diversas corrientes psicológicas están diseñadas para esto: promover que el paciente se sienta en confianza y apoyado para poder externalizar lo que le genera tanta vergüenza o culpa. En su libro *Secrets: On the Ethics of Concealment and Revelation* (1989), Sissela Bok expone que en muchas ocasiones, cuando los terapeutas percibimos que nuestro paciente se siente incómodo o avergonzado de decirnos la verdad, nos anticipamos diciéndole algo que evidentemente parecería mucho más incómodo y poco convencional. Hoy en la tarde, por ejemplo, recibí a Brenda, una joven estudiante de Nutrición que acude conmigo por haber tenido problemas de bulimia. ¿El origen de su síntoma? Un abuso sexual por parte de su abuelo. Su avance terapéutico ha sido maravilloso y hoy llegó ilusionada para contarme que finalmente, después de ocho meses de relación, se había sentido cómoda con su novio y había accedido a hacer el amor, lo cual había disfrutado mucho. «Dado, es que pasó lo que tenía que pasar... pero me da pena contártelo», me dijo tapándose la cara con las manos. «¡No! ¡¿Te cacharon los papás de tu novio teniendo relaciones con él en el coche?!», me adelanté, a manera de broma. «¡Obvio no, Dado!, ¿cómo crees? Pero ya lo hice con él y me sentí muy bien. ¡Hasta pude tener un orgasmo!», exclamó con alegría mientras yo sonreía, conmovido. Eso implicaba que Brenda estaba sanando la herida del abuso sexual. Mediante esa pequeña broma, lo que para ella parecía tan vergonzoso, adquirió una nueva perspectiva y pudo hablar en su terapia de la gran mejoría que ha tenido en su vida sexual. Realmente fue conmovedor; Brenda es un caso de éxito que está muy cerca de ser dado de alta. Ha recuperado la vida de una chica normal de su edad.

Bok también hace hincapié en la importancia de que los psicólogos tengamos una actitud abierta y sin juicio a la hora de escuchar, ya que cuando una persona devela un secreto y recibe un juicio negativo sobre este, su tendencia será a volver a reprimirlo y a ocultarlo en el fondo de su psique, esta vez quizá para siempre. ¿Te imaginas confesar un secreto como el de Perla, compartir el abandono de su bebé en la mitad del bosque, y que alguien la llamara asesina o infanticida? Sería catastrófico para su salud mental. Para algunos, créeme, esto puede ser un claro ejemplo de lo que Carmina define como el infierno, cuando de secretos se trata. Atreverse a hablar de lo que han guardado y recibir un juicio negativo por parte del confesor.

Carmina se estacionó temblorosa afuera del despacho de su marido. Tenía claro que enfrentaría la verdad. Mientras lo dudaba, recibió otro mensaje por parte de Javier, cambiándole la hora de la cita: «Voy tarde, te veo treinta minutos más tarde. No faltes». Al leerlo, Carmina sintió esa bola de fuego que le quemaba hasta la campanilla. Esa sensación fue la que la obligó a bajarse del coche. No lo dudó ni un segundo: subió, sintiéndose como una condenada a muerte que camina hacia el paredón, y llegó hasta el escritorio de la secretaria de su esposo. Nerviosa, le pidió que la reportara. Él salió, consternado, pero al verla pálida y temblorosa, le pidió que se sentara en la sala de espera. «¿Qué pasó?, ¿estás bien?». Pero ella negó con la cabeza. «Toma tu saco y vamos a caminar». Carmina me platicó que él se quedó inmóvil, pero que después de unos segundos, hizo lo que su esposa le había pedido y salieron rumbo al bosque de Chapultepec, que está casi enfrente de la oficina. Carmina buscó un espacio aislado, y apenas se sentaron en la banca, ella suspiró y le confesó la verdad.

¿La confesión, por dura que sea, libera a quien guarda el secreto? Usualmente sí, en especial si se ha elegido al confesor adecuado. Bok asegura que desde el nacimiento del psicoanálisis y de las demás corrientes terapéuticas, el objetivo ha sido liberar al paciente del peso del material consciente e inconsciente que no ha logrado depurar a través de la catarsis. Dentro de este material se encuentran las fobias, los traumas de la infancia, las experiencias dolorosas, las pesadillas que nos angustian, las obsesiones, la ansiedad y, por supuesto, la pesada carga de los secretos. Bok asegura que se ha comprobado que compartir un secreto libera la sensación de carga, soledad y pesadez de quien lo guardaba. El planteamiento de las diferentes corrientes terapéuticas que empezaron con el psicoanálisis freudiano desde 1896 asegura que, cuando el individuo comparte el contenido emocional que más ansiedad, vergüenza y culpa le genera (en el cual están incluidos los secretos), necesariamente los síntomas neuróticos que surgían del material reprimido disminuyen notoriamente, pues hay menos energía del organismo dedicada a mantener reprimida esa información. Es por eso que ella asegura que el hecho de confesar un secreto alivia los sentimientos de culpa y vergüenza que los acompañan y definitivamente disminuye los pensamientos negativos y las conductas autodestructivas que generalmente van de la mano. R.D. Gillman, en el artículo «Rescue Fantasies and the Secret Benefactor» (1992), explica cómo el que un individuo viva día a día con un secreto que lo atormenta fomenta que su personalidad se neurotice, es decir, que se vaya acostumbrando al sufrimiento y al displacer. Según Gillman, el neurótico no logra desapegar su sufrimiento de sí mismo, por lo que lo convierte en parte de su personalidad y, en ocasiones, lo mezcla con sus sensaciones de placer; después de un tiempo, el neurótico no puede tener momentos de gozo sin dejar de sufrir o de preocuparse por algo. Esto genera una gran tendencia a lastimarse y a culparse a sí mismo, y entonces se acostumbra a guiarse por sus impulsos masoquistas. El neurótico entonces se inclinará siempre a sufrir, incluso cuando las cosas vayan bien en su vida, e inclusive parecerá que buscará inconscientemente las condiciones o las situaciones dolorosas que pudieran evitarse para seguir sufriendo: el dolor se ha convertido en parte de su identidad. Bok y Gillman coinciden en la misma conclusión: los secretos consumen nuestra vitalidad, alegría, confianza y la capacidad de disfrutar de la vida; nos convierten en personas desconfiadas, frustradas, tensas y amargadas; estos son los principales síntomas de la neurosis.

En *The Theory and Practice of Group Psychoterapy* (1985), Irving Yalom afirma que el ser humano siente, piensa y actúa de tal modo que tanto su felicidad como su dolor están condicionados por la interacción con sus pensamientos, y estos se van alimentando de la interacción con el entorno natural y social donde se relaciona. Un secreto puede mermar las creencias positivas que tenemos de nosotros mismos, y si se relaciona con un estigma social, nos puede generar poco a poco un gran dolor emocional y percepciones sumamente negativas sobre nosotros mismos. Esto es lo que le sucedió a Carmina. La psicoterapia, afirma Yalom, ayuda a combatir el dolor psicológico del individuo y ayuda a que le pueda brindar una nueva perspectiva a su realidad. Yalom habla de la psicoterapia como el arte de curar con la palabra. Cada paciente es diferente y lo sabio es que sea tratado de manera única y especial. Al final, sentir, recordar, pensar, intuir y actuar son, en realidad, un solo proceso unificado. Sin embargo: ¿es eficaz la psicoterapia? ¿Funciona siempre? ¿Se pueden medir sus efectos? Muchos científicos lo dudan, mientras que otros defienden lo contrario con estadísticas discutibles. La psicoterapia no es una ciencia exacta y por lo mismo es complicado comprobar su eficacia; sin embargo, yo, que he sido terapeuta y paciente los últimos veintiún años, puedo afirmar, basándome en mi propia experiencia, que en la gran mayoría de los casos, cuando hay compromiso, disciplina, honestidad y respeto mutuos en el proceso tera-péutico, además de conocimiento clínico por parte del terapeuta, necesa-riamente se observan cambios positivos en la sintomatología del paciente. Si te detienes a pensarlo por un momento, querido lector, cuando hay in-terés de ambas partes, dos mentes procesan mejor la información que solo una. En realidad, medir los beneficios de la terapia es extremadamente complejo, ya que la relación paciente-psicoterapeuta es íntima y secreta por definición y, como en todo lazo humano, los factores involucrados son numerosos. ¿Cómo saber con precisión qué es lo que funciona del contacto entre un paciente y un terapeuta? Yalom afirma que lo que es innegable es que el contacto entre ambos, la confianza que comparten y la intimidad que se genera entre ellos terminan por converger en una energía altamente sanadora.

> *Cada proceso psicoterapéutico es un viaje mágico particular*
> *e intransferible entre un paciente y un terapeuta.*
> IRVING YALOM

La realidad es que la psicoterapia no cura a nadie, sino que acompaña al su-jeto a mejorar su calidad de vida. Los psicoterapeutas no somos magos, no somos curanderos. No obstante, acompañamos a nuestros pacientes para encontrar soluciones a esos dolores emocionales intensos cuando nada parece tener salida. Un terapeuta se puede convertir en un buen copiloto, es decir, no maneja la vida del paciente, no toma las decisiones de hacia dónde ir, pero puede señalarle los baches, las desviaciones, los niveles de gasolina y medir el aire a las llantas, mientras monitorea la ruta. Lo digo de corazón: una buena relación psicoterapéutica es uno de los vínculos humanos más ricos, profundos, hermosos y curativos que la vida puede ofrecer. Por eso estoy enamorado de mi profesión. La psicoterapia es el arte —que nunca será una ciencia— de escuchar, confiar, develar, respetar, expresar, comprender, errar, para después acertar, descubrir y compartir afecto y conocimiento. En verdad, puede llegar a ser una expresión sublime de amor mutuo.

¿Y qué sucedió en aquella banca en Chapultepec? Confieso que los días que pasaron hasta nuestra siguiente sesión parecieron interminables para mí. Ciertamente, el marido de Carmina explotó. Cuando ella le dijo que era amante de Javier, su marido la abofeteó con ira para soltarse después en un llanto que ella asegura que nunca terminó. Cuando ella le confesó que Camila, su tercera hija, en realidad era hija biológica de su socio, su marido vomitó. Él le pidió que no mintiera y ella se dedicó a contestar todas sus preguntas, igual que lo hizo Ceci, la comunicóloga que después de haber sido descubierta en una infidelidad por parte de su marido, respondió sin mentir a cada una de sus dolorosas preguntas y solo así, después de muchos meses, pudo rehacer su vida con él. Carmina decidió no matizar ni engañar en lo absoluto a su esposo, al igual que Ceci. Ella me contó que no le mintió en nada, ni siquiera en las preguntas soeces y más íntimas que su esposo le espetó entre insultos. Carmina me confesó que imaginaba que así tuvieron que haber sido los juicios de la Santa Inquisición: sin clemencia, sin tiempo para pensar en la respuesta, sin tiempo para descansar por unos instantes la mente. La reunión en aquella banca pareció no tener fin. Cuando Carmina finalmente pudo ver el reloj, se dio cuenta de que habían pasado casi cuatro horas. Al relatarme la confesión a su marido, no dejaba de temblar. «Malnacida, mitómana, perra, puta, loba, mierda, demonio, sinvergüenza... fueron solo algunos de los calificativos que usó quien nunca ni "tonta" me había llamado. Me abofeteó tres veces, y yo no tenía cara para mostrar ni siquiera dolor», me platicó con mucha tristeza; de hecho, lloró suavemente durante toda la sesión. Su marido pasaba de la ira, a la tristeza, a la decepción más absoluta, a la incredulidad total. Después de estar ahí todo ese tiempo, él, agotado, le pidió el divorcio. No era negociable y no se tomaría un tiempo para pensarlo. Se divorciarían. Nunca más podría volver a confiar en ella y se lo recordaría cada vez que tuviera la oportunidad de hacerlo. «¿Qué pendejada dices? Camila es mi hija y mataré a ese cabrón si algún día se encarga de decírselo. ¡Camila es mi hija!, aunque traiga los genes de ese malnacido». Antes de finalizar la reunión, su marido le informó que no volvería a la casa hasta el fin de semana. Se las arreglaría por esos días, y no pretendía tener ningún tipo de contacto con ella hasta que no hubiera abogados de por medio. Él se iría de la casa, para que las niñas estuvieran cómodas y no tuvieran más cambios en su vida; pero evitaría verla a ella. Le generaba asco. Antes de irse, le pidió el celular a su mujer, revisó los últimos mensajes de Javier —entre los cuales ya había reclamos y amenazas— y, después de leerlos, lo llamó desde ahí. Cuando él contestó, creyendo que se trataba de su amante, el marido de Carmina dijo con firmeza: «Te veo en media hora en tu oficina. Compra dos catejillas de cigarros, que las vas a necesitar. Lo sé todo». Entonces, se puso de pie y le dijo a Carmina que el fin de semana se fuera con las niñas a la casa de Cuernavaca, para que él pudiera sacar sus cosas. «¡No les digas nada! ¡Ya habrá momento de hablar con ellas! No voy a permitir que mis hijas se enteren de que su madre es una puta. Ya planearé qué decirles a esas pobres viejas». Y, enfurecido, se dio la vuelta y regresó hacia su oficina con el celular de Carmina en la mano. Cuando terminó su relato, suspiró y volteó a verme, agotada. «¿Qué sentiste en ese momento?», le pregunté, azorado, después de oír su relato. Carmina suspiró, me miró a los ojos y sin dudarlo contestó: «Dado, sentí una inmensa paz. Se fue y me quedé sentada ahí, otro buen rato, como si nada hubiera pasado, viendo el atardecer y escuchando a los pájaros. Sentí paz. Nada de lo que sabía que iba a venir era peor que otra noche a su lado ocultando la verdad», me dijo mientras que su rostro parecía llenarse de tranquilidad.

Irving Yalom asegura que un espacio terapéutico grupal puede ser altamente nutritivo para la sanación emocional, ya que fomenta que la persona que atesora y se aferra a su secreto, cuando lo comparte, tenga la contención de ese grupo social cuyos miembros están en el mismo camino hacia la sanación. El poder confiar en ese grupo permite que la sensación de soledad se vaya, ya que nadie está solo en el manejo de sus emociones. El secreto, sin importar lo pesado que sea, cuando es escuchado con compasión y apertura en el grupo, adquiere un matiz distinto, donde la vergüenza y la culpa toman un nuevo significado: la aceptación. La terapia de grupo es una modalidad muy efectiva de la psicoterapia que se apoya en una herramienta muy poderosa: el colectivo, el escenario grupal. Yo viví un proceso terapéutico grupal de dos años cuando me formé como terapeuta, y las experiencias que viví en él me siguen acompañando hasta la fecha, no solo por lo que crecí y maduré emocionalmente, sino por todo lo que aprendí en el manejo emocional de un grupo como profesionista.

Yalom explica que el poder mágico del grupo terapéutico proviene de la importancia que tienen las interacciones interpersonales en nuestra percepción, nuestra sensibilidad, nuestro desarrollo psicológico y nuestra capacidad para ver diferentes perspectivas ante una misma situación de dolor. Un grupo de ayuda tiene el mismo poder de sanación que una terapia individual, ya que en él se une la sinergia de cada una de esas presencias que están en búsqueda de lo mismo: mejorar la calidad de vida. Rodrigo, mi paciente economista que fue abusado sexualmente por aquel maestro de natación, acude semanalmente a un grupo de AA, pues es la mejor herramienta que existe para mantener la sobriedad. Lo mismo hace Paola, mi paciente que fue abusada sexualmente cuando era adolescente por su padre y que después de haber sufrido bulimia, un aborto y síndrome de automutilación, acompaña su proceso terapéutico con un grupo de Alanon (codependencia), en el cual ella se ha sentido apoyada y contenida desde que su padre se suicidó. En su terapia grupal, reforzó la idea de que ninguno de nosotros somos responsables de las decisiones de los demás. ¿Recuerdas a Manola, mi querida chef que tiene problemas con la manera de

x

comer de sus padres y de su hija? Pues desde hace poco acude una vez a la semana a un grupo de Comedores Compulsivos para comprender las emociones de quienes sufren esta enfermedad. A este grupo también acuden personas con bulimia y anorexia nerviosa y ha sido muy útil en su proceso de comprender en gran medida las emociones que ella tiene ligadas a la comida. En efecto, un grupo terapéutico puede ser un gran espacio de contención y liberación de esa carga energética que, tarde o temprano, se traslada a síntomas que terminan siendo enfermedades físicas y emocionales.

Para mí, en verdad, el proceso terapéutico ha sido una herramienta muy valiosa a lo largo de mi edad adulta, especialmente en mis momentos de crisis: las depresiones que he sufrido, un asalto que casi termina con mi vida, el distanciamiento con mis padres, el doloroso suicidio de uno de mis pacientes, la noticia de que era infértil y que precipitó mi divorcio, la separación de quien ha sido el amor de mi vida. Ese espacio, la relación con mi terapeuta, la confianza, la intimidad y la contención que siento con él me ha ayudado a salir avante en los momentos cuando todo parece más oscuro; del mismo modo, me ayuda a encontrar nuevas estrategias que no alcanzo a vislumbrar en los procesos terapéuticos con algunos de mis pacientes. Mi terapia es ese laboratorio donde me escucho a mí y escucho a mis pacientes a través de mi voz. Mi terapeuta me acompaña a encontrar nuevas perspectivas a mi problemática y a la de mis pacientes.

La terapia es, sin duda una excelente herramienta para liberarnos de la carga de un secreto. Pero ¿qué sucede cuando el paciente acude a terapia y sigue guardando su secreto férreamente, aun del terapeuta? ¿Esto llega a suceder? ¡Claro! Más de lo que imaginas.

Finalmente, el paciente toma la decisión de pedir ayuda. Sin embargo, cuando está ahí, en la sesión, no se atreve a exponer lo que está experimentando y habla de otros asuntos, menores, que realmente no lo aquejan con tanta intensidad. Aunque no lo creas, el poder del secreto es tan grande que incluso en el consultorio o en el grupo terapéutico, es común que a la persona se le quede, en la punta de la lengua, atorado, durante meses, quizá durante años. Hay ocasiones en las cuales los pacientes son dados de alta por sus terapeutas sin que jamás se haya develado la verdadera razón por la que fueron a terapia. Todd D. Pizitz y Joseph Mc Cullaugh publicaron un interesante artículo al respecto llamado «Confrontando los engaños sin dañar la relación terapéutica» (2014), en el cual señalan que hay casos de tratamiento psicoterapéutico en los que, a pesar de las herramientas viables de conocimiento por parte del paciente y el terapeuta, no hay progresos significativos y las terapias se estancan. Básicamente aquí se encuentran los casos en los que parecería que la terapia «no funciona». Pizitz y Mc Cullaugh apuntan que varios obstáculos pueden interferir con el progreso y con el cambio durante la sesión terapéutica. Dos de ellos, quizá los más frecuentes, son los engaños intencionales por parte del paciente y su negación de la realidad. Esto es cierto; los psicólogos no somos ni magos ni detectores infalibles de mentiras; por lo que usualmente creemos en lo que nos dicen nuestros pacientes, a menos que su discurso termine por mostrarse inverosímil. En realidad, los psicólogos nos esforzamos por dar una atmósfera de seguridad, empatía, apertura y aceptación; sin embargo, a pesar de esto, a veces los pacientes omiten información de manera deliberada, que confunde o desencamina el proceso terapéutico.

Leslie Martin, en su ensayo «Lying in Psychoteraphy: Results of an Exploration Study» (2006), describe que en una encuesta a 109 estudiantes de la Universidad de Alabama que tomaban terapia en el centro de psicología, el 3 % reportó que había mentido a su terapeuta en su última sesión. ¿Cuáles eran las razones? Evitar los recuerdos dolorosos, la vergüenza que sentían por lo cometido en la semana y para evitar que su terapeuta los juzgara negativamente. En un estudio similar titulado «Beneath the Surface of Long-term Therapy: Therapist and Client Report of Their Own and Each Other's Covert Processes», C. E. Hill, B. J. Thompson, M. C. Cogar, y D. W. Denman descubrieron que el 50 % de los pacientes ocultan al principio del tratamiento la razón verdadera por la cual asisten a terapia. En mi experiencia como terapeuta, esto es muy común. Quien tiene problemas de alcoholismo trata de disfrazarlos con arranques de ira o presiones laborales. Lo mismo sucede con los problemas de la conducta alimentaria, con la homosexualidad no reconocida, con el abuso sexual, especialmente el ocurrido durante la infancia, y con tener padres abusivos cuando se es niño o adolescente. Al principio, el paciente tiende a aminorar o a justificar los problemas. Hace años trabajé con una chica, Queta, de unos treinta y cuatro años, que llegó a terapia a causa de un problema serio de celos con su novio, Carlos. Cada sesión hablábamos de su sintomatología, pero había algo que no funcionaba, que no terminaba de cuajar. Un viernes, después de más de un año de tratamiento, cuando la confronté diciéndole que yo tenía la percepción de que había algo que no me había confesado, Queta suspiró, se tapó la cara y me dijo: «Dado, no sabía cómo decirte, pero Carlos en realidad se llama Carla». Ahí toda la percepción de la realidad cambió para mí. Queta no había confesado su homosexualidad en su familia de origen, aunque en la de Carla eso ya no era un secreto. Para el mundo de Queta, Carla era su amiga, mientras que para ella era su novia. Las dos trabajaban en una oficina de publicidad donde el 90 % de los empleados eran mujeres y donde sus compañeros, al saber que Carla es lesbiana y que no tiene novia, le proponen frecuentemente el presentarle a alguna chica divertida. Además, cuando Carla se emborracha, besa y toca a su novia en público y Queta no lo tolera. ¡Claro! El verdadero problema de Queta no era la celotipia, sino su homosexualidad no aceptada, que no le permitía vivir a plenitud su relación amorosa con Carla. El enfoque del proceso terapéutico desde entonces fue diametralmente diferente. Empezamos entonces a enfocarnos en el verdadero tema: vivir abiertamente su homosexualidad y seguir con su novia, o bien, continuar viviéndola en silencio y terminar con Carla, pues ella ya le exigía, con justa razón, abandonar la oscuridad. Cuando «Carlos» se convirtió en «Carla», las barreras que había en la comunicación terapéutica se disiparon y el verdadero proceso de Queta comenzó. Si ella no me hubiera confesado la verdad, pudimos haber seguido dando palos de ciego por meses.

«Client's Secret-keeping in Outpatient Therapy» es otro artículo posterior al de Hill, Thompson, Cogar, y Denman, ofrecido en 1998 por una investigadora a la que admiro mucho: Anita E. Kelly. En él explica que

SECRETOS DE FAMILIA

cerca del 40 % de los participantes en su estudio aceptaron que ocultaban información significativa a sus terapeutas al considerar que había algo inadmisible en ella, algo que ni siquiera un especialista preparado y apto para la escucha activa podría admitir. Hoy en día tengo en terapia a Ramón, un joven estudiante de la carrera de Comunicación que acudió a mi consultorio para tratar el duelo con su expareja, Gerardo. Duraron dos años de relación y, al igual que Carla, Ramón no pudo con el hecho de que Gerardo no «saliera del clóset»; peor aún, no pudo con el hecho de mantener una relación con un hombre casado. Como el mundo realmente es un pañuelo, en una tarea tanatológica le pedí a Ramón que llevara al consultorio dos fotos de él con Gerardo, para que pudiera romperlas (en señal de cierre), esto después de decirle a Gerardo a la cara, mediante la foto, todo lo que sentía hacia él. Cuando Ramón llegó a su sesión y sacó las fotos, me sorprendí muchísimo, pero hice un gran esfuerzo para que Ramón no lo notara. Afortunadamente no se dio cuenta de mi reacción. Gerardo había sido mi paciente hacía cerca de cuatro años y medio, y en ese entonces estaba a meses de casarse con una mujer de provincia. Dudaba mucho en hacerlo, pero nunca confesó en la terapia que aquello se debiera a su preferencia sexual; en su lugar, argumentaba que el problema era la dependencia de Ana hacia su familia de origen. Gerardo concluyó la terapia, ya que se casó para irse a una maestría en el extranjero, y fue por Ramón que me enteré de su preferencia homosexual y que actualmente está en proceso de divorcio. Ramón decidió terminar con Gerardo: ahora que se está divorciando, no está seguro de querer formalizar su relación con mi joven paciente.

Y aunque no lo creas, no solo los pacientes tienden a guardar muy bien sus secretos. El 20 % de los terapeutas evaluados en el estudio que hicieron Kenneth S. Pope y Barbara G. Tabachnik, titulado «Therapists As Patients: A National Survey on Psychologysts' Experiences, Problems and Beliefs» (1994), reportaron que también los psicólogos guardamos secretos a nuestros propios terapeutas. Irónico, ¿no te parece? Pero es cierto. También los psicólogos acudimos a terapia para sanar nuestras heridas más profundas, aunque no siempre nos atrevamos a exponerlas. A lo largo de mi vida, he tenido cuatro diferentes terapeutas. El primero, que era mi supervisor en la maestría, me intimidaba y estaba a favor de mi noviazgo con la mejor amiga de mi hermana, con quien llevaba nueve años de relación. Cuando me enamoré de una chica de la maestría, no me atreví a decírselo, por miedo a su rechazo, pues él creía que debía casarme con quien había sido mi novia por tantos años. Durante los meses que faltaron para que terminara la maestría, y debido a que tenía que seguir tomando terapia con él como requisito académico, mi exesposa y yo mantuvimos nuestra relación a escondidas de nuestros terapeutas (ambos eran profesores de la maestría). Esto duró por más de siete meses. No significa que yo haya sido totalmente deshonesto con él, o que no me sirviera la terapia en lo absoluto; simplemente guardaba información importante para mí. Le dije que había terminado con mi novia anterior, pero nunca le confesé que empecé una relación amorosa con quien después sería mi mujer. Hoy sé que mi apertura en esa terapia fue muy limitada. No me sentía cómodo. En otro proceso de terapia posterior tuve mucho más apertura y honestidad, pero me daba mucha pena exponerle a mi terapeuta que me levantaba por las noches a comer debido a mi ansiedad. Ya había empezado a ejercer mi profesión desde hacía algunos años y estaba a tan solo un año de casarme: ya no era tan joven; sin embargo, el simple hecho de aceptar que frecuentemente durante las noches me levantaba a comer me parecía muy vergonzoso. Tardé muchos meses en confesarlo. En el penúltimo proceso que tuve, el cual tomé en pareja antes de casarme, nunca me atreví a confesar que sabía que nos estábamos equivocando al elegir una vida juntos. Nos amábamos y nos compenetrábamos; sin embargo, no éramos compatibles al largo plazo. Ambos queríamos estilos de vida totalmente diferentes. Pero cuando el terapeuta nos preguntó a cada uno de nosotros si creíamos que el matrimonio funcionaría a pesar de estas claras diferencias, yo mentí y dije que sí. Estaba enamorado hasta las cachas y no estaba dispuesto a terminar mi relación. Al final, después de dieciséis años, lo que no funcionaba en la juventud terminó por no funcionar en la adultez y, eventualmente, nos divorciamos. Sé que si hubiera sido honesto con la pregunta que me hizo nuestro terapeuta, no nos hubiéramos casado y hubiéramos escrito cada uno algo diferente en su cuaderno de vida. Ahora, en el proceso terapéutico que retomé, he podido desde la madurez actual, trabajar honestamente muchos de los temas que he vivido y que me llevaron a tomar decisiones erróneas. Fue a partir de los treinta y ocho años, cuando me divorcié, que trabajé a fondo mi miedo a la soledad, el miedo al rechazo, la infancia difícil que tuve al haber crecido con un padre violento, impositivo y devaluador y con una madre codependiente y deprimida que nunca pudo defenderse, ni mucho menos a nosotros. Ahí revelé con total honestidad que fui víctima de abuso sexual infantil durante casi cuatro años por parte del mozo de mis abuelos, hablé de mi problema para enfrentar el conflicto, de la infidelidad que cometí en mi matrimonio y de mi dificultad para asumir el compromiso a largo plazo. También pude asumir y hablar con honestidad de los sentimientos que me generó el haber tenido que asumir mi infertilidad, y todo lo que representó para mí haber roto el matrimonio que creí para toda la vida. Enfrenté y acepté la depresión tan grande y tan pesada que padecí en esa etapa. ¿Por qué te cuento todo lo anterior? Porque he vivido en carne propia lo difícil que es sentarse en frente de alguien más y desnudar el alma. Esto ha promovido que sea más empático, más sutil, más cauteloso y más sensitivo como terapeuta. Me ha ayudado a escuchar al otro a través de los silencios, a través del cambio de los tonos de voz o de los matices en el color de la piel; a través de las miradas furtivas, de los momentos de tristeza que se llenan con sonrisas falsas, o de las lágrimas no genuinas que en realidad encierran algo más que una obligada tristeza. ¿A qué me refiero? Ser paciente me ayuda a ser mejor terapeuta y por eso sigo en este gran proceso de sanación, sigo siendo paciente y, en consecuencia, sigo experimentando lo que viven mis pacientes cuando me confiesan algo íntimo: vulnerabilidad, miedo al rechazo y necesidad de aceptación. A lo largo de mis anteriores procesos en terapia, aprendí que cuando nos acercamos a pedir ayuda y no nos atrevemos a desnudar los secretos que nos carcomen el alma, aunque haya un tercero dispuesto a guiarnos y acompañarnos hacia el camino de la paz, poco podremos avanzar.

Pero seguro te preguntarás qué pasó con Carmina y con el berenjenal de vida que estaba experimentando. Pues ese día, después de la plática con su marido, Carmina regresó a su casa y dijo que, por primera vez en muchos meses, pudo dejar de preocuparse obsesivamente por su celular. Su marido se lo había quedado, con todos los registros de la comunicación que había mantenido con Javier desde hacía meses. Se acostó antes de las nueve de la noche y durmió de corrido hasta las nueve de la mañana. Un gran peso se le había quitado de encima. Ya no tenía nada que ocultar y aunque no sabía exactamente lo que había sucedido entre Javier y su marido, sabía que el tormento del chantaje y de la extorsión había terminado. Se dio cuenta de que despreciaba a Javier. «Me di cuenta de que lo odio con todo mi ser», me confesó apretando las manos. Lo que siguió para Carmina no fue fácil, como no ha sido fácil hasta ahora. Nunca sabremos lo que sucedió esa tarde entre su marido y Javier, pero sabemos que Javier nunca la volvió a buscar y que la sociedad que ambos hombres tenían desde hacía más de quince años se disolvió. Lo que es un hecho es que el marido de Carmina tampoco volvió a contestarle el teléfono. No le ha vuelto a dirigir la palabra y todo lo que tienen que hablar, lo hacen por medio de un email. Para él, la relación terminó ese día, cuando ella confesó su infidelidad. Conforme a lo acordado, el fin de semana, mientras Carmina y sus hijas estaban en Cuernavaca, él sacó absolutamente todas sus cosas de la casa y antes de que llegara el fin de mes, ella tenía en las manos la demanda de divorcio. En efecto: para él, el engaño era un «no negociable» que no podía perdonar y lo dejó claro en el convenio. Sus hijas seguirían gozando de su bienestar económico, pero Carmina, a partir de ahora, tendría que encargarse de ella misma al cien por ciento. Él solo le proveería de alimento y de techo. También le dejó claro en el convenio de divorcio que si alguna vez su hija Camila cuestionaba la paternidad biológica de su padre, Carmina renunciaría a su patria potestad. Carmina firmó el acuerdo con tranquilidad y hasta con agradecimiento. «Es lo menos que puedo hacer, ni modo que me ponga mis moños después de lo que hice», me explicó al día siguiente de firmar su divorcio. Sus hijas están protegidas y su exmarido es un buen hombre. Carmina se divorció y hace tres meses regresó a trabajar como abogada. Tiene jornadas largas, ya que además de atender a sus tres hijas, tiene un empleo de tiempo completo y, sin embargo, y me lo dice frecuentemente, ahora duerme en paz.

Confesar un secreto puede ser muy liberador, aunque siempre irá de la mano de una consecuencia. «Perdí a mi matrimonio y a mi familia, es algo que me afecta todos los días; en especial los fines de semana en que no veo a las niñas y estoy sola; pero a pesar de eso, me siento mejor que antes, cuando vivía con él. Tener que mentir todos los días es la angustia más grande que alguien puede vivir. A veces me siento sola y no sé si voy a rehacer mi vida, pero por lo menos ya duermo. Me da miedo el futuro, pero voy a poder sola. ¿Me arrepiento de lo que hice? Sí. Fui una traicionera y apuñalé por la espalda, pero así la pagué. Cargar con lo que he tenido que cargar ha sido mi penitencia. Saber que puedo perder a Camila si Javier reclama su paternidad me llena de angustia», concluyó en su antepenúltima sesión. Carmina terminó por liberarse del secreto que le guardó durante tantos años a su marido; aunque como generalmente sucede, ni su vida ni las de sus más cercanos pudieron seguir su mismo camino. Un secreto que se devela a veces transforma realidades, algunas de forma agradable y otras, no.

xx. CUÁNDO REVELAR UN SECRETO

Cuando revelamos cierta información, cuando decidimos abrir nuestra intimidad al otro, estamos en control únicamente de lo que nosotros pensamos, sentimos y cómo nos comportamos con esa información. Confiamos en el otro, pero no podemos controlar ni lo que piensa, ni lo que dice, ni lo que siente, ni mucho menos lo que hará con el secreto que está recibiendo. Es falso que alguien que considera cierto comportamiento como reprobable, perverso o amoral, lo acepte con el paso del tiempo por cariño o por lealtad. Cuando una persona revela un secreto, lo hace en un determinado contexto en el que no controla ni la percepción de su imagen, ni el posible rechazo por parte del otro, ni mucho menos las acciones que tomará el confidente a partir de que recibe esa información. Aunque creo que revelar información puede ser altamente terapéutico y liberador, también creo que hacerlo con un mal interlocutor puede ser traumático, ya que la peor de las pesadillas se puede hacer realidad: que la información que nos avergüenza y nos quita el sueño se haga pública. Hay estudios que indican que, si bien tener una red de apoyo en la cual confiar y develar cierta información nos puede ayudar mucho a liberar los niveles de ansiedad con los que hemos vivido, hacerlo con personas indiscretas, juiciosas o indiferentes puede ser doblemente estresante. En este sentido, confiar un secreto puede ser un arma de doble filo. Hay secretos que hubiera sido mejor que jamás se develaran; pues pueden terminar con la reputación y con la vida de una persona.

Carolyn Cutrona, en su artículo «Stress and Social Support – in Search of Optimal Matching» (1990), explica que a pesar de que hay muchas investigaciones en las que se demuestra que compartir información dolorosa puede ser muy sanador, hay situaciones concretas en las que llevarlo a cabo puede ser contraproducente. Contarle una confidencia a alguien generalmente nos relajará en un principio; sin embargo, Cutrona hace hincapié en lo que escribí en cuanto a Carmina: quien revela cierta información tiene que asumir sus consecuencias. Uno de los problemas más grandes asociados con revelar secretos es justamente esto: no tenemos control con lo que los confidentes hacen con nuestra información. Véronique Christophe y Bernard Rimé publicaron en el texto «Exposure to the Social Sharing of Emotion: Emotional Impact, Listener Responses and Secondary Social Sharing» (1997) publicaron los resultados del estudio que realizaron con jóvenes universitarios, y encontraron que entre 66 y 78 % de los casos que investigaron, los jóvenes confesaron el haber compartido a alguien más el contenido íntimo y la identidad de quien les había confiado un secreto. Esto sucedió a pesar de que en el 85 % de los casos, quienes les revelaron la información, eran sus amigos íntimos. En este mismo sentido, los investigadores europeos descubrieron algo más: entre más intensa e íntima era la información recibida, más impulso tenían los confidentes de compartirla con una tercera persona. Christophe y Rimé descubrieron además que, en promedio, los jóvenes encargados de «guardar los secretos» confiaron esta información a más de dos personas y, en el 78 % de los casos, el nombre de quien originalmente pidió confidencialidad fue citado literalmente. ¡Sus cifras resultaron alarmantes!, por lo que ellos concluyeron en su artículo que, si realmente alguien quiere que cierta información se mantenga privada, necesita evitar el compartirla con alguien más. Sin embargo, Christophe y Rimé también concluyeron que el riesgo de que un secreto sea difundido por el confidente disminuye de manera muy importante cuando la relación entre la persona que confiesa y el confidente es recíprocamente íntima, es decir, cuando ambos son confidentes entre sí. Los investigadores concluyeron que cuando hay un pacto entre ambos de cuidar la información que comparten, el riesgo de que alguno revele un secreto disminuye seriamente, aunque en efecto, siempre existe la posibilidad de que aun en este compromiso mutuo de confidencialidad, alguno de los confidentes decida

SECRETOS DE FAMILIA

hablar de la intimidad del otro con un tercero. Algo muy interesante que retoman estos investigadores es que los participantes del estudio no solo aceptaron el haber violado la confidencialidad de algún amigo cercano, sino que en el 82 % de los casos aceptaron que cuando ellos mismos han revelado secretos a algún confidente y le han pedido explícitamente «No se lo cuentes a nadie», realmente esperaban que su secreto fuera compartido con alguien más. Irónico, ¿no? Parecería que hay un código laxo de ética, en el que se puede violar la confidencialidad, siempre y cuando no se ponga en riesgo la estabilidad emocional, la estabilidad social, familiar y de pareja del confidente. Por eso Christophe y Rimé aseguran que cuando en realidad decimos «No se lo cuentes a nadie», lo que en el fondo estamos pidiendo es «No me vayas a meter en un aprieto con la información que te comparto».

Anita Kelly asegura que el riesgo real de revelar secretos es el estigma que nos puede generar si se revela nuestra identidad. No importa la magnitud de nuestro secreto o la intensidad de las emociones que pueda producir en los demás; estaremos a salvo siempre y cuando no se comparta nuestra identidad. En otras palabras, es bastante inocuo que se divulgue un secreto siempre y cuando no se comparta la identidad de quien lo confió. Los problemas vienen cuando se comparte el nombre de quien era el dueño inicial del secreto. Al leer a Kelly, me viene a la mente el conocido refrán mexicano que dice: «Se cuenta el pecado, mas no el pecador».

¿Y por qué tendemos a contarle a alguien más lo que se nos confió con tanta privacidad? Kelly, ofrece tres razones principales:

a) **El confidente siente una carga al recibir el secreto:** James Coyne, en su artículo «Living with a Depressed Person» (1987), expuso el resultado de su investigación, después de analizar a fondo a una muestra de personas no depresivas que vivían con personas que sufrían de depresión; prácticamente todos reportaron sentirse desesperados por las muestras de desesperanza, tristeza y preocupación de los deprimidos. De igual manera, Coyne señala que cuando una persona convive constantemente con una persona estresada, después de un tiempo tiende a reaccionar con altos niveles de agresión y ansiedad. ¿A qué voy con todo esto? Parece ser que cuando una persona revela un secreto estresante, estigmatizado, o que lo ha tenido preocupado, deprimido o desesperanzado, en efecto se siente liberada; sin embargo, en su confidente se da la reacción opuesta: se siente alterado y ansioso, y por lo mismo busca liberar esta tensión confiando esta información a alguien más. Kelly, además, descubrió que una vez que una persona confía un secreto a un confidente tiende a evitar inconscientemente el contacto con él; es decir, irónicamente le confía su mayor secreto, pero después tiende a poner distancia física y emocional con él, debido a que frecuentarlo implicaría confrontar el hecho de que la información que antes estaba velada ya no se encuentra segura ni protegida. Paradójicamente, entonces el confidente tiende a quedarse «solo» con la información, con esa carga y con la sensación de aislamiento. El confesor pone distancia y el confidente se siente incómodo con ello. Entonces, ya que el confidente «carga» con el peso de esta información, hace lo que en su momento hizo el dueño original del secreto: buscar a un confidente con quién compartir el peso de la carga.

b) **El revelar un secreto lo vuelve «más real»**. Kelly señala que otro problema muy común al revelar secretos es que no siempre tenemos la claridad para expresar lo que sentimos. Aunque en general podemos identificar lo que sentimos, las emociones que se albergan en nuestro cuerpo, no podemos entender racionalmente por qué nos sentimos de esta manera; de manera que buscamos razones lógicas, muchas veces incongruentes, para explicar lo que estamos sintiendo. ¿A qué se refiere Kelly? Cuando hablamos de algo muy íntimo, de información muy profunda, buscamos racionalizarla y tener una explicación lógica acerca de

nuestras reacciones y nuestros sentimientos que, por su naturaleza emocional, no son lógicos y que no necesariamente tienen
ni un orden ni un desenlace preestablecido. Kelly explica que, en
muchas ocasiones, los confidentes no encuentran congruencia
entre la información verbal que reciben y los sentimientos que
reportan sentir los confesores; por lo que este choque, este conflicto que vive el confidente, la incongruencia que percibe entre
lo que escucha y lo que observa, lo lleva a verificar esta información con un tercero.

Donna Cioffi, en su artículo «Making Public The Private: Possible Effects of Expressing Somatic Experience» (1996), publicó
los resultados de la investigación que llevó a cabo con los efectos
cognitivos, conductuales y sociales de exponer de manera verbal
un estado emocional. Descubrió que el mensaje verbal del individuo y lo que expresa de manera corporal rara vez coinciden. Esto
confunde mucho, en especial a nivel inconsciente, a quien está
escuchando una confesión. Esta confusión, en muchas ocasiones,
genera la inquietud en el confidente de «rebotar» esta información con un tercero para comprobar la veracidad o la gravedad de
lo que en realidad se escuchó. «Mi amiga abortó la semana pasada y me dijo que se sintió feliz después de salir de la clínica. ¿Puedes creerlo? ¿Verdad que no pudo ser así?», me preguntó inquieta
una paciente de veintitrés años el jueves pasado. «A mi amigo Daniel lo metieron a la cárcel por robarse un reloj en Liverpool, y me
dice que no sabe por qué lo hizo... ¿Tú le crees? ¿Alguien puede
robar y no saber por qué?», me preguntó Juliana, indignada, hace
menos de dos semanas. Es cierto... cuando recibimos información
que no comprendemos cabalmente o que nos impacta emocionalmente, o nos confunde, tendemos a buscar a un tercero con
quien corroborarla. Es otra de las motivaciones que tenemos para
develar algún secreto que nos ha sido confiado.

c) **Los secretos dificultan la cercanía con los demás.** Kelly afirma que el compartir un secreto con otra persona nos acerca a ella, pero nos aleja de todas las demás. Si bien es cierto que tener secretos es sano y hasta indispensable en la vida cotidiana; el guardar información en una relación íntima construye un límite con todos los demás, lo que implica necesariamente cierta distancia con los otros. En el texto «What the Shadow Knows: Person Perception in a Surveillance Situation» (1976), James Olson, John Barefoot y Lloyd Strickland explican que hay confidentes que sienten la necesidad de compartir el secreto recibido a su pareja o a una persona muy íntima, debido a que no quieren romper la promesa de «no tener secretos en esa relación»; aunque esto implique el develar la confidencia de alguien más. Los autores aseguran que este fenómeno es muy común entre los miembros de una pareja, pues tienen la sensación de que, si no comparten algo tan íntimo como el secreto que les fue confiado, están «ocultando» información a su pareja y por lo mismo, están fomentando un distanciamiento emocional. De hecho, los autores comprobaron que es muy común que los miembros de una pareja compartan entre sí los secretos que a ambos les son confiados por sus más cercanos, como una muestra de cercanía, lealtad y transparencia, aunque por supuesto, se guarden secretos íntimos entre sí. En el estudio se corroboró que, en el caso de muchas parejas, los cónyuges no perciben que el confiarse información secreta de los demás sea violar la confidencialidad de sus confesores, pues los miembros de la pareja se asumen en una identidad compartida, es decir, perciben que es totalmente válido compartir un secreto con quien comparten todas las demás áreas de la vida. Además, es mucho más fácil confiar los secretos de los demás que los propios dentro de la pareja, y por lo mismo, los miembros de una pareja fortalecen su «intimidad» compartiendo la información que les ha sido confiada, pero apartando sus propios secretos de la relación de pareja. Los autores concluyen que cuando develamos un secreto a un confidente deberíamos asumir que esa persona compartirá esa información en su totalidad con su pareja, pues es una de las máximas de una relación de pareja: la comunicación total y honesta. Al hacerlo, al hablar de los demás, se alcanza un doble objetivo inconsciente: generar en la pareja la sensación de cercanía, pues se da el mensaje de que entre ellos no hay secretos, y, además, se libera el peso de la información recibida. Este mismo fenómeno se da en ocasiones entre dos «mejores amigos» o dos «mejores amigas»; los cuales se sienten con el derecho y a veces con la obligación de confiarse toda la información que llega a sus oídos, aunque esto implique violar la confidencialidad de un tercero.

Indiscutiblemente lo que plantea Kelly es cierto: nadie que devela un secreto a un confidente tiene la plena certeza de que la información que compartió no será divulgada. De hecho, es un riesgo que necesitamos evaluar antes de dar el paso de confiarle a alguien una intimidad; sin embargo, eso no significa que no valga la pena el hacerlo. El poder sanador de confiar un secreto es enorme; lo que necesitamos evaluar y aprender es el elegir cuándo, a quien, en dónde y cómo revelarlo.

¿Cuándo revelar un secreto en una relación interpersonal? Antes necesitamos recordar una realidad. Los seres humanos tendemos a minimizar la conexión que tiene nuestra red social. En «A Social Psychology of Reputation» (1990), Nick Emler expone cómo los individuos tendemos a compartir diferentes círculos sociales y que por poco probable que nos pueda parecer, estos círculos terminan por rozarse con otros círculos sociales que parecerían totalmente ajenos a los nuestros. ¿A qué se refiere Emler con esto? A que, en muchas ocasiones, los seres humanos cometemos faltas creyendo que «nadie cercano» las descubrirá; sin embargo, los círculos de interacción social se comunican y aunque parezca improbable, es útil recordar que siempre existe la posibilidad de que alguien conozca nuestra identidad, aunque nosotros no conozcamos la suya. Bien dice el dicho: «El mundo es un pañuelo».

Tomando en cuenta lo anterior, Emler asegura que nunca debemos revelar un secreto si nuestra autoimagen está en riesgo; es decir, si tenemos la ligera sensación de que al revelar cierta información, nuestro propio autoconcepto —la creencia que tenemos sobre nosotros mismos— se tambaleará. Si es el caso, o no estamos listos para confesar el secreto, o bien, estamos eligiendo erróneamente a nuestro confidente. Si percibes que develar tu secreto pone en riesgo la imagen que tienes de ti mismo, es un hecho que develar la información sería un error.

¿Cómo saber cuándo no hay que revelar información secreta?

- Cuando el otro no espera que haya intimidad, cuando para el otro la relación no es importante ni cercana.

- Cuando el confidente no es discreto, cuando es rígido en sus juicios o cuando ha demostrado que rechaza emocionalmente a aquellos con quien no comparte puntos de vista.

¿Cuándo revelar un secreto al otro?

- Cuando el confidente ha demostrado ser una persona de fiar, cuando hay intimidad y cercanía con él, y cuando ha demostrado ser respetuoso y abierto con las decisiones, estilos de vida y preferencias de los demás.

- Cuando será inevitable que el otro descubra el secreto.

- Cuando el secreto está lastimando una relación nutritiva y valiosa, por los altos niveles de ansiedad, depresión y estrés que vive quien guarda la información, y revelar el secreto representa sin duda un riesgo emocional menor que terminar con esa relación.

Lo que Emler y Kelly proponen es que antes de develar un secreto (sobre todo uno que nos genera altos niveles de ansiedad), nos conviene evaluar si nos encontramos en alguna de las tres últimas situaciones, y entonces, vale la pena romper nuestras barreras emocionales y correr el riesgo de compartir nuestro secreto. Si no es así y no nos encontramos en alguna de estas tres situaciones, lo que recomiendan estos autores es que evitemos hablar de nuestra intimidad. Esto significa asumir la responsabilidad en la apertura, es decir, ser responsables de nuestro corazón, que se traduce en elegir al mejor confidente a nuestro alcance y tener clara la motivación para confiarle nuestro secreto. Vale la pena tener claro para qué lo estamos haciendo. Es decir, si se trata solo de la respuesta de un impulso que proviene de la ansiedad, del miedo o de una muestra de cercanía emocional hacia el otro, entonces es mejor guardar nuestra información.

Por otro lado, en cierto tipo de relaciones, el confiar cierta información íntima es un acto que solo lastima y termina por romper el afecto compartido. Hay padres que eligen como confidentes a sus hijos y les cuentan de sus relaciones extramaritales, sus problemas íntimos de pareja, su vida sexual o sus fantasías sexuales. Este tipo de información es algo que nunca es apropiado escuchar como hijo. Hay jefes que hacen lo mismo con sus subordinados, les confían información personal que solo incomoda y entorpece los adecuados tramos de control. El que una persona sea cercana a nosotros y el que sintamos mucho cariño hacia ella no la vuelve necesariamente un buen confidente. Ser un buen confidente va un poco más allá de ser de fiar, respetuoso y abierto con las decisiones, estilos de vida y preferencias de los demás. Ser un buen confidente también implica escuchar activamente al confesor y fomentar que se dé cuenta de alguna perspectiva que no ha vislumbrado. Un buen confidente acompaña al confesor a aceptar su historia de vida, su realidad y a darle un sentido positivo y nutritivo a esa información que hasta ahora había sido velada. Si un confidente, además de apertura, discreción y aceptación, brinda la oportunidad de una reflexión positiva, sin lugar a dudas es un excelente candidato para correr el riesgo de develarle nuestro secreto. «Le conté a Mario, mi vecino, que soy seropositivo y me hizo ver algo que yo no nunca había pensado. Yo le dije que había sido un estúpido al confiar en Eduardo, que nunca debí de haber tenido sexo sin protección, pero él me preguntó algo que jamás había evaluado: "¿Pues qué supuestamente no es al revés? Uno debe tener novio para confiar en él... no para desconfiar. ¿O crees que hay que tener pareja para desconfiar de ella?". Mario tiene razón, yo actué de buena fe y no está mal. Eduardo de todos modos hubiera encontrado la manera de hacerme daño», reflexionó Jerónimo en alguna de nuestras últimas sesiones. Sin saberlo, Mario lo acompañó a descubrir una perspectiva diferente de su realidad. Jerónimo no puede ser responsable de que Eduardo haya actuado con dolo, de mala fe.

Kelly asegura que, para revelar un secreto, además del confidente adecuado, se necesita que realmente exista una sensación de liberación al confiar el secreto. Es decir, ella asegura que en algunos casos el guardar un secreto de por vida no representa un conflicto para el confesor. Si este no siente ansiedad, tensión, sensación de pesadez y soledad con la información que guarda, no hay una motivación verdadera para compartirla. Kelly asegura que hay personas que encuentran paz guardando el secreto y no arriesgándose a develar su información y su identidad, a pesar de tener enfrente a un extraordinario confidente. «Tengo grandes amigos, pero no quiero contarle a ninguno lo que me pasó con Eugenia. No quiero que nadie se entere de la mierda en la que nos metió mi padre. Imaginar que alguien más puede saber la verdad me quitaría el sueño. No quiero que nadie sepa que tuve relaciones sexuales con mi media hermana», me reiteró Mariano hace poco, justo el día del cumpleaños de Eugenia, a la que tuvo presente con melancolía durante todo el día. Mariano asegura que lo que a él le da paz es hablarlo solo en su terapia y nada más. No quiere compartir esta información con ningún otro confidente. Lo mismo sucede con Carlos y con su secreto de la secta a la que pertenecen sus padres. «Jamás se lo diré a nadie más. Para nadie puede ser bueno el tener esa imagen en la cabeza. Ya con el daño que a mí me ha hecho es suficiente», concluyó con firmeza.

Hay ocasiones en las cuales el riesgo de que un secreto salga a la luz es solo cuestión de tiempo. Emler habla de las situaciones en las cuales es evidente que el secreto será develado y, entonces, la motivación para confesarlo es distinta y no por esto menos válida. El confesor evalúa que el daño será menor si el otro se entera de la verdad por él mismo y no por otra persona. Esta fue la motivación verdadera para que Ceci decidiera contestar a todas las preguntas acerca de su infidelidad a su marido: «Era mi última carta para salvar mi matrimonio y para no perder a mi familia. Mentir ya no era una opción. Así que tuve que apostarle a la verdad. Y decidí jugar esa carta. Gracias a Dios, todo salió bien... Pero si no le hubiera contestado todo, todo lo que me preguntó, se hubiera terminado enterando por los mails y las fotos que le llegaron y entonces ahí si todo se hubiera perdido», ha afirmado Ceci en varias ocasiones. Ella no confió su secreto para aliviar su ansiedad, sino para aminorar las consecuencias de su infidelidad.

Kelly da una pequeña guía para evaluar la posibilidad de que alguien cercano descubra nuestro secreto. Si alguien cercano a nosotros presenció el evento estigmatizado o si alguien cercano a ese otro cercano a nosotros lo presenció, será cuestión de tiempo que nuestro secreto se ventile. Es decir, lo que plantea Kelly es que cuando existe alguien que presenció el evento, lo dirá de esa manera: «Yo lo vi con mis propios ojos...», y entonces, será mejor que el confesor acepte la verdad y busque evitar que se rompa esa relación que considera importante. Si esto no sucede, si el confesor calla el secreto, lo que está en juego es la relación. La motivación para develar el secreto es justamente esa: que no se termine la relación. En este tipo de casos, lo que Kelly sugiere es revelar el contenido del secreto, pero omitiendo todos los detalles posibles. La motivación es que el otro conozca la verdad directamente del confesor, para que este gane un voto de confianza y de honestidad, de tal manera evita que se entere por un tercero; sin embargo, no puede evitar que genere más sentimientos negativos con los detalles asociados.

Hay ocasiones en las que el secreto empieza a lastimar una relación interpersonal. ¿En qué sentido? El que guarda el secreto empieza a desarrollar síntomas que afectan al otro y a la relación. Estos síntomas pueden manifestarse como problemas somáticos (dolores de cabeza, malestares estomacales, insomnio, problemas de hipertensión, problemas sexuales), con reacciones emocionales (depresión, ansiedad, desesperanza, miedo, tristeza incontrolable, preocupación constante, malhumor, ira), con problemas sociales (tendencia al aislamiento, o bien, dependencia excesiva hacia una persona), problemas de comportamiento (conductas atípicas que denotan que algo no está bien, o que algo está yendo de manera diferente) y problemas cognitivos que hacen que el que guarda el secreto se abstraiga en sus pensamientos y que no pueda interactuar de manera natural o cercana con el otro (largos silencios en los que el confesor reporta «no estar pensando en nada», pensamientos obsesivos que impiden que pueda tener una conversación fluida y cálida). Dale Larson y Lisa Chastain, en el artículo «Self-concealment: Conceptualization, Measurement, and Health Implications» (1990), explican que, para algunas personas, los síntomas que desarrollan a raíz de guardar ciertos secretos se convierten en situaciones más problemáticas de sostener que los problemas que tendrían que enfrentar si se revelaran sus secretos. A pesar de que el otro no tenga las características ideales de un buen confidente, y a pesar de que el otro podría divulgar el secreto y demeritar la imagen del confesor, la idea de seguir viviendo con los síntomas que se derivan del secreto puede llegar a ser insostenible.

¿Cuáles son las ventajas reales que tiene el confesor al develar la información a otro, aunque no sea un confidente ideal? Kelly señala básicamente cuatro:

- **Sensación de Control.** Cuando el confesor es quien expone el secreto está en control del momento en el que habla con el confidente, puede centrarse en el tema y no en los detalles, y tiene la gran ventaja de poder expresar los sentimientos negativos y los síntomas que le ha generado esta información, de manera que pueda sembrar en el confidente compasión y empatía, así como alejarlo del enojo, frustración y sensación de traición, que es lo que generalmente se desata cuando el confidente descubre la información por otro medio.

- **Imagen responsable.** Cuando el confesor se adelanta y expone su secreto antes de que este sea descubierto, genera en el otro una imagen de responsabilidad, honestidad y franqueza. Imagina lo siguiente: un alumno plagia un ensayo y lo entrega a su profesor. Antes de que él descubra el plagio, el alumno se da cuenta de que fácilmente será descubierto y entonces se acerca y le confiesa la verdad al profesor. ¿Cuál es el impacto emocional en el profesor? Definitivamente mucho más positivo que si lo hubiera descubierto por sí mismo. Posiblemente habrá una consecuencia, pero menor que si el alumno no hubiera hablado con la verdad. Existe la gran ventaja en el confidente de poder minimizar las consecuencias de la develación del secreto si genera en el otro la percepción de honestidad, empatía y conciencia de remordimiento.

- **Liberación de emociones.** Cuando el confesor expone el secreto, aunque sea en una situación que parece forzada y tensa, necesariamente se liberan emociones y energía que ha estado reprimida cuidando el secreto. Aun en este tipo de develaciones, el confidente, aunque se sienta nervioso e incierto, terminará por sentirse liberado emocionalmente. El testimonio de Carmina es un ejemplo que queda como anillo al dedo. A pesar de su divorcio, terminaron para ella los insomnios y los problemas de ansiedad.

- **Sensación de complicidad.** Siempre que el confesor comparte información con el confidente, aun cuando esta información pueda alterar al segundo, genera entre ellos una sensación de complicidad, de unión, de intimidad y de cercanía. Esto puede unir mucho a dos personas que antes estaban alejadas por los síntomas que antes vivía el confesor en soledad y que lo alejaban emocionalmente del confidente.

Hay ocasiones en las cuales, para quien guarda el secreto, terminar una relación definitivamente, aunque sea muy valiosa, es menos amenazante que enfrentar la posibilidad de que el otro descubra el tan temido secreto. Esta también es una posibilidad para cualquier persona que guarda un secreto y que está en riesgo de que una persona cercana lo descubra: terminar la relación, aunque esto genere en él y en el otro altos niveles de tristeza y un proceso importante de duelo que enfrentar. Para algunos, enfrentar un rompimiento es menos amenazante que revelar el contenido de una vida secreta.

Para concluir, es útil recordar que todos guardamos secretos. Los secretos son parte de la vida cotidiana, de cada uno de nosotros y aunque son parte de nuestra intimidad, es un hecho que requieren de grandes cantidades de energía organísmica para permanecer reprimidos o alejados de los demás. Revelar secretos, aunque trae consigo riesgos importantes, ofrece siempre una gran ventaja: la sensación de liberación, de compartir la carga con alguien más, y el generar intimidad con un confidente. Guardar secretos, aunque protege nuestra identidad y nuestra imagen ante los demás, nos genera problemas intrapersonales (síntomas físicos y emocionales) e interpersonales (conflictos con los demás), debido a la gran cantidad de síntomas que conllevan.

¿Es útil hablar de nuestros secretos, aunque sea de manera escrita? Sí. Liberarlos, aunque sea en un diario íntimo o en un blog personal al que solo tengamos acceso nosotros mismos, puede ser el comienzo de una vida más ligera y con menos ansiedad.

La decisión más importante para una persona que guarda un secreto y que siente la necesidad y el impulso de compartirlo, es elegir responsablemente a sus confidentes a lo largo de su vida: personas discretas, abiertas, que no emitan juicios y que no lo rechazarán ante la información recibida.

Liberar un secreto, cuando se hace con la persona y en el lugar adecuados, genera bienestar en el confesor. Quien decide guardar un secreto para sí mismo, aunque es un derecho totalmente válido y entendible, tenderá a generar enfermedades psicosomáticas a lo largo de su vida. No es posible mantener una vida secreta y vivir en armonía. Son dos situaciones que se

SECRETOS DE FAMILIA

contraponen necesariamente entre sí. Quien vive una vida secreta necesita asimilar lo siguiente: un secreto necesita rodearse de mentiras para poder subsistir, y las mentiras nos exilian hacia la soledad.

Una gran recomendación cuando se confía un secreto a una persona que no es un profesional es hablar del secreto sin dar detalles que pueden ser incómodos tanto para el que los expone como el que los escucha. En la gran mayoría de los casos, la liberación verdadera tiene que ver con expresar lo que sucedió y no con los pormenores, con los pequeños detalles que engloban esa vida secreta. No detallar la vida secreta disminuye en gran medida la ansiedad tanto del confesor como del confidente.

La libertad, al final, tiene que ver con nuestra propia capacidad de aceptarnos tal y como somos, con qué tanto nos alejamos de las creencias negativas que hemos generado con respecto a nuestra propia historia, nuestros errores y lo que creemos que es imperdonable o altamente reprobable. Todos guardamos información que nos hace sentir disminuidos, poco valiosos, y en peligro; pero olvidamos que los otros tampoco son perfectos, como tampoco sus vidas lo son y que también cargan con inseguridades, que al igual que nosotros, buscan a toda costa esconder. La libertad va de la mano de la autoaceptación y esta necesariamente nos contagia armonía.

Querido lector, a ti te toca responder la siguiente pregunta: ¿Vale la pena soportar la ansiedad y la carga emocional que implica mantener tu vida secreta? En mi propia experiencia, la respuesta es no. La única manera que he encontrado para vivir en armonía emocional y en verdadera intimidad con los que quiero es a través de la honestidad, aunque no siempre termine por quedar bien con los otros. Quizá vale la pena recordar que solo se puede alcanzar la plenitud y la autenticidad dejando de tratar de satisfacer las irracionales expectativas que los demás tienen sobre nosotros. Nadie viene a este mundo a complacer a los demás, tal como nadie viene a complacernos a nosotros. Creo que es útil recordarlo en este momento.

BIBLIOGRAFÍA

Adams Henry, Wright Lester y Lohr Bethany. «Is homophobia associated with homosexual arousal?» en *Journal of Abnormal Psychology* 105. EE.UU. (1996).

Adisson, Charles. *History of the Knights Templar*. Ed. Chios Classics. EE.UU. (2012).

Ainscough, Carolyn. *Surviving childhood sexual abuse*. Ed. Da Capo Press. Lifelong Books. Gran Bretaña. (1993).

Alberoni, Francesco. *Enamoramiento y amor*. Ed. Gedisa. Barcelona, España. (1979).

Allender, Dan. *Wounded Heart*. Ed. Navpress. EE.UU. (1990).

Alloy, Lauren y Lyn Abramson. «Judgement of Contingency in Depressed and Nondepressed Students: saddler but wiser?» *Journal of Experimental Psychology* 108. EE.UU. (1979).

American Psychyatric Association. *DSM-V Manual Diagnóstico y estadístico de los trastornos mentales*. Ed. Masson. Barcelona, España. (2015).

Anabitarte, Ana. «Princesa Letizia abortó antes de casarse, revelan» en *El Universal*, México. (5 de abril de 2013).

Anet, Claude. *Mayerling: The Love and Tragedy of a Crown Prince*. Ed. Pan Books. EE.UU. (1968).

Ángel, Arturo. «Por primera vez en cuatro años repuntan los homicidios en México» en *Animal Político*. México. (22 de octubre de 2015). http://www.animalpolitico.com/2015/10/por-primera-vez-en-cuatro-anos-repuntan-los-homicidios-en-mexico/

Animal Político. «Peña Nieto pide perdón por el caso de "La Casa Blanca"». México. (18 de julio de 2016). http://www.animalpolitico.com/2016/07/pena-pide-perdon-por-casa-blanca-promulga-leyes-anticorrupcion/

Antón, José Luis. «México: uno de los países más corruptos». *Forbes México*. Economía y Finanzas. (18 de mayo de 2014).

Aranda García, Erick. *El homicidio en México entre 1990 y 2007*. Ed. El Colegio de México. México. (2009).

Ariely, Dan. *The Honest Truth About Dishonesty*. Ed. Harper Perennial. EE.UU. (2012).

Azteca América. «Entrevista con Helvia Díaz, modelo de la "Diana Cazadora"». Youtube. México. (30 de julio de 2015). https://www.youtube.com/watch?v=x8Dj9-IxG_Y

Bagemihl, Bruce. *Biological Exuberance: Animal Homosexuality and Natural Diversity*. Ed. Stonewall Inn. EE.UU. (1999).

Baker, Maggie. *Crazy About Money: How Emotions Confuse Our Money Choices and What To Do About It*. Ed. HW Press. EE.UU. (2010).

Barrio, Caroline. *Los últimos días de Ana Bolena*. Ed. Kindle Edition. España. (2013).

Belloch, Fuster Amparo y Fernández-Álvarez, Héctor. *Tratado de trastornos de la personalidad*. Ed. Síntesis. España. (2010).

Benassini, Óscar. *¿Por qué ya no disfruto la vida?* Ed. Norma. México. (2005).

Bischof, D. Lionella. *Laberinto del Silencio*. Ed. Aqua Ediciones. México, D.F. México. (2014).

Bok, Sissela. *Secrets: On the Ethics of Concealment and Revelation*. Ed. Vintage. EE.UU. (1989).

Borguetti, Esteban. *Homosexualidad y juventud: entendiendo y respondiendo a la realidad homosexual*. Ed. Especialidades juveniles. México. (2008).

Bowen, Murray. *Family Therapy in Clinical Practice*. Ed. Aronson Inc. EE.UU. (1993).

_____. *Key to the use of genograms*. Ed. Gardner. EE.UU. (1980).

Bradshaw, John. *Family Secrets: The Path to Self Acceptance and Reunion*. Ed. Bantam. EE.UU. (1995).

Callas, Cordelia. *Ana Bolena: La reina consorte por la que Enrique VIII rompió con el Vaticano y creó su propia Iglesia*. Ed. Ld books. EE.UU. (2010).

Canales, Joseluis. *El cristal roto: sobreviviendo al abuso sexual infantil*. Ed. Paidós. México. (2015).

_____. *Padres Tóxicos: Legado disfuncional de una infancia*. Ed. Paidós. México. (2014).

_____. *Suicidio: decisión definitiva al problema temporal*. Ed. Palibrio. (2013). EE.UU.

Carrillo de Albornoz, José Miguel. *Yo, Juana la Beltraneja*. Ed. Leer-e. España (2013).

Casado, Blanco Mariano, Mata Ron P., Raya Isla A. «Importancia de las cartas suicidas en la investigación forense». *Cuadernos de Medicina forense*. Vol 18. No. 3-4. (julio\diciembre de 2012). España. http://scielo.isciii.es/scielo.php?script=sci_abstract&pid=S1135-76062012003300004

Chesterton, G.K. *The Man Who Knew Too Much: Alan Turing and the Invention of The Computer*. Ed. Norton and Co. EE.UU. (2006).

Christophe, Véronique y Rimé Bernard. «Exposure to the Social Sharing of Emotion: Emotional Impact, Listener Responses and Secondary Social Sharing». *European Journal of Social Psychology*. CEE. 27, 37. (1997).

Cioffi, Donna. «Making Public the Private: Possible Effects of Expressing Somatic Experience». *Psychology and Health*. EE.UU. 27, 37-54 (1996).

Clarke, William Romanoff Gold. *The Lost Fortune of the Tsars*. Ed. Sutton Publishing. EE.UU. (2007).

Clínicas abortos en México Aborto. México. (2016). http://www.clinicas-aborto.com.mx/

CNN Expansión. «México, "Estancado" en el índice de percepción de corrupción». (27 de enero de 2016). México. http://expansion.mx/economia/2016/01/27/mexico-se-estanca-como-el-pais-mas-corrupto-de-la-ocde

Conason, Joe. *Man of the World: The Further Endeavors of Bill Clinton*. Ed. Blackstone. EE.UU. (2016).

Copeland, Jack. *Turing: Pioneer of The Information Age*. Ed. Oxford University Press. Inglaterra. (2014).

Cordero, Cuillas Iciar. *La impugnación de la paternidad matrimonial*. Ed. Universitat Jaume I. Valencia, España. (2001).

Corral, Miguel G. «El primer asesinato de la historia». *El mundo*. Madrid, España. (27 de mayo de 2015). http://www.elmundo.es/ciencia/2015/05/27/5566031 4ca4741e85b8b4591.html

Coyne, James. «Living with a Depressed Person». *Journal of Consulting and Clinical Psychology*. EE.UU. 55, 347-352. (1987).

Crimmins Susan, Langley Sandra, Brownstein Henry H. y Spunt Barry J. «Convicted Women Who Have Killed Children». *Journal of Interpersonal Violence*. Vol. 12 (1): 46-49. EE.UU. (1997).

Curtis, Benjamin. *The Habsburgs: The History of a Dinasty*. Ed. Bloomsbury Academic. EE.UU. (2013).

Cutrona, Carolyn. «Stress and Social Support – in Search of Optimal Matching». *Journal of Social and Clinical Psychology*. EE.UU. Vol. 59. 3-14 (1990).

Dalí, Salvador. *La vida secreta de Salvador Dalí*. Ed. Peter Lang. España. (2015).

Darwin, Charles. *El origen de las especies*. Ed. Grupo Editorial Tomo. México. (2015).

Davidson, Donald. *Deception and Division. The Multiple Self*. Ed. Cambridge University Press. Reino Unido (1993).

Davidson, John P. *El asesino obediente: Ramón Mercader y la muerte de Trotsky*. Ed. Plaza y Janés. México. (2013).

Davies, Kim. *The Murder Book. Examining Homicide*. Ed. Pearson. EE.UU. (2008).

De Arteaga, Almudena. *La Beltraneja: El pecado oculto de Isabel la Católica*. Ed. La esfera de los libros. España. (2004).

De Musset, Paul. *Ana Bolena...* Ed. Nobu Press. EE.UU. (2012).

De Paulo, Bellam, Kirkendol Susan E., Kashy Deborah A., Wyer Melissa M. «Lying in Everyday Life». *Journal of Personality and Social Psychology*. EE.UU. Vol. 70 (5), 979-995. (1996).

Deutscher, Isaac. *The prophet*. Ed. Verso. EE.UU. (2015).

Díaz Serrano, Helvia. *El secreto de la Diana Cazadora*. Ed. Diana. México D.F. (1992).

Diblasio, F. «Decision-based Forgiveness Treatment in Cases of Marital Infidelity». *Psychoterapy*. 37, (149-158). EE.UU. (2000).

EFE. «Unas 3,000 personas se suicidan a diario en el mundo, según la OMS». *20 Minutos Noticias*. España. 10 de septiembre de 2007. http://www.20minutos.es/noticia/273635/0/suicidios/oms/diario/#xtor=AD-15&xts=467263

Ehah, Emmanuel. *Why is Abortion Wrong? The Physical and Spiritual Consequences*. Ed. Divine Spark Publications. EE.UU. (2013).

Elías, Norbert. *El proceso de la civilización. Investigaciones sociogenéticas y psicogenéticas*. Ed. Fondo de Cultura Económica. México. (2010).

Emler, Nick. «A Social Psychology of Reputation». *European Review of Social Psychology*. Comunidad Económica Europea. 1, 171-193. (1990).

Enlace Judío. «Entrevista a Francisco Martín Moreno». http://www.enlacejudio.com/2014/01/16/que-harias-si-descubrieras-tu-familia-murio-en-el-holocausto-eres-judio.

Espinosa, Jessica. «Fue Santana víctima de abuso sexual». *El Universal*. (24 de febrero de 2000). http://archivo.eluniversal.com.mx/espectaculos/4209.html.

Fadiman, James y Frager Robert. *Teorías de la personalidad*. Ed. Harla. México, D.F. (1994).

Falcón, M., C., Fernández-Galiano, E., López M., R. *Diccionario de la mitología clásica, I*. Ed. Alianza. México (1989).

_____. *Diccionario de la mitología clásica, II*. Ed. Alianza. México (1989).

Fallaci, Oriana. *Carta a un niño que nunca nació*. Ed. Planeta. España. (2012).

Feldman, Robert. *The Liar in Your Life: The Way To Truthful Relationships*. Ed. Hachette Books. EE.UU. (2010).

Fernández, Alan. «Caso de incesto. Un padre concibe un bebé con su hija menor de 17 años». Distrito Centro (FCP). México. (11 de marzo de 2015). http://www.distritocentro.com.mx/felipe-carrillo-puerto/caso-de-incesto-en-j-m-m-un-padre-concibe-un-bebe-con-su-hija-menor-de-17-anos

Fineberg, Harvey V. «El Impacto del SIDA sobre el Sistema de Atención de Salud». *Salud pública de México*. Vol. 32, 80-83 México. (1990).

Finkenhauer, y Bernard Rimé. «Socially Shared Emotional Experiences vs.Emotional Experiences Kept Secrets: Differential Characteristics and Consequences». *Journal of Social and Clinical Psychology*. Volumen 17, 295-318 EE.UU. (1998).

Fisher, Mary Alice. *Confidentiality Limits in Psychoterapy: Ethics for Mental Health Professionals*. Ed. APA. EE.UU. (2016).

Fisher, R.A. «Has Mendel's Work Been Rediscovered?» Annals of Science. Vol. 1. 115-137. (1936).

Ford, Charles. *Lies! Lies! Lies! The Psychology of Deceit*. Ed. American Psychiatry Press. EE.UU. (1996).

Ford, Clellan S. y Beach Frank A. *Patterns of Sexual Behavior*. Ed. Harper and Bros. EE.UU. (1951).

Forward, Susan. *Toxic Parents*. Ed. Bantam Books EE.UU. (1989).

Frankl, Viktor. *El hombre en busca del sentido*. Ed. Herder. México. (1967).

Freud, Sigmund. *La interpretación de los sueños*. Ed. Plaza. España. (2013)

Fuentes, Jorge. «Bill Clinton y Monica Lewinsky: El escándalo sexual más famoso de los 90». *Guioteca*. México. 10 de junio de 2015. https://www.guioteca.com/los-90/bill-clinton-y-monica-lewinsky-el-escandalo-sexual-mas-famoso-de-los-90/

Gaceta.es «El primo de Letizia "borró" su aborto». *La Gaceta*. España. (4 de junio de 2014). http://gaceta.es/noticias/primo-letizia-borro-aborto-04062014-1858

Gail, Saltz. *Anatomy of a Secret Life*. Ed. Morgan Road Books. EE.UU. (2006).

García Márquez, Gabriel. *Cien años de soledad*. Ed. Planeta. México. (2012).

García Medina, Miguel. «La presunta "princesa Anastasia" murió hace 30 años». *El Comercio*. Lima, Perú. (12 de febrero de 2014). http://elcomercio.pe/mundo/europa/presunta-princesa-anastasia-murio-hace-30-anos-noticia-1709008

Gardner, Richard . *The Sexual Abuse Legitimacy Scale: The parental alienation syndrome and the differentiation between fabricated and genuine sex abuse*. Ed. Cresshill. EE.UU. (1987).

Gates, Phylis. *My Husband Rock Hudson*. Ed. Doubleday. EE.UU. (1987).

Gillman, R.D. «Rescue Fantasies and the Secret Benefactor». *Psychoanalytic Study of the Child*. EE.UU. Vol. 47. (1992).

Glass y T. Wright «Reconstructing Marriages After The Trauma Of Infidelity». En *Clinical Handbook Of Marriage And Couples Interventions*. Ed. Wiley. EE.UU. (1997).

Glass, S. y Wright, T.L. «Justifications For Extramarital Involvement: The Association Between Attitudes, Behaviors and Gender». *Journal of Sex Research*. EE.UU. 29 (3), 361-387. (1991).

Goffman, Erving. *Stigma: Notes on the Management of Spoiled Identity*. Ed. Touchstone. EE.UU. (1986).

_____. *The Presentation of the Self in Everyday Life* Ed. Penguin. EE.UU. (1969).

Goldberg, M. Hirsch. *The Complete Book of Greed. The Strange and Amazing History of Human Excess*. Ed. William Morrow & Co. EE.UU. (1994).

Grayeff, Felix. *Enrique VIII*. Ed. Círculo de Lectores. España. (1970).

Grogan, Pat. *Aborto: Derecho fundamental de la mujer*. Ed. Pathfinder Books. España. (1985).

Guirado, Antonio Martín. (EFE). «Rock Hudson, 30 años de la muerte del gran ícono de Hollywood contra el SIDA». *El Confidencial. Los Ángeles*. EE.UU. 1 de octubre de 2015. http://www.efe.com/efe/usa/gente/rock-hudson-30-anos-de-la-muerte-del-gran-icono-hollywood-contra-el-sida/50000102-2727049

Haley, Mike. *101 preguntas frecuentes sobre la homosexualidad*. Ed. Casa Creación. EE.UU. (2008).

Hamilton, William. *The Narrow Roads of Gene-Land*. Evolution Of Social Behavior. Ed. Freeman and Co. (1996).

Hickey, Erick W. *Serial Murders and Their Victims*. Ed. Wadsworth. EE.UU. (2010).

Hilgers, Thomas W. *Abortion and Social Justice*. Ed. Sheed and Ward. EE.UU. (1972).

Hill C.E., Thompson, B.J., Cogar, M.C. y Denman, D.W. «Beneath the Surface of Long-Term Therapy: Therapist and Client Report of Their Own and Each Other's Covert Processes». *Journal of Counseling Psychology*. EE.UU. Vol. 40, 278-287. (1988).

Hudson, Rock y Davidson, Sara. *Rock Hudson: His Story* Ed. William Morrow and Co. EE.UU. (1986).

Huerta, Elmer. «El abecé de la sexualidad humana». *El Comercio*. Perú. (Marzo de 2015). http://elcomercio.pe/blog/cuidatusalud/2015/03/el-abece-de-la-sexualidad-humana

Humphrey, R. «Treating Extramarital Sexual Relationships In Sex And Couples Therapy» en *Integrating Sex and Marital Therapy: A Clinical Guide*. Ed. Brunner-Mazel. EE.UU. (1987).

Hunter, Mic. *Abused Boys: the Neglected Victims of Sexual Abuse*. Ed. Fawcett Books. EE.UU. (1991).

Intebi, Irene. *Abuso sexual infantil: en las mejores familias*. Ed. Granica. Barcelona, España. (2008).

Judson, Pieter M. *The Habsburg Empire: A New History*. Ed. Belknap Press. EE.UU. (2016).

Kelly, Anita E. *The Psychology of Secrets.* Ed. Kluwer Academic. EE.UU. (2002).

_____ y J. Achter. «Self Concealment and Attitudes Toward Counseling in University Students». *Journal of Counseling Psychology* Vol. 42,40-46. EE.UU. (1995).

_____. «Client's Secret-Keeping in Outpattienty Therapy». *Journal of Counseling Psychology*. EE.UU. 40, 50-57.

Kenneally, Christiane. *The Invisible History of the Human Race: How DNA and History Shape Our Identities And Our Futures*. Ed. Penguin Books. EE.UU. (2015).

Kilday, Anne-Marie. *A History of Infanticide in Britain C.1600 to the Present*. Ed. Springer. Reino Unido. (2006).

King, B. H. y Ford Charles V. «Pseudologia fantastica». *Acta Psychiatric*. Scand. 77, págs. 1-6. (1988).

King, Greg y Wilson Penny. *The Fate of the Romanovs*. Ed. John Wiley and Sons. EE.UU. (2003).

Kinsey, Alfred. *Comportamiento sexual de la mujer*. Ed. Indiana University Press. EE.UU. (1953).

_____. *Comportamiento sexual del hombre*. Ed. Indiana University Press. EE.UU. (1948).

Klein, Melanie. *The Psycho-Analysis of Children*. Ed. Hogarth. Londres, Inglaterra. (1932).

Knox, D. y Schacht. «Sexual Lies among University Students». *College Student Journal*. 27, 269-272 New Englan. EE.UU. (1993).

Kumar, A, Hessini L, Mitchell EM. «Conceptualizing Abortion Stigma». *Cult Health Sex*. Vol. 11. 625-39. EE.UU. (2009).

Kurth, Peter. *Anastasia: The Life of Anna Anderson*. Ed. Cape. Inglaterra. (1983).

Lamas, Marta. «Entre el estigma y la ley: La interrupción legal del embarazo en el DF». *Salud pública*. México. (2014). http://bvs.insp.mx/rsp/articulos/articulo_e4.php?id=002949

Lane, Julie y Wegner Daniel. *The Cognitive Consequences of Secrecy. Journal of Personality and Social Psychology*. Volumen 69, 237-253. EE.UU. (1995).

Larson, Dale y Chastain Lisa. «Self-Concealment: Conceptualization, Measurement, and Health Implications». *Journal of Social and Clinical Psychology*. EE.UU. 9, 439-455. (1990).

Lea, Henry Charles. *History of The Inquisition of The Middle Ages* Vol. I. Ed. Publicdomainbooks. EE.UU. (2012)

Leekam, Sue. *Believing and Deceiving: Steps to Become a Good Liar*. Ed. Erlbaum. New Jersey. EE.UU. (1992).

Leman Klein. *Sé el papá que ella necesita: La huella indeleble que un padre deja en la vida de su hija*. Ed. Nelson. EE.UU. (2014).

Lepp, Ignace. *Psiconálisis de la muerte*. Ed. Lohlé. Argentina. (1967).

Lequipe, Gary. *50 asesinos seriales: sanguinarios protagonistas de las historias más escalofriantes*. Ed. Cooltura. EE.UU. (2015).

Livingstone, David. *Why We Lie*. Ed. St.Martin's Griffin. EE.UU. (2004)

Llinás, M.; Carballo, M.; Gómez, R.; Ribera, E. *Manual de información para las personas seropositivas*. Hospital Vall d' Hebrón. Barcelona. Servicio de enfermedades infecciosas. España. (2001).

López de Munain, Adolfo José. *Manual Práctico. Lo que debe saber la persona que vive con el VIH/SIDA*. Ed. Permanyer. Barcelona. España. (2001).

López, Hurtado Patricia. «Estado de Derecho, Corrupción y Crisis Económica en México». *Revista Electrónica Ecos Sociales*. México. Año 4 Vol. 12. (Septiembre – diciembre de 2016). http://revistas.ujat.mx/index.php/ecosoc/article/view/1036

Lyman, Stanford M. *The Seven Deadly Sins: Society and Evil*. Ed. General Hall. Nueva York. EE.UU. (1978).

Mac, Goldrich Monika y Gersan Rondy. *Genograms in Family Assesement*. Ed. Norton. EE.UU. (1985).

Maine, Margo. *Father Hunger: Fathers, Daughters and the Pursuit of Thinness*. Ed. Gürze Books. EE.UU. (2004).

Markus, George. *Crime at Mayerling: The Life and Death of Mary Vetsera*. Ed. Ariadne. EE.UU. (1995).

Martin, Leslie. «Lying in psychoteraphy: Results of an exploration study». Auburn University, EE.UU. (2006).

Martín, Moreno Francisco. *En media hora la muerte*. Ed. Planeta. México. (2014).

Martínez, Selva José María. *La Psicología de la mentira*. Ed. Paidós. España. (2012).

McKay, Sinclair. *The Secret Lives of Codebrakers: The Men and Women who cracked the Enigma Code at Bletchley Park*. Ed. Plume. EE.UU. (2012).

Michels, Nancy. *Helping Women Recover From Abortion*. Ed. Bethany House. EE.UU. (1998).

Millon, Theodore. *Psychopathy: Antisocial, Criminal and Violent Behavior*. Ed. Guidford Press. EE.UU. (2008).

Monroy Juan Antonio. «"Adiós Princesa", la crueldad del primo de Letizia». *Protestante Digital*. España. (11 de mayo de 2013). http://protestantedigital.com/magacin/13543/Adios_Princesarsquo_la_crueldad_del_primo_de_Letizia

Moreno, Bruno y Santamaría Luis. *Aborto: La vergüenza de nuestra época*. Ed. Lulu. España. (2011).

Morton, Andrew. *Monica's Story*. Ed. St. Martin's Press. EE.UU. (1999).

Murray Edward, Lamnin Alisa y Carver Charles. «Emotional Expression in Written Essays and Psychoterapy». *Journal of Social and Clinical Psychology*, 8, 414-429. EE.UU. (1989).

Novack, D.H. «Physicians' Attitude Towards Using Deception to Resolve Difficult Ethical Problems». *Journal of the American Medical Association*. 261 (1989).

Ocampo, René; Bojorquez Ietza; Cortés Mario. Dirección General Adjunta de Epidemiología de la Secretaría de Salud de México. «Consumo de sustancias y suicidios en México: Resultado del Sistema de Vigilancia Epidemiológica de las adicciones». Salud Pública México. Vol. 51. Julio-agosto. México. (2009). http://www.scielo.org.mx/scielo.php?pid=S0036363420090004000078&script=sci_arttext

Olson James, Barefoot John y Lloyd, y Strickland Lloyd. «What the Shadow Knows: Person Perception in a Surveillance Situation». *Journal of Personality and Social Psychology*. EE.UU. 34,583-589. (1976),

OMS. Centro de prensa. «Prevención del aborto peligroso». España. (Mayo de 2016). http://www.who.int/mediacentre/factsheets/fs388/es/

OMS. «La homosexualidad no es una enfermedad». Mayo de 1990. http://www.agenciasinc.es/Multimedia/Ilustraciones/17-de-mayo-1990-La-Asamblea-General-de-la-OMS-elimina-la-homosexualidad-de-su-lista-de-enfermedades-psiquiatricas

Oraison, Marc. *Psicología de nuestros conflictos con los demás*. Ed. Mensajero. Bilbao, España. (1971).

Organización Panamericana de la Salud. «El control de las enfermedades transmisibles». Publicación Científica y Técnica No. 613. EE.UU. (2005).

Padura, Leonardo. *El hombre que amaba a los perros*. Ed. Planeta. México. (2013).

Paine-Clames, Bunny. *Love and Death in Vienna: The Story of Crown Prince Rudolf of Austria and Mary Vetsera*. Ed. Book Guild. EE.UU. (2016).

Parham, Peter. *The Immune System*. Ed. Garland Science. EE.UU. (2009).

Paul, Blumberg. *The Predatory Society: Decepcion in the American Marketplace*. Ed. Oxford University Press. EE.UU. (1989).

Peluso, Paul. *Infidelity*. Ed. Routledge. EE.UU. (2007).

Pennebaker, J.W. y Chew C.H. «Behavioral Inhibition and Electrodermal Activity During Deception». *Journal of Personality and Social Psychology*, 49. 1427-1433 EE.UU. (1985).

Pennebaker, James y Beall Sandra. «Confronting a Traumatic Event: Toward an Understanding of Inhibition and Disease». *Journal of Abnormal Psychology*. Volumen 95, 274-281. EE.UU. (1986).

Pennebaker, James. «Linguistic Predictors of Adaptive Breavement». *Journal of Personality and Social Psychology*, 58, 528-537. (1997).

Piaget, Jean. *Psicología del niño*. Ed. Morata. Madrid, España. (1969).

Pickholtz, Israel. *Endogamy: One Family, One People*. Ed. Colonial Roots. EE.UU. (2015).

Pizitz, Todd D. y Mc Cullaugh Joseph. «Confrontar los engaños sin dañar la relación terapéutica». *San Diego Psychologyst*. EE.UU. Vol. 29 no 4. (agosto-septiembre de 2014). http://pvsa.net/wp-content/uploads/SanDiegoPsychologist_ESPA-v2.pdf

Pope, Kenneth S. y Tabachnik Barbara G. «Therapists as Patients: A National Survey of Psychologists, Experiencies, Problems and Beliefs». *Professional Psychology*. EE.UU. 25, 247-258. (1994).

Publimetro. «Cada paciente con VIH cuesta 180 mil pesos al año». México. 30 de noviembre de 2010. http://www.publimetro.com.mx/vida/cada-paciente-con-vih-cuesta-180-mil-pesos-al-ano/pjkD!BWdjL3wuLdpznd8XTnoP@Q/

Puigventós, Eduard. *Ramón Mercader y el hombre del piolet*. Ed. Ara Llibres. Barcelona, España. (2015).

Putnam, Hillary. *Representación y realidad: un balance crítico del funcionalismo*. Ed. Gedisa. México. (1994).

Quevedo, Ana. *Delitos de cuello blanco. Criminología y Criminalística*. España. (2013). http://criminologiaycriminalisticafb.blogspot.mx/2013/06/delitos-de-cuello-blanco.html

Quinett, Paul. *Suicide: The Forever Decision*. Ed. Crossroad. (1987). EE.UU.

Ribot, Luis. *Carlos II: El rey y su entorno cortesano*. Ed. Centro de Estudios Europa Hispánica. España. (2009).

Riehl, Daniel. «Ben Carson Apologizes for Remarks on Homosexuality». *Breitbart Connect*. EE.UU. (5 de marzo de 2015). http://www.breitbart.com/big-government/2015/03/05/ben-carson-apologizes-for-remarks-on-homosexuality

Rocasolano, David. *Adiós Princesa*. Ed. Foca. España. (2013).

Roig, Miguel Ángel. *Las dudas de Hamlet: Letizia Ortiz y las transformaciones de la monarquía española*. Ed. Península. España. (2014).

Rueda Suárez, Héctor Antonio. *Impugnación y reconocimiento de filiación*. Corporación Universitaria de Ciencia y Desarrollo. Facultad de Derecho. Bucaramanga, Colombia. (2010).

Russell, Diana *The Secret Trauma: Incest in the Lives of Girls and Women*. Ed. Basic Books. New York. EE.UU. (1986).

Russell, A. *Trends in Child Abuse and Neglect: A National Perspective*. Ed. Quantum. EE.UU. (1984).

Sánchez, Mayela. «Norberto Rivera acusado de encubrir abusos sexuales de sacerdote». *Proceso*. Vol. 1976. México. (6 de noviembre de 2014).

Santana, Carlos. *The Universal Tone: Bringing My Story to Light*. Ed. Back Bay Books. EE.UU. (2015).

Santana, Deborah. *Space Between the Stars*. Ed. One World. EE.UU. (2005).

Sartre, Jean Paul. *Being and Nothingness: An essay on Phenomenological Ontology*. Ed. Barnes. EE.UU. (1943)

Sax, Paul. *HIV Essentials*. Ed. Jones and Bartlett Learning. Boston, MA. EE.UU. (2014).

Schmidt, Thomas E. *La homosexualidad: Compasión y claridad en el debate*. Ed. Clie. México. (2008).

Schneider, Kurt. *Clinical Psychopathology* Ed. Grune and Stratton. EE.UU. (1975).

Segerstrale, Ullica. *Defenders of the Truth: The Battle for Science in the Sociobiology Debate and Beyond* Ed. Oxford University Press. Reino Unido. (2000).

Sepúlveda Paulina. «Casos de impugnación de paternidad se triplican en los últimos seis años». *La Tercera*. Santiago de Chile. 30 de junio de 2013. http://www.latercera.com/noticia/tendencias/2013/06/659-530703-9-casos-de-impugnacion-de-paternidad-se-triplican-en-los-ultimos-seis-anos.shtm

Service, Robert. *Trotsky: A Biography*. Ed. Belknap Press. EE.UU. (2011).

Sevilla, Royo Tomás. *Delitos de cuello blanco*. Ed. Universidad Nacional Autónoma de México. México. (2012).

Shilts, Randy. *And the Band Played On: People and the AIDS Epidemic* Ed. St. Martin's Griffin. EE.UU. (2007).

Simpson, J.A. y Gangestad S.W. «Individual Differences in Sociosexuality: Evidence for Convergent and Discriminant Validity». *Journal of Personality and Social Psychology*. 60 (6), 870-883.

Sistema de Vigilancia Epidemiológica de VIH/SIDA. Resumen de la Vigilancia Epidemiológica del Registro Nacional de Casos de Sida al primer trimestre de 2016. Marzo de 2016 http://www.censida.salud.gob.mx/descargas/epidemiologia/RN_1er_trim_2016_1.pdf

Slaikeu, Karl. *Intervención en crisis*. Ed. Manual Moderno. México D.F. (1996).

Slaughter, Anne-Marie. *Unfinished Business: Women, Men, Work, Family*. Ed. Random House. EE.UU. (2016).

Smith, Aaron. «5 Cosas que no sabías sobre la épica estafa de Bernard Madoff». *CNN Español*. 11 de diciembre de 2013. http://cnnespanol.cnn.com/2013/12/11/5-cosas-que-no-sabias-sobre-la-epica-estafa-de-bernard-madoff/#0

Snover, Mathew. «Pseudologia Fantastica in the Borderline Patient». *American Journal of Psychiatry*. EE.UU. Octubre de 1986.

Sorenson, Susan y Richardson Barbara. «Race/Ethnicity Patterns in the Homicide of Children in Los Angeles 1980 Through 1989». *American Journal of Public Health*. EE.UU. 83 (5): 725-727.

Stanford, Susan M. *Will I Cry Tomorrow? Healing Post-Abortion Trauma*. Ed. Fleming H. Revell. EE.UU. (1993).

Steinberg, Marlene. *Handbook for the Assessment of Dissociation*. Ed. American Psychiatric Publishing. EE.UU. (1995).

Steiner, George. *Heidegger*. Ed. Fondo de Cultura Económica. México. (2001).

Stine, Gerald J. *AIDS* Update 2014. Ed. Mc Graw Hill. EE.UU. (2014).

Sun, Tzu. *El arte de la guerra*. Ed. Vescica. España. (2011).

Thompson, A.P. «Extramarital sex: A Review Of The Research Literature». *Journal of Sex Research*. 19, 1-22 EE.UU. (1983).

Thurlow, Clifford. *Sex, Surrealism, Dali and Me: A Biography of Salvador Dali*. Ed. Yellowbay. Reino Unido. (2011).

Turing, Sara. *Alan M.Turing*. Ed. Cambridge University Press. Inglaterra. (2014).

Ujule, Rachid. «Carlos Santana: Entre la música y el ocultismo». *Imprenta de Almas*. 15 de abril de 2014. http://basurerodealmas.blogspot.mx/2014/04/carlos-santana-entre-la-musica-y-el.html

Underwood, Jean. *Truth, Lies and Resumes*. The Birminham News. 22 Agosto. Cambridge, Reino Unido. (1993).

Vega, Fuente Amando. *Educación y SIDA: Problemática y respuestas*. Ed. Universidad del País Vasco. España. (1993).

Vilain, Eric. *Genetic Steroid Disorders. The Genetics of Ovotesticular Disorders of Sex Development*. Ed. Academic Press. EE.UU. (2013).

Virgolini, Julio E. *Crímenes Excelentes: Delitos de Cuello Blanco, Crimen Organizado y Corrupción*. Ed. University of Puerto Rico. Puerto Rico. (2003).

Walker, Lorenzo. *"Whoze the Father??": A Fact-Based Synopsis of Questionable Paternity*. Ed. Amazon Digital Services. EE.UU. (2016).

Walters, David. *Physical an Sexual abuse of Children: Causes and treatment* Ed. Bloomington. EE.UU. (1975).

Welch, Frances. *A Romanov Fantasy: Life at the Court of Anna Anderson*. Ed. Norton and Co. New York. EE.UU. (2007).

Wheatcroft, Andrew. *The Habsburgs*. Ed. Penguin Books. EE.UU. (1997).

Wilson, Edward Osborne. *Sociobiology: The New Synthesis*. Ed. Harvard University Press. EE.UU. (1975).

Winder, Simon. *A Personal History of Habsburg Europe*. Ed. Picador. EE.UU. (2015).

Yalom, Irving. *The Theory and Practice of Group Psychoterapy*. Ed. Basic Books. EE.UU. (1985).

Yarhouse, Mark y Burkett Lori. *Sexual Identity: A Guide to Living in the Time Between Times*. Ed. Lanham MD. EE.UU. (2003).

Zamagni, Stefano. *La avaricia*. Ed. Antonio Machado Libros. España. (2015).